PRIMAVERA NOS DENTES

MIGUEL DE ALMEIDA

PRIMAVERA NOS DENTES

A HISTÓRIA DO
SECOS & MOLHADOS

DITADURA, CENSURA E SEDIÇÃO

1ª edição

EDITORA RECORD
RIO DE JANEIRO • SÃO PAULO
2023

CIP-BRASIL. CATALOGAÇÃO NA PUBLICAÇÃO
SINDICATO NACIONAL DOS EDITORES DE LIVROS, RJ

A449p
    Almeida, Miguel de
        Primavera nos dentes : a história do Secos & Molhados : ditadura, censura e sedição / Miguel de Almeida. - 1. ed. - Rio de Janeiro : Record, 2023.

        ISBN 978-65-5587-682-6

        1. Secos & Molhados (Conjunto musical). 2. Música popular - Biografia - Brasil. I. Título.

23-83956
        CDD: 782.421630981
        CDU: 929:78.071.2(81)

Meri Gleice Rodrigues de Souza - Bibliotecária - CRB-7/6439

Copyright © Miguel de Almeida, 2019
Copyright desta edição © 2023

Imagens do encarte: Acervo Gérson Conrad: 28 | Acervo Mario Luiz Thompson: 34-35 | Acervo Nem de Tal: 36 | Acervo Paulo Mendonça: 1-16 e 20-27 | Ilustrações Cláudio Tovar/Acervo Gérson Conrad: 33 | Luiz Fernando Borges da Fonseca/Acervo da família: 17-19, 29-32 e 37.

Todos os direitos reservados. Proibida a reprodução, armazenamento ou transmissão de partes deste livro, através de quaisquer meios, sem prévia autorização por escrito.

Texto revisado segundo o Acordo Ortográfico da Língua Portuguesa de 1990.

Direitos exclusivos desta edição reservados pela
EDITORA RECORD LTDA.
Rua Argentina, 171 – Rio de Janeiro, RJ – 20921-380 – Tel.: (21) 2585-2000.

Impresso no Brasil

ISBN 978-65-5587-682-6

Seja um leitor preferencial Record.
Cadastre-se no site www.record.com.br
e receba informações sobre nossos
lançamentos e nossas promoções.

Atendimento e venda direta ao leitor:
sac@record.com.br

EDITORA AFILIADA

Para Talita, Thomaz, Vicente,
Manuela e Frederico

"Assim rasgados da terra,
ascendemos, como estrelas."

Anna Akhmátova

Sumário

Apresentação à nova edição   11

Introdução   17

1. Mulher barriguda   25
2. O patrão nosso de cada dia   47
3. Assim assado   59
4. El Rey   69
5. As andorinhas   93
6. Rondó do capitão   115
7. Prece cósmica   131
8. O doce e o amargo   147
9. Flores astrais   167
10. O hierofante   183
11. Voo   197
12. Guarda belo   223
13. Primavera nos dentes   233
14. O dia de vermelho   247
15. Caixinha de música do João   257
16. Jurei mentiras   265
17. Suave coisa nenhuma   277
18. Sombra, silêncio ou espuma   289
19. Até que surja a alma   295
20. Minha vida, meus mortos, meus caminhos tortos   305

Epílogo   309

   Ney   313

Gérson	321
João Ricardo	325
Os discos	333
Bibliografia	339
Agradecimentos	341
Índice	349

APRESENTAÇÃO
À NOVA EDIÇÃO

O sol veste o dia — o dia de vermelho

Meu relato nas próximas páginas nasceu da curiosidade em descobrir como um período de tão poucas liberdades, sob uma ditadura militar sanguinária, produziu um artefato cultural de altíssima sedição.

Dando nomes aos bois: como um grupo, o Secos & Molhados, capturou tantas vertentes de rebeldia criativa, canalizadas principalmente da poesia e do teatro, driblou o aparato da censura e colocou no almoço de domingo dos brasileiros questões de gênero, além de forjar um discurso pela liberdade mais amplo do que até então era comum.

A postura nem homem nem bicho de Ney Matogrosso, embalada em papel de espetáculo, serviu como corrente de transmissão às letras/poesias de versos e temas contundentes, então rigidamente afastados do público pela ação da censura: desde a rejeição do militarismo de "Rosa de Hiroshima" à denúncia de falta de liberdade em "El Rey" ou "Sangue Latino", como um chamado à reação ao totalitarismo de "Primavera nos Dentes" — "Quem tem consciência para ter coragem / [...] Inventa contra a mola que resiste".

Escrito nos anos de 2018-2019, publicado inicialmente no outono de 2019, as páginas da presente edição trazem novos capítulos com informações colhidas em entrevistas inéditas, cujo conteúdo auxilia na compreensão do quadro cultural do período, da umbilical ligação de teatro e música; do trânsito de ideias, estéticas e personagens entre as duas linguagens.

O teatro do final de 1950 (Arena) e das décadas de 1960-1970 (Grupo Opinião, Oficina e TUCA, em especial), com o engajamento estético-político empreendido sob as asas do Centro de Cultura Popular da União Nacional dos Estudantes, o famoso CPC da UNE, perfilados na busca por uma expressão artística de sotaque brasileiro, estabeleceu parceria com formas rítmicas da música. É quando literalmente o samba desce do morro — ou chega ao asfalto da zona sul —, somados ao xaxado e ao baião, entre outras linguagens, dadas suas identificações populares, para se tornarem vocais dentro da cena teatral.

Como resultado, os palcos abrigam autores como Adoniran Barbosa, Carlos Lyra e Sérgio Ricardo, com reconhecimento já tímido por suas obras, ou novatos como Edu Lobo e Chico Buarque. Desconhecidos do grande público, também alcançam repercussão sambistas ligados às escolas, como Cartola, Nelson Cavaquinho e Zé Keti.

Pelo teatro ainda navegam Ney Matogrosso, Gérson Conrad e João Ricardo, antes de integrarem o Secos & Molhados. Seja em montagens infantis ou adultas, no papel de atores e intérpretes (Ney) ou compositores, as montagens servem a eles como sustento e laboratório criativo. Do palco teatral virá a inspiração para Ney compor a *persona* musical do grupo, moldado em figurinos diversos e a bordo de pinturas no rosto.

É um lindo percurso da construção criativa, em um momento rico e diferenciado da cultura brasileira, então vizinha da embrionária indústria cultural — onde o Secos & Molhados será seu primeiro e maior produto — e, talvez por isso, mergulhado num brutal diálogo entre as linguagens artísticas.

Parte do material inédito aqui incluído resultou das novas pesquisas na feitura da série *Primavera nos dentes*, em quatro capítulos, por mim dirigida e roteirizada, para o Canal Brasil. Ali estão em viva voz alguns dos muitos atores da história do Secos & Molhados.

Muitos dos personagens envolvidos, a começar pelo trio, neste relato ou na série, surgem como atores trágicos de uma expedição, vibrante e poética, pela ousadia, pelo amor à arte e, ao final, tangidos pelo doce e o amargo da ganância e do sucesso.

Janeiro, 2023

M. de A.

INTRODUÇÃO

No final do inverno de 1973, o Secos & Molhados subiu ao palco do Teatro Itália, no subsolo do edifício homônimo, na esquina das avenidas São Luís e Ipiranga, região central de São Paulo. Era uma quarta-feira, dia do lançamento do primeiro disco do grupo. Sobravam pouco mais de vinte cadeiras vazias entre os trezentos lugares de capacidade do espaço. No domingo, dada a repercussão e o boca a boca, todos os ingressos foram vendidos.

Nos exatos doze meses seguintes, tanto o imaginário pictórico quanto as canções do grupo ocupariam rádios e televisões brasileiras com uma presença esmagadora. Seriam ainda vendidas perto de 1 milhão de cópias do primeiro disco (Roberto Carlos, o cantor com mais discos vendidos na época, alcançava um número em torno de 300 mil), além de outro recorde: em fevereiro de 1974, a banda faria uma apresentação para 20 mil pessoas no Maracanãzinho, no Rio (jamais o show de um único artista brasileiro atingira tamanho público). Outras 20 mil almas ficaram do lado de fora, sem conseguir comprar ingresso.

O Brasil de 1973-1974 era um lugar ainda mais distante do mundo e cheio de problemas. Para começar, havia uma ditadura militar no comando do país, cujos agentes de repressão agiam para prender quem julgassem elemento perigoso e desaparecer com os corpos. Você poderia passar uma temporada no pau de arara, se considerado suspeito pela polícia política. Se tivesse sorte, sobreviveria às sessões de tortura; caso contrário, acabaria jogado ao mar do alto de um avião. A polícia adorava amedrontar os jovens, e a cada esquina uma viatura poderia exigir seus documentos, em especial se seus cabelos estivessem compridos demais ou se sua roupa destoasse da de um coroinha. Os meganhas adoravam ainda dar uns sopapos na garotada — de graça.

Não bastasse a violência policial nas ruas, havia ainda a Censura Federal a pesar sobre todas as cabeças inquietas. Agentes decidiam o que você podia ler, assistir ou ouvir. Jornais e livros tinham seus conteúdos sob suspeição; filmes sequer chegavam às telas de cinema se desagradassem à moral militar; e canções eram proibidas de tocar nas rádios ou mesmo de integrar os discos apenas por trazer versos ou ideias contrárias ao regime. Nas escolas, além do medo, existia a catequização dos estudantes por meio de duas disciplinas — OSPB (Organização Social e Política Brasileira) e EMC (Educação Moral e Cívica) — destinadas a ensinar valores embasados em um patriotismo tosco e numa moral duvidosa.

Assim, não foi de estranhar o sucesso do grupo. O Secos & Molhados colocou em cena ingredientes de um planeta distante, em sintonia com galáxias contemporâneas, e distante daquele ambiente brasileiro de estéticas banais, em que ou você era a favor ou contra (o regime). Nada que estivesse fora dessa régua seria tolerado. A banda de João Ricardo, Ney Matogrosso e Gérson Conrad punha na mesa temas como a antropofagia musical (rock inglês + fado português + modinhas brasileiras etc.), a androginia e o lúdico da cultura. E, para isso, apoiava-se em versos de Oswald de Andrade, Manuel Bandeira, Solano Trindade e Fernando Pessoa.

Pela primeira vez no Brasil, e numa potente sintonia com o que acontecia nos palcos londrinos e nova-iorquinos, o espetáculo musical se mesclava ao caráter dramático do teatro e do cinema para dar ao público um mergulho no irreal e tirá-lo do cotidiano banal e racional. Ney & Cia. se ofereciam como personagens, tipos construídos para importunar a moral conservadora e questionar os limites do que era política sob a ótica da esquerda. Ora, o desejo, o sexo e os padrões individuais, muitas vezes, resultavam em mortes ou traumas — portanto, isso também seria política, e não apenas as ideias vistas como revolucionárias; novas mentalidades buscavam deixar o quarto e ganhar lugar na sala.

Os jovens, as crianças e as mulheres foram os primeiros a pular nas canções do S&M. Onde o público austero enxergava veadagem, as mulheres de diversas idades sentiam exacerbada sensualidade; onde alguns viam rostos pintados de palhaços, outros se encantavam com a ampliação de fronteiras da individualidade. As pessoas não precisam ser iguais, podem ser autênticas, e isso não vai lhes custar a vida. Cada qual possui o seu deus, e ninguém deve se matar caso eu prefira Hart Crane às suas homilias — era bem o espírito rebelde daquele início de década.

O avassalador sucesso do grupo surpreendeu a todos no Brasil — das poucas

INTRODUÇÃO

cadeiras do Teatro Itália aos milhares de lugares no Maracanãzinho, foram cerca de seis meses de intervalo. Da indústria fonográfica à mídia da época, aos intelectuais e ao próprio governo militar — foi um fenômeno inesperado e fora dos padrões. Tanto que conquistou até os adversários. Nas apresentações para a Censura, os agentes responsáveis pela liberação dos espetáculos ao público levavam suas famílias — e só pela cara fechada dos integrantes da banda, contrariados com aquele ridículo auto de fé, deixavam de pedir autógrafos. Em muitos dos shows, as autoridades policiais se viram obrigadas a ceder aos gritos da plateia quando tentavam interferir na estética da banda — caso da mulher e da sogra do ministro de Minas e Energia que exigiram, sem sucesso, que Ney Matogrosso não cantasse sem camisa.

O corpo desnudo de Ney & Cia. e os movimentos sinuosos do cantor, pela primeira vez no Brasil, colocavam a androginia dentro de todos os lares. O que era aquilo? A recém-inaugurada transmissão em cores punha à mesa dos brasileiros: um homem? Uma mulher? Ou um bicho, como sugeria o intérprete em sua maquiagem purpurinada e a bordo de vestimenta de estilo indecifrável — dentes de animais, tapa-sexo, mandalas e turbantes o assemelhavam ora a um ser das cavernas cibernético, ora a um inseto, ou ainda a um espécime subaquático.

O componente sexual somado à teatralidade de seus integrantes — maquiagem, coreografia de cepa inusitada, trajes incomuns — deixou o grupo em posição isolada no cenário musical da época. Onde quer que o público procurasse, não haveria nenhum artista com performance semelhante ou em tamanha ousadia de gestos e desafios ao ambiente conservador da música brasileira. Tudo era muito comportado, no estilo papai-e-mamãe-foram-à-missa-no-domingo. O único tom destoante ocorrera anos antes, em 1968, com os tropicalistas — Gil & Caetano & Gal se apresentavam em esdrúxulas batas; mesmo assim, era componente comum a qualquer hippie do perdido meio-oeste americano.

O público, mesmo os barulhentos universitários do período, acostumado já a enfrentar a polícia em combates (quase) de guerrilha urbana, se via preso a uma rebeldia bastante controlada, em oposição direta a seus pais — um tênis no lugar de sapatos de couro; camiseta e jeans em vez de ternos ou

21

vestidos; e os indefectíveis cabelos longos e desgrenhados (sujos também) em contraposição aos cortes curtos ou assentados dos *velhos*. Era mais um comportamento de rebeldia familiar para contrariar a autoridade paterna, na maioria dos exemplos, do que uma postura calcada no oferecimento de um modelo de fato alternativo de estar no mundo e de usufruir dele. Se papai dorme cedo, eu durmo tarde...

Daí que a iconografia do Secos & Molhados, com gestos e figurinos, destoasse naquele momento no cenário musical e se tornasse logo um fato comportamental. As canções e a postura do grupo extravasavam o universo do entretenimento e ganharam um status político ao quebrar paradigmas. Subiam ao palco calados, não diziam uma única palavra ao longo do show de cerca de 55 minutos e desapareciam nas coxias. Suas figuras contavam ao público um enredo maior do que somente um espetáculo de música. Eles abriam as portas do irreal, como personagens de ficção. E a plateia, até então treinada no território vulgar da realidade, era de fato abduzida em uma viagem onírica.

Embora quietos durante as apresentações e sem muito proselitismo nas entrevistas, Ney & Cia. influenciaram diretamente a discussão sobre gênero. Vale lembrar que era uma questão candente desde a década de 1960, na cauda dos movimentos de direitos civis, nos Estados Unidos e na Europa — e, no Brasil, será a figura enigmática de Ney Matogrosso, no bojo do sucesso do grupo, a estampar silenciosamente o tema. Bissexual assumido, o intérprete sempre se esquivou, já à época, a ser porta-voz da causa, ao contrário do inglês David Bowie, cuja bissexualidade servia como produto de marketing e se tornava combustível para alimentar as manchetes escandalosas e indignadas dos tabloides britânicos. Quanto mais escândalo, mais discos eram vendidos... No caso de Ney, não importava: mesmo discreto, sua presença andrógina e de sexualidade inclassificável, na programação de todos os canais de televisão, timbrava para o público algo além das tradicionais figuras masculina e feminina.

Os doze meses de onipresença do grupo no cenário, sob recordes de vendagem e de público nos espetáculos, com o lançamento de apenas dois discos, inauguravam ainda a moderna indústria cultural brasileira. A partir daí, passaram a ser movimentadas grandes cifras, as empresas do setor buscaram rápida profissionalização e começou a haver uma coordenação entre todos os atores; das gravadoras aos veículos de mídia, em especial a televisão, foi um mergulho no consumo de massa. Sim, o sucesso Secos & Molhados exibiu ao mundo a urbanização brasileira, suas nascentes metrópoles e um número destacado de médias cidades.

***

As páginas deste livro contam os bastidores do maior fenômeno da música brasileira, cujos recordes, em proporção, ainda hoje custam a ser superados. E trazem a história não apenas de João Ricardo, Gérson Conrad e Ney Matogrosso, mas também de seus companheiros de viagem e do mundo cultural da época, daqueles que os influenciaram mesmo a distância, e da curiosa sintonia entre os abalos sísmicos ocorridos no comportamento e nas mentalidades nas principais capitais do mundo.

Primavera nos dentes é a história do sucesso esmagador do S&M e de como a famosa máquina esgarçou, em tons dramáticos, em semelhante velocidade, a relação pessoal de seus integrantes. Das marcas deixadas ao longo das cinco décadas passadas desde aquela noite de inverno de 1973, em um pequeno teatro paulistano.

1. MULHER BARRIGUDA

Ao ganhar as calçadas da rua Amaral Gurgel, em direção a uma cantina do Bixiga, bairro italiano de São Paulo, onde encontraria João Ricardo e Gérson Conrad, os outros dois integrantes do recém-lançado Secos & Molhados, Ney Matogrosso imaginava que teria apenas mais um jantar com colegas, quase uma confraternização pelo surpreendente sucesso alcançado pelo grupo em poucas apresentações no Teatro Ruth Escobar. O empresário do grupo, o jornalista Moracy do Val, também estaria presente. Eles tinham muitos assuntos. A Continental deveria lançar o primeiro disco da banda. Aquilo soava como um milagre, porque antes haviam recebido muitas recusas. A pequena gravadora apostaria naquele trabalho que unia poemas de consagrados autores embalados em melodias roqueiras. A fórmula se tornaria um dos maiores fenômenos da música brasileira contemporânea.

Ney Matogrosso estava enganado. Naquela noite de fevereiro de 1973, o que aparentava ser mais um jantar após um longo dia de ensaio, como havia tido muitos outros desde a sua chegada em São Paulo, vindo do Rio, cerca de catorze meses antes, se revelaria aos seus olhos um ardil. Os parceiros de grupo, discretamente, se mostravam incomodados com a sua postura no palco — ele tinha percebido um ou outro olhar mais ressabiado, talvez até de desaprovação, mas nunca fora alguém capaz de se abalar com esgares ou repreensões. Longe disso. Mas, sim, havia notado certo estranhamento, um ligeiro mal-estar, vindo dos companheiros. Até então, porém, nada tinha sido verbalizado. De qualquer jeito, a repercussão das apresentações (pouco mais de dez) o deixava tranquilo no papel que repentinamente havia resolvido encarnar — o de intérprete. Sabia o que fazia no palco, tinha convicção. Introduzira a pintura branca e preta no rosto, o figurino teatral e a coreografia andrógina por sua conta e risco. Seus parceiros relutavam em seguir a mesma toada. Se ele tivesse sido um artista inseguro ou apenas mais um mercenário do show business, a música popular brasileira teria caminhado para outra direção. Não teria conhecido uma de suas maiores revoluções, com reflexos no comportamento sexual de toda uma geração.

Mesmo assim, Ney ficaria surpreso ao chegar ao restaurante. E, àquela altura da vida, ele já tinha visto e ouvido coisas do arco-da-velha.

Dublê de ator e hippie convicto, ainda aos 31 anos, Ney Matogrosso nunca tinha imaginado ser cantor. Cantava desde sempre, mas só por prazer, distração. Queria, sim, ser ator. Por isso, saiu de casa aos 17 anos brigado com o pai, um militar da Aeronáutica que não admitia um artista na família. Ney não se importava em ficar sem dinheiro para comer, o que aconteceu por bastante tempo. Todo aquele flerte com a pobreza extrema não era visto por ele como sinal de fracasso ou de incompetência. Enxergava tudo como uma escolha: não abandonou a casa dos pais atrás de fortuna, a bordo da ideia clássica da classe média de ascender, vencer e se tornar milionário. Nada disso. Seria artista e ponto. Aos olhos de seus familiares, desperdiçava a vida, as oportunidades postas à mão pelo destino e por seu pai: ele poderia, por exemplo, facilmente seguir a carreira de funcionário público, que lhe daria régua, compasso e um ordenado mensal vitalício, mais aposentadoria ao final da vida.

Aquilo tudo, um pouco mais ou um pouco menos, não interessava a ele. Queria ser ator. Não haveria emprego público ou outra garantia de estabilidade que o fizesse mudar de ideia. Olhava a vida de seu pai, o que ele havia conseguido com sacrifício, calcado em uma rotina áspera e destituída de imaginação — e concluía incontestavelmente que não queria repetir aquela trajetória. Era preferível passar fome.

Ney Matogrosso, naquele momento ainda apenas Ney ou, nome de batismo, Ney de Souza Pereira, jamais engoliu o figurino de ser um exemplar *nine-to-five*, aquele sujeito que entra no trabalho às nove da manhã e sai às cinco da tarde, chova ou faça sol, cinco dias por semana. Pelo contrário. Estava decidido a seguir, se possível, outro destino, embora não fosse do tipo capaz de acreditar em uma vida predeterminada a cada indivíduo. Como boa parte dos jovens da época — ao menos aqueles que conseguiam escapar da lavagem cerebral comandada pelos militares no poder —, queria ser livre, em vários sentidos, brechas e ângulos: nada de carteira assinada (o que significava compromisso diário obrigatório), nada de ter muitos pertences e posses, nada capaz de lembrar o modelo vivido por seus pais. Por isso o desapego ao modelo familiar papai e mamãe, o culto às drogas, à bissexualidade e a uma irremediável vontade de não fixar lugar em nenhum canto — vinha daí a descoberta do que depois seria batizado de naturismo, a vida em harmonia com a natureza e com as coisas simples (se pudesse viver sem roupa, tanto melhor).

Ao seu jeito, Ney seguia o clássico bê-á-bá riponga: quase tudo cheirava a patchuli. Tinha literalmente poucos pertences (naquele fevereiro era proprietário absoluto de duas ou três calças, algumas camisetas, um tênis, uma sandália feita com as próprias mãos e uma bolsa de couro, quando de novo fizera o papel de designer e artesão). Morava em quartos de casas de amigos — foi assim no Rio, quando chegou de Brasília, onde havia servido na Aeronáutica e depois de ter trabalhado em um hospital coletando material para biópsias. Então repetiu o hábito em São Paulo: alugou um pequeno aposento no apartamento de uma amiga, a produtora teatral Sara Feres, na fronteira entre Vila Buarque e Barra Funda.

Desde que abandonara seu posto no hospital em Brasília, onde teve pela primeira e última vez um salário fixo mensal, ganhava algum dinheiro como artesão (atividade praticada por onze entre dez hippies à época; no caso dele, fazia joias ou coisa parecida) e como ator ocasional em montagens teatrais.

A coisa acontecia, mas devagar. Os cachês eram pequenos, mal cobriam as despesas — no caso dele, um tipo ainda hoje completamente avesso ao consumo, despesas mínimas, como aluguel de um pequeno quarto, passagens de ônibus para o Rio nos dias de folga e alimentação. Nessa época, ao passar por São Paulo, durante alguns dias, seu pai ficou escandalizado quando viu que o filho quase nunca tinha dinheiro para as três refeições do dia. "Foi essa vida que você escolheu viver?" À reprimenda paterna se seguia a resposta seca do filho: "Sim, foi essa e vou continuar nela."

A insistência começou a produzir frutos. Os últimos meses em São Paulo despontaram boas opções em seu caminho. Chegou à cidade colecionando alguns convites: participar da montagem de *A viagem*, peça de Carlos Queiroz Telles a partir de poemas do poeta português Luís de Camões; e integrar como cantor um novo grupo de rock, articulação do jornalista

João Ricardo em parceria com um jovem estudante de Arquitetura, Gérson Conrad. Ainda surgiu o convite para atuar, nas vesperais de sábado e domingo, na peça infantil *Dom Chicote Mula Manca e seu fiel escudeiro Zé Chupança*, texto do médico e dramaturgo Oscar Von Pfuhl, também conhecido por ser cunhado do ator Paulo Autran. Sobravam as tardes, logo ocupadas pelos ensaios na criação do repertório da banda. E ainda mais: as manhãs e outros horários livres (se existissem) estavam tomados pelo artesanato, de onde vinha parte de seu rendimento e que funcionava ainda como terapia.

Os ensaios do grupo ocorriam principalmente na casa dos pais de João Ricardo ou em menor frequência na dos pais de Gérson Conrad, ambos na alameda Ribeirão Preto, no alto da Bela Vista, e, depois, na de Tato Fischer, pianista sempre envolvido com teatro, na rua Maria Antônia, na Vila Buarque. A eles logo se somou o flautista Sérgio Rosadas, o popular Gripa. Os cinco personagens gastavam horas experimentando os arranjos, o andamento das canções, o jogo das vozes, além da troca de experiências. Como em qualquer área, nem sempre as ideias rendiam o prometido e de repente tudo era descartado; nem por isso o ato deixava em seus participantes um laivo de frustração ou mesmo de contrariedade. Tudo era visto como tranquilo ou desafiador, mesmo os erros.

Ainda assim, tudo parecia meio improvável, aquela ideia do jornalista português João Ricardo, de 23 anos, de batizar seu grupo de rock com o prosaico nome de Secos & Molhados. Se ainda hoje soa estranho, em 1971, quando teve a inspiração, não foi diferente, principalmente por ser bastante comum à época, antes do surgimento de grandes supermercados, a existência de pequenos armazéns, a maioria deles de proprietários portugueses, onde se vendia de tudo — pescados, balas, biscoitos, grãos, óleos, papel de seda, entre outros achados, em uma desarrumação uniformizada em prateleiras encantadoramente improvisadas. Era um paraíso para as crianças e um lugar prático e barato para as donas de casa: os tais secos e molhados.

Ora, naquele início de década, o cenário musical do Rio e de São Paulo estava tomado por bandas de rock de nomes — digamos — ao menos mais parrudos, como Made in Brazil (uma das glórias brasileiras), Joelho de Porco (talvez o primeiro grupo punk do mundo), O Terço, A Bolha, Casa das Máquinas, Som Nosso de Cada Dia e o carioca Vímana (veja só como o mundo podia ser mais engraçado: entre seus integrantes estavam o inglês Ritchie, que faria sucesso depois com "Menina veneno"; o notório Lulu Santos; e Lobão, já encrenqueiro). Em meio a esses nomes, Secos & Molhados rimava diferente — e já era aí uma sacada de seu criador: as coisas indefinidas soariam melhor aos ouvidos do público. Curioso que o sucesso da banda e seu inusitado nome levaria a várias imitações — a mais célebre de todas foi um grupo alcunhado Achados & Perdidos. Há notícia também de um Vivos & Mortos.

O nome ocorreu a João Ricardo durante uma viagem a Ubatuba, litoral norte de São Paulo, quando voltava de um banho no mar e sua atenção foi capturada por uma plaquinha onde se lia "Secos e Molhados" na porta de uma vendinha. Ao ver a inscrição, João Ricardo não teve dúvida. De início, todos acharam estranho. Secos & Molhados??? A reação quase unânime foi de gargalhada e espanto. "Confesso que não gostei muito", relembra Gérson Conrad. "Pensei: bem, temos um nome. Se tivesse outro melhor, ele nem ouviria."

Quem conhece João Ricardo sabe que esse tipo de rejeição ou dúvida jamais o faria mudar de opinião. Desde sempre ele se mostrou convicto do que desejava para seu grupo. Curiosamente, sua convicção seria seu céu e inferno — nessa ordem.

Autor da maioria das canções, espécie de dono da bola e do campo (nesse caso, também da comida: sua mãe, Maria Fernanda, portuguesa, ainda hoje é lembrada pelos deliciosos acepipes que fazia aparecer em meio aos ensaios), João Ricardo há pelo menos dois anos construía em silêncio ou em longas conversas com amigos seu projeto musical. Consistia em melodias simples, rocks leves em harmonia com outros ritmos capazes de empolgar os jovens, associadas a letras relevantes. Sua estratégia era extremamente universalista, não privilegiava a incansável busca por uma identidade musical brasileira — o que foi bastante ousado para o período, então marcado por um pensamento político e estético com forte rejeição a tudo o que vinha de fora. Os cabeludos capixabas e tijucanos da Jovem Guarda, comandados por Roberto e Erasmo Carlos, e os cabeludos baianos, liderados por Gilberto Gil, Caetano Veloso, Gal Costa e Tom Zé, desde o final da década de 1960, propunham uma produção musical em sintonia com as modernas tendências mundiais, e por isso viviam ou sendo execrados ou sendo vítimas de fortes protestos articulados por parte da *intelligentsia* brasileira identificada com a esquerda ortodoxa. Até uma passeata com centenas de integrantes entre raivosos e desavisados contra o uso da guitarra elétrica na música brasileira bateu tamanco no asfalto, em São Paulo, em julho de 1967. Entre os participantes, nomes catárticos como Edu Lobo, Elis Regina e... Gilberto Gil. O passado condena: ele nunca conseguiu justificar tamanha pataquada, já que no ano seguinte estaria ao lado dos Mutantes, porto brasileiro avançado do pop internacional.

Para João Ricardo, aquilo era uma praia distante, sem nenhuma importância, pois já à época o tema escondia um tipo de discussão antiquada, em especial para alguém nascido na Europa sob o impacto do rock de Elvis Presley e depois contaminado na veia por Beatles e Rolling Stones. João era filho do poeta, jornalista e crítico de teatro português João Apolinário, que se mudara com a família para o Brasil em 1963, fugindo da ditadura de António Salazar. Apolinário buscava o destino seguido por vários de seus compatriotas, também exilados políticos, que enxergavam no Brasil do presidente João "Jango" Goulart um país seguro a quem militava nas posições de esquerda. Em abril de 1964, um golpe de Estado derrubaria Jango e inauguraria 21 anos de regime militar — e o Brasil imediatamente passaria a ser um lugar inóspito e perigoso para aqueles que tivessem ideias mais progressistas.

O regime militar trataria a cultura brasileira com requintes de masmorra medieval ao instituir censura às obras artísticas e perseguir alguns de seus principais criadores e críticos. Muitos deles foram presos para interrogatórios, outros chegaram a ser torturados, e outros, ainda, deixaram o país no papel de exilados políticos. Tiveram sorte diante de outros adversários do regime, brindados com mortes por afogamento, balas nas costas ou execuções sumárias sob rajadas de metralhadora. Mas a mensagem estava gravada em ameaças garrafais: um verso contundente ou mesmo uma declaração torta à imprensa despertaria a ira verde-oliva dos militares, e o criador estaria em maus lençóis ou, pior, no pau de arara.

Por isso, a estratégia estética de João Ricardo para seu futuro grupo, naquele início da década de 1970, em pleno governo do general Emílio Garrastazu Médici, soava ousada à esquerda (por ser universalista) e à direita (por não ter letras alienadas). Em uma ideia quase prosaica, que mais atendia a uma tática, decidiu que colocaria música em poemas de autores consagrados. Bastava escolher os melhores versos entre os livros. Ou seja, trabalhos em circulação e, portanto, com seu teor político então já exposto ao humor bipolar dos milicos. Não sendo os censores do período leitores contumazes de poesia, não era incomum petardos acerbos contra o regime, sem muita perturbação, virem estampados em páginas assinadas por autores como João Cabral de Melo Neto, Vinicius de Moraes, Carlos Drummond de Andrade, entre outros. Sendo uma ditadura à brasileira, muita coisa passava despercebida debaixo dos bigodes e quepes das autoridades, ainda mais por ser a poesia uma linguagem mais elaborada. Na verdade, os milicos se importavam com as grandes audiências — primeiro, com a televisão; depois, com a música; em terceiro lugar, com o teatro e o cinema. Enfim, a poesia escapava ao radar deles, por possuir menor alcance de público.

Aos olhos de um "guerrilheiro", como João Ricardo em parte poderia se enxergar em sua ação musical, havia ali ouro em pó ou pólvora. João Ricardo acreditava que daquele modo as letras não seriam proibidas. Ele sabia o que ocorria: sob os discursos oficiais de manutenção da ordem e do combate sem fé aos chamados terroristas, inimigos armados do regime eram assassinados, oposicionistas desapareciam, mandatos de deputados eram cassados às pencas, além de haver uma censura ferrenha sobre a produção cultural. Um verso ou uma palavra mal compreendida — ou melhor: bem compreendida — pelas autoridades militares, o autor correria literalmente risco de vida. Seus discos eram retirados de circulação, assim como seus shows e o próprio artista.

A tática de João Ricardo se inspirava em Os Jograis de São Paulo, grupo de atores liderados pelo poeta Ruy Affonso. Criado em 1955, o quarteto, ao longo de suas quatro décadas de existência, chegou a contar com artistas como Raul Cortez, Ítalo Rossi e Carlos Zara, entre outros. Alcançou imensas plateias, no Brasil, em Portugal, em Angola e no México, ao levar aos palcos, em forma de jogral, poemas de autores como Carlos Drummond de Andrade e Cecília Meireles. Em uma de suas apresentações, no prédio modernista do Ministério da Educação, no Rio, foi aplaudido por mais de 2 mil pessoas. Os versos falados, em uníssono ou em solos, possuíam potente magnetismo e ajudaram a divulgar no Brasil a obra de Fernando Pessoa. Leitor contumaz de poesia, João Ricardo não precisou somar dois e dois para chegar à ideia de que poderia repetir, em seus rocks e fados, o caminho percorrido por Os Jograis: musicaria poemas já publicados.

As artimanhas para burlar o aparato censório, com o intuito de chegar ao grande público e não deixar de registrar as angústias daquela situação, até denunciá-las, eram diversas e provocavam celeumas ideológicas entre as fileiras militantes dos artistas mais à esquerda. Cada qual usava a sua carta na manga. Foi quando a plateia passou a procurar nas letras mensagens e sentidos cifrados, como se jogadas ao mar em garrafas com bilhetes de socorro ou de alerta, só que escritas em códigos ou em tintas invisíveis. Curiosamente, as pessoas encontravam muitas vezes muito mais do que o autor revolucionariamente havia proposto. O que torna a vida sempre mais engraçada. Os recados podiam estar no duplo sentido dos versos — "apesar de você / amanhã há de ser / outro dia", cantava Chico Buarque; ou Geraldo Vandré na clássica canção de protesto, vista como convocação à sublevação, em brado direto, que custou cana ao autor: "Vem, vamos embora, que esperar não é saber, / quem sabe faz a hora, não espera acontecer." Podia ser no título de uma canção e também nome de um disco de rock, como *Mutantes e seus cometas no país do Baurets*.

O que, diabos, seria Baurets? À época muitas noites regadas a álcool e drogas forneciam combustível para mirabolantes decodificações ou esclarecimentos. Bauret seria o Brasil escangalhado pelos militares ou a tortura imposta aos inimigos do regime. Havia quem entendesse a palavra como uma conclamação a um levante armado pela população (em 1972, ano em que saiu o disco do grupo paulista Mutantes, várias agremiações de esquerda tentavam derrubar o governo por meio da luta armada). Outros, por fim, achavam que era... se tratava de... nada. Os integrantes da banda — a bela Rita Lee e os irmãos Arnaldo e Sérgio Baptista — estavam entre os defensores de que a arte não deveria fazer proselitismo político ou empregar suor para fazer um retrato puro e não poético da realidade. Claro, pensavam isso com outras palavras porque viviam outras sensações. Certo, mas o que era, afinal, Bauret? Apenas a gíria forjada pelo cantor Tim Maia para nomear um cigarrinho de maconha. "Me passa um bauret aí", dizia o lendário intérprete. A trip era outra.

Não havia consenso entre os autores mais respeitados da MPB de como enfrentar o dragão da ditadura e sua censura férrea. Naquele verão de 1973, o cenário se dividia entre canções de fácil consumo e músicas com forte apelo político e bastante engajadas, enquanto outra parte da produção, mais sofisticada, tentava um caminho capaz de juntar mercado, sucesso popular e qualidade. Havia ainda os inocentes úteis, como a dupla Dom & Ravel, que emplacou "Eu te amo, meu Brasil", um hit tão ruim que nem caçador de comunista ou torturador de porão conseguia ouvir até o final. Um trecho:

As praias do Brasil ensolaradas
O chão onde o país se elevou
A mão de Deus abençoou
Mulher que nasce aqui tem muito mais amor

O céu do meu Brasil tem mais estrelas
O sol do meu país mais esplendor
A mão de Deus abençoou
Em terras brasileiras vou plantar amor

Eu te amo, meu Brasil, eu te amo
Meu coração é verde, amarelo, branco, azul anil
Eu te amo meu Brasil, eu te amo
Ninguém segura a juventude do Brasil

[...]

Chico Buarque, que experimentaria um forçado autoexílio em Roma, era visto como o ator mais elaborado da corrente engajada, em que também brilhavam em menor escala de reconhecimento nomes díspares como Geraldo Vandré e o uruguaio Taiguara. Filho do historiador Sérgio Buarque de Holanda, autor de *Visão do paraíso*, e cunhado de João Gilberto, Chico testava os limites da ditadura com letras recheadas de recados à situação política e à falta de humor dos militares — com um uso imenso de boas metáforas, de frases de duplo sentido ou mesmo de terceiras intenções sob o lençol. Entre os partidários da arte militante, havia a decisão tomada de que a música, entre as demais manifestações artísticas, poderia sensibilizar o povo para o delicado momento político. O tempo mostrou que foi uma decisão apressada: quase nada da produção militante resultou em boa cultura e por certo não foi o tiro que ajudou a derrubar a ditadura, que caiu de podre.

"Quando o carnaval chegar", sucesso de Chico daquele ano, tema de filme homônimo de Cacá Diegues, em que o compositor atuou como ator, seguia essa estratégia e misturava ao samba conclamações arrevesadas:

E quem me ofende, humilhando, pisando, pensando
Que eu vou aturar
Tou me guardando pra quando o carnaval chegar

E quem me vê apanhando da vida duvida que eu vá revidar
Tou me guardando pra quando o carnaval chegar

[...]

Desde o início, João Ricardo parecia convicto de que seu plano estava certo. Dono de um temperamento tranquilamente definido por seus companheiros de viagem como autoritário — ou "portuga turrão" —, ele analisava o país e a música brasileira da época e a atacava com sua régua e compasso: faria rocks de melodia simples e letras de conteúdo, embebidas em poetas de grande densidade. Observando-se hoje, é notável como sua tática era o próprio ovo de Colombo.

Daí seu susto e o de Gérson Conrad ao presenciar os movimentos de Ney Matogrosso nas primeiras apresentações do grupo no palco da Casa de Badalação e Tédio, a sala do meio do Teatro Ruth Escobar, em dezembro de 1972: Ney mexia o corpo em uma dança logo identificada como afeminada. Sua voz aguda calibrava o elemento andrógino. Os gestos e o balanço não eram muito diferentes daqueles consagrados ainda hoje na memória do público, tampouco seu olhar trazia outra nuance a não ser de desafio ou um chamado para briga. Olhava como quem cobra uma atitude ou emite severa reprovação. Era uma dança particular, seca, em que ele deixava de ter sexo definido. "Algo não identificado", resume Ney. Quase um bicho. Ou uma bicha, segundo os detratores da época.

Em dezembro de 1972, sob o governo do general Médici, aquilo soava tão perigoso quanto pegar em armas contra o regime, como alguns faziam, ou xingar pelo alto-falante a mãe do ditador quando ele ia aos estádios de futebol torcer por seu time, o Grêmio de Porto Alegre, o que ocorria só à boca pequena.

Na estreia do grupo, João Ricardo bem que tentou manter tudo sob controle. Cuidava das composições desde o início da formação da banda, da escolha das canções e do repertório, e sugeriu que subissem ao palco de jeans e... boinas... à la Che Guevara. "Nem pensar", reagiu Ney de pronto. "Da minha roupa cuido eu." Teria sido um desastre, e a história do Secos & Molhados, assim como a da música brasileira, seria outra e bem sem graça. O que o público não queria era outro grupo de músicos disfarçados de revolucionários. Com um agravante: o modelo Che de boina ornava a cabeça de um sem-número de universitários, assim como a barba comprida. Seria mais do mesmo.

Durante os ensaios no palco do teatro, ainda na tarde da estreia, Ney perguntou a João Ricardo qual seria o espaço dele, para saber o que poderia inventar durante o show. Reservaram a ele cerca de 2 m². Ouviu a informação e nada disse. Ou melhor, soltou um "tá" pensativo. Não tinha ideia do que faria naquele quadrado, mas guardava uma certeza: não ficaria parado como um crooner de conjunto do interior ou vocalista de grupo de baile. Movimentaria o corpo, dançaria, só não sabia ainda como. Tudo seria uma surpresa, talvez até para ele próprio. Em torno dele estavam João Ricardo e Gérson Conrad; sentados em banquinhos, o flautista Sérgio Rosadas e o pianista Tato Fischer.

Os cerca de oitenta lugares estavam tomados por um público diverso atraído pelo boca a boca e também herdado de outras atividades do Teatro Ruth Escobar, que possuía mais quatro salas, entre elas a que hospedava *A viagem*, espetáculo em que Ney fazia o papel de um marinheiro.

Naquela noite de estreia, Willy Verdaguer, Emilio Carrera, Marcelo Frias e John Flavin, músicos na montagem teatral, dividiam uma mesa com outros amigos. Convidados por Ney, seriam depois peças capitais na construção da sonoridade do primeiro disco do Secos & Molhados.

O que foi apresentado ao público não se assemelhava ao que mais tarde seria catapultado ao sucesso. Embora fosse basicamente o repertório depois registrado nos dois discos do grupo, as músicas ainda soavam acústicas, leves, sem a eletricidade roqueira e criativa adquirida com a chegada de Verdaguer, Carrera e do baterista Marcelo Frias. A roupagem obedecia ao pensamento original de João Ricardo, cuja maior referência (na verdade uma obsessão) era o conjunto americano Crosby, Stills, Nash & Young, com sua toada folk, calcada nos vocais. Com a chegada de Ney e sua especialíssima voz de castrato, os dez meses anteriores de ensaio alteraram bastante a concepção inicial, ainda mais porque poucas melodias permitiam um canto em uníssono — o timbre de João Ricardo, muito grave e permeado de chiados portugueses, nem sempre permitia um casamento convincente.

O espírito indócil e sedicioso de Ney Matogrosso, uma semana antes da estreia, passou a operar em alta voltagem. Não queria subir ao palco para repetir o que os outros artistas faziam. Naquele instante, as origens distintas e as intenções difusas de vida de cada integrante passavam lentamente a

MULHER BARRIGUDA

ser realçadas — e foram essas diferenças, logo esgarçadas, que levaram ao término da banda. Desde o início, os três foram testados pelo sucesso estrondoso e pelo dinheiro gerado no projeto. Não apenas por colocar em marcha algo inédito na cultura brasileira — um diálogo direto com a juventude, em escala jamais atingida, com influências no comportamento —, mas por movimentar uma vendagem de discos — essa, sim, inédita — que provocou um abalo (primeiro) nos egos dos artistas e (segundo, o que foi fundamental) em toda a indústria fonográfica da época. A mobilização de forças tão poderosas — fortunas, ciúmes, inveja e preconceito, nessa ordem — poria sempre à prova a personalidade dos três músicos. Outros personagens logo surgiram na trama, e não eram santos.

Era óbvio que Ney Matogrosso tinha uma história e um temperamento diferente dos outros dois — João Ricardo e Gérson Conrad eram filhos da classe média, criados em um ambiente urbano, sem muitos percalços financeiros; embora afeitos à cultura, não deixavam de ser bons meninos comportados da Bela Vista, mesmo que com um ideário e um imaginário mais rico do que os da maior parte daquela juventude. Ney era quase o avesso: teve uma infância cheia de dissabores familiares, chegou a dormir de favor em quartos imundos, buscava sustento em modelos alternativos. Vivia a fundo o desconforto e a imprevisibilidade de uma vida nômade. E era bissexual assumido, algo capaz de provocar cismas em todas as esferas de qualquer sociedade ocidental no início da década de 1970. No Brasil, então...

A orientação sexual diferente dos dois outros, além do fato de ser o mais velho, com 31 anos — João Ricardo tinha 23 e Gérson, 20 —, e o mais experiente, o levava a uma postura de maior independência. E de temperamento aberto, ainda em busca de abordagens e ideias inovadoras.

Dois dias antes da estreia, Ney chegou apressado ao teatro. Era meio da tarde. Foi direto aos camarins, onde encontrou o pianista Tato Fischer. De sua bolsa de exército verde-oliva — um dos utensílios da época que distinguia a juventude menos careta da conservadora! — sacou algumas fotos. "Olha aqui", disse a Tato. Tinha nas mãos vários registros do Cockettes, grupo de teatro nascido em São Francisco,

39

em 1969, com inspiração nitidamente andrógina: fundado pelo ator Hibiscus, um dos líderes do movimento gay californiano, seus membros usavam maquiagem pesada, roupas coloridas em excesso, saias e joias das mais esdrúxulas. A pintura de seus rostos de fato lembrava o que depois viria a ser usado no início do Secos & Molhados. Só que eram mais exagerados, desmunhecados, com altas doses de teatralidade e irreverência. O rosto dos músicos do S&M apareceria mais elaborado, menos esganiçado, com a maquiagem mais contida. E eles jamais foram irreverentes ou engraçados. The Cockettes repercutia mesmo como um grupo de travestis na linha dos personagens do filme *Priscilla, a rainha do deserto.*

Da bolsa ainda saíram vários vidros com… purpurina. Ao mostrar aqueles potes a Tato Fischer, os olhos de Ney brilhavam com a possibilidade de a partir dali construir um outro referencial iconográfico. A purpurina havia sido dada a Ney por Maria Alice Langoni, sua amiga, mulher do compositor Paulinho Mendonça. A atriz participava da montagem infantil de *O jardim das borboletas*, de André Adler, com cenários, figurinos e maquiagem concebidos por Cláudio Tovar — bem, esse é o lendário Cláudio Tovar que à época, com Lennie Dale e vários outros bailarinos, criou o Dzi Croquettes, nome jocosamente inspirado no Cockettes. "Como eles estavam na Galeria Alaska comendo uma porção de croquetes… juntou tudo", conta Paulinho Mendonça.

O primeiro a entrar no palco da Casa de Badalação e Tédio, Tato Fischer deparou com uma plateia lotada, com muitas pessoas em pé, todos ansiosos para conhecer o que o boca a boca da cidade e as pequenas notas no *Última Hora* e no *Jornal da Tarde* vendiam como uma novidade da vanguarda paulistana. Sentou-se ao piano, a luz do canhão focalizou seu rosto e iniciou nos teclados "Por um copo de pinga", música de seu irmão Iso Fischer. A canção é um bolero puxado para o tango. Difícil de acreditar, mas Tato terminou a música, levantou-se do seu banquinho, tirou da cabeça uma flor que ornava sua então vasta cabeleira e a entregou a alguém da plateia. Para um grupo de rock, era uma cena nada edificante, por sua genuína meiguice. Mas Tato jura que foi o que aconteceu e era o sinal para os canhões

MULHER BARRIGUDA

iluminarem Ney, João Ricardo e Gérson Conrad, nesse momento perfilados no palco. Já dando os primeiros acordes de "Mulher barriguda", versos do poeta negro Solano Trindade e música de João Ricardo:

Mulher barriguda que vai ter menino
Qual o destino que ele vai ter?
Que será ele quando crescer?

[...]

Ney tinha o corpo e o rosto cobertos por purpurina e óleo. Usava uma tanga e, ao redor da cabeça, um lenço; o peito, desnudo. Ainda não era a pintura fechada que depois viria a caracterizar o grupo. Mesmo assim, provocava espanto um conjunto de músicos subir ao palco purpurinado e com seu vistoso e longilíneo intérprete praticamente sem roupa. João Ricardo e Gérson Conrad também tinham purpurina, só que com parcimônia: apenas no rosto. E vestiam jeans e camisa. Neófito na área, João Ricardo usou maquiagem na barba. Ao final do espetáculo, sua gaita, estragada, foi direto para o lixo.

Conforme as canções iam sendo apresentadas, o público se mostrava mais entusiasmado, e a banda, mais segura. Não se sabe ao certo o que mais encantava aquela plateia, se as melodias ou se o inusitado Ney Matogrosso, com sua voz particular e sua dança mais do que provocativa, desafiadora e sem dúvida sensual. E intrigante. Seus movimentos, as contorções, os olhares bravios, em um misto de balé surdo e pantomima, impactavam pela ousadia e pela macunaímica desfaçatez. Deixavam a todos ou encantados pela beleza dos passos ou incomodados por aquele ser enigmático, nem homem nem mulher, forjado pelo artista. Intrigados também ficaram seus dois colegas de grupo, que logo começaram a ouvir elogios às apresentações e também piadinhas sobre a sexualidade deles todos. Aquela onda ia aumentar e desaguaria mais à frente.

A temporada se estendeu com casa lotada por mais uma semana, com plateias cada vez mais curiosas. Houve o intervalo para as festas de dezembro e os shows foram retomados na segunda semana de janeiro. Àquela altura, o sucesso da banda se desenhava como um fenômeno ainda localizado, restrito aos teatros, bares e restaurantes do Bixiga paulistano.

João Ricardo registrou em uma fita cassete as canções do grupo de olho na gravação de um disco. Era o próximo passo. Para sua angústia, nenhuma gravadora tinha mostrado interesse até então. Um erro que levaria depois seus executivos a ter de explicar como haviam deixado escapar aquela mina de ouro. Ninguém percebeu a onda que o trio — eles também não tinham noção — começava a mover naquele verão de 1973.

Talvez a afirmação anterior seja muito categórica. Pelo menos em parte ela não é totalmente verdadeira quando se nota a chegada do jornalista e empresário Moracy do Val para se tornar o quarto Seco & Molhado. Ele pressentiu algo diferente ao assistir ao grupo logo na primeira apresentação de janeiro de 1973. Por puro acaso. Bebia no bar do teatro enquanto aguardava o início do show de seu amigo Cyro Monteiro, o lendário Formigão. Esbarrou com João Ricardo, seu colega do jornal *Última Hora*, e foi convencido a mudar sua programação.

A roda do acaso ali ajudou a todos: ao final do espetáculo, Moracy, rosto redondo, com sua camisa aberta até o botão do meio e cabelos longos, foi tocado pela certeza de que algo de muito importante passara diante de seus olhos. Já havia produzido espetáculos de Astor Piazzolla, Duke Ellington, Ella Fitzgerald, Sarah Vaughan e vários nomes da Bossa Nova. Mas sentiu que devia atirar logo. Na mesma noite propôs a João Ricardo ser o empresário da banda. Dali saiu para casa, onde escreveu um misto de artigo e reportagem elogioso para o jornal *Última Hora*. Dias depois, entraria na Continental, gravadora para qual editava o tabloide *Kurtissom*, e convenceria seus diretores a gravar um disco com o Secos & Molhados. Poucos acreditavam que tudo corresse tão rápido, em especial João Ricardo. Ele tinha seus motivos para deixar as barbas de molho.

Os espetáculos no Teatro Ruth Escobar não marcavam a estreia do Secos & Molhados na noite paulistana. Era a segunda decolagem. João Ricardo havia tentado outro voo em meados de 1971, com outra formação: ele na gaita e violão de doze cordas; Fred no bongô; e Antônio Carlos "Pitoco" nos vocais. Era algo ainda embrionário e modesto, e não é de estranhar que as apresentações no Kurtisso Negro, um inferninho na rua Almirante Marques de Leão, no Bixiga, não tenham provocado nenhum abalo no sistema solar. Ao final de alguns shows, quando fora possível experimentar certas alquimias sonoras, João Ricardo praticamente voltara ao ponto zero. Embora tenha atraído um pequeno público, ele perdeu seu vocalista — Pitoco queria tentar a carreira solo, o que fez ao lançar um compacto simples sem muito sucesso meses depois.

Mal podia desconfiar que ali sua trajetória começava a ganhar peso. Perdera o vocalista, o.k., mas conheceu a compositora e cantora Luhli, espécie de anjo que havia aparecido em seu caminho. A estreia não o cravou entre as preferências nacionais, mas ele sentia que ainda conseguia aprofundar as experiências musicais. Luhli também se apresentava naquele Kurtisso Negro, de iluminação tímida e ambientes pequenos, e se afeiçoara a João Ricardo. "Era um menino bonito", lembra. Logo passariam várias tardes juntos, no apartamento dos pais dele, tocando Beatles e compondo suas próprias músicas. Das sete parcerias, duas ficariam na história e na memória brasileira: "O vira" e "Fala". Apenas "O vira", desde 1973, já teve mais de quarenta regravações por diferentes artistas.

Luhli daria a João Ricardo — a ele e à música brasileira — ainda outra contribuição. Ao ouvir o lamento do jornalista de que havia perdido seu vocalista e de que agora sonhava em encontrar alguém com um timbre agudo (parece brincadeira, mas é verdade: foi exatamente o que ele pediu) para interpretar suas canções, teria dito com aquela sua voz doce:

— Eu tenho alguém assim.

— E quem é? — quis saber João Ricardo, com seu sotaque português.

— O nome dele é Ney e está lá no Rio.

Ao entrar no restaurante, mais de um ano e meio depois de seu nome ser assoprado por Luhli, agora na condição de revelação ascendente após cerca de dez apresentações lotadas no Teatro Ruth Escobar, Ney Matogrosso percebeu que se atrasou para o encontro e em uma mesa de canto já estão lá sentados João Ricardo, Gérson Conrad e Moracy do Val. Bebem água, refrigerante, mordiscam as entradas tão tradicionais das cantinas do Bixiga: azeitonas, pão, manteiga, nacos de berinjela curtida, pasta de pimentão e outros acepipes e mais pão. Incrível, mas ainda terão espaço para comer o prato principal.

Todos ficariam felizes. No jantar, Moracy do Val confirmou, era oficial: a gravadora Continental concordou em lançar o disco de estreia do grupo. A mesma Continental que já havia recusado o material levado timidamente em uma fita cassete por João Ricardo, poucos meses antes. Mas agora tinha sido convencida por Moracy. Parecia um sonho, concordavam. Eles entrariam em estúdio. Talvez no final de maio. Teriam pouco tempo para ensaiar, montar os arranjos, escolher o repertório a ser gravado. O entusiasmo se misturava aos planos de Moracy em segurar as apresentações do grupo até a saída do disco. Queria criar curiosidade, interesse, deixar os shows bem-sucedidos do Teatro Ruth Escobar reverberarem em mais propaganda boca a boca. Iria durante esse período alimentar os jornais com pequenas notas, algumas *gossips* — criaria o conhecido clima.

E tinha outros planos: com o trabalho lançado, fariam uma temporada no Teatro Aquarius, onde Moracy mantinha uma sociedade com o ator e empresário Altair Lima na apresentação de grupos de rock. Ou poderiam ir a um outro teatro — o Treze de Maio, o Itália… As sugestões pipocavam conforme crescia a euforia à mesa: precisariam pensar na capa, talvez em novas composições, brotavam muitas ideias.

Em meio a tantos sorrisos de satisfação, houve uma pausa. Ney sentiu de imediato que se tratava de um momento já ensaiado pelos três. Como ator, ele sabia muito bem como as repentinas interrupções são usadas para se colocar outros assuntos na roda. O motivo do jantar talvez fossem os planos para a aguardada gravação de um disco e ainda os preparativos de seu lançamento. Só que lá no fundo daqueles três corações à sua frente batia uma ansiedade conservadora. O jantar, veja só, também escondia uma armadilha.

Ney não se recorda de quem partiu a primeira abordagem — "com certeza não foi Gérson" —, apenas o teor do pedido: queriam que ele

MULHER BARRIGUDA

deixasse de dançar no palco... com trejeitos. Aquilo gerava boatos, piadinhas e insinuações que não eram bons para o grupo, em especial para João Ricardo e Gérson Conrad. Além da dança, também a pintura deveria ser abandonada, ao menos atenuada.

— Estão dizendo que somos um grupo de bichas... — alguém reclamou na mesa, dando a Ney a justificativa do pedido, ou seria uma ordem?

O silêncio foi curto e embaraçoso. João, Gérson e Moracy perceberam o cerrar de lábios de Ney e o olhar fechado e cru lançado a partir de sua inclinação de cabeça. Não eram bons sinais.

— Ora, digam que vocês não são veados — Ney disparou.

Novo silêncio. Agora mais curto. João ou Moracy insistiram que aquela fama de bichas não seria boa para a banda, quem sabe se Ney se resguardasse um pouco...

— Ou continuo do meu jeito ou saio do grupo. Agora.

As dez apresentações iniciais do grupo confirmaram que aquele vocalista era a grande estrela daquela formação. Não havia jeito. Todos sabiam disso. As músicas podiam ser ótimas, diferentes e criativas. Mas, como elas, havia várias outras no cenário brasileiro. Até as famosas goteiras do Teatro Ruth Escobar, se questionadas, diriam que a postura teatral de Ney, aquela coisa meio homem, meio bicho, catapultaria o grupo a uma potência ainda não de todo medida.

O disco que quase deixaram de gravar por causa das indisposições conservadoras de João, Gérson e Moracy venderia mais de 1 milhão de cópias em pouco mais de doze meses.

Se o jantar tinha a intenção escusa de colocar canga em Ney, não funcionou. Ele continuou sendo ainda mais Ney Matogrosso, com sua dança frenética e sua maquiagem desafiadora.

E João Ricardo e Gérson Conrad? Adotaram o estilo de pintura no rosto trazida por Ney e começaram a dançar de um jeito não tão homem, nem tão bicho, mas também andrógino.

2. O PATRÃO NOSSO DE CADA DIA

Em fevereiro de 1973, João Ricardo tinha 23 anos, um passado como jornalista às voltas com vários bicos e a sede de quem deseja mudar o mundo. Muitos possuem a mesma vontade e desejo, embora não saibam como levar o plano adiante. Esbarram nos obstáculos de sempre — falta de confiança, a velha e boa preguiça, autossabotagem — e assumem a frustração como uma bandeira enquanto se contentam com um emprego fixo e, por fim, canalizam seus esforços na tentativa de construir uma família feliz — como pede o figurino da sociedade contemporânea.

João Ricardo é um tipo diferente. A recusa feroz de Ney Matogrosso em deixar de fazer sua dança provocativa e andrógina (embora os outros integrantes da banda digam não se lembrar dessa conversa, ao menos não nesses termos) apenas selou em seu íntimo a imensa certeza de que seu sonho estava a caminho. Algumas pessoas funcionam assim diante de uma negativa ou de um muro alto — assumem a negativa à semelhança de uma afirmação e tocam em frente.

Longe de ser um militante, João Ricardo desde cedo havia sido contaminado por um ardor revolucionário. Estava impregnado em seu temperamento, sequer podia lutar contra seus rompantes: fazia parte de sua ânsia. Fora criado em um universo de intenso questionamento por um lado e, na outra via, de obediência cega às decisões. Desde pequeno ouvia em casa as narrativas de personagens capazes de derrotar as injustiças, com exemplos de ousadia e destemor. Para ele não eram incomuns histórias em que os heróis pagavam com a própria liberdade a defesa de suas ideias — por vezes, até com a vida. Nascido em Portugal, filho de um pai marxista, João Ricardo cresceu em um ambiente recheado de convicções, de análises políticas e de paixões inflamadas. Em sua casa, os fatos políticos e a cultura eram tão presentes quanto os quitutes e doces preparados com esmero por sua mãe, dona Maria Fernanda.

Seu pai, João Apolinário, poeta, crítico teatral e jornalista, um dos principais quadros intelectuais da esquerda portuguesa, se via cada vez mais constrangido pela ditadura de António Salazar, e foi obrigado a imigrar para o Brasil em 1963, com a esposa Maria Fernanda e com os dois filhos, João Ricardo e Maria Gabriela. Na condição de exilado político, desceu em São Paulo, onde já havia vários outros portugueses. Como Victor da Cunha Rego, também escritor, que viria a dirigir os jornais *Folha de S.Paulo* e *O Estado de S. Paulo*.

O desterro no Brasil, para João Apolinário, fazia parte de sua constelação de infortúnios e heroísmos. Durante a Segunda Guerra Mundial, estivera na França como correspondente de guerra, e ali se aproximara de intelectuais e artistas como Jean-Paul Sartre, Jean Genet e Antonin Artaud, vivenciando os combates finais contra a ocupação nazista. De volta a Portugal, a militância e suas ideias contrárias ao ditador Salazar o levaram a diversas temporadas na cadeia e a sessões de tortura. Reza a lenda política da época, Apolinário escreveu seu livro *Morse de sangue* durante um de seus períodos de prisão em uma cela subterrânea no forte de Peniche, belíssima construção do século XVI à beira do oceano Atlântico. Sem papel ou lápis à mão (proibidos pelas autoridades), todos os poemas foram memorizados. Só chegaram ao papel depois da liberdade do autor. Ele convocava, no poema "É preciso avisar":

> É preciso avisar toda a gente
> Dar notícia, informar, prevenir
> Que por cada flor estrangulada
> Há milhões de sementes a florir
>
> [...]

Após uma de suas detenções, a PIDE (Polícia Internacional e de Defesa do Estado), a sanguinária polícia política de Salazar, assoprou a João Apolinário o caminho do aeroporto. Ele escolheu o exílio no Brasil. As reuniões com poetas e intelectuais deixariam forçosamente de ocorrer em Lisboa e foram deslocadas inicialmente para uma casa da rua Alves Guimarães, no bairro paulistano de Pinheiros, e depois para um apartamento na alameda Ribeirão Preto, no Bixiga. Em dezembro de 1963, quando Apolinário chegou em São Paulo, o Brasil vivia um momento conturbado sob o governo de João Goulart, que assumiu o cargo após a renúncia de Jânio Quadros da Presidência — o afastamento se deu apenas sete meses depois de sua posse. Uma clivagem fenomenal dividia o país.

O ambiente acirrado daqueles anos se refletia na área cultural com uma intensa atividade, e a música popular, o cinema e o teatro viviam instantes de renovação. A década anterior havia revelado ao mundo os acordes revolucionários da Bossa Nova, de Tom Jobim, Vinicius de Moraes e João Gilberto, e os palcos foram ocupados pela primeira vez por encenações de textos de autores brasileiros com temáticas como greves operárias e a vida nas favelas. O cinema caminhava na mesma toada com o chamado Cinema Novo, de diretores como Glauber Rocha, Nelson Pereira dos Santos, Cacá Diegues, e filmes como *Deus e o diabo na terra do sol*, *Rio, 40 graus* e *Ganga Zumba*, premiados em importantes festivais internacionais.

Se havia um acirramento político, ocorria de outro lado uma liberdade de crítica e de agitação cultural que só se verificava em momentos de euforia econômica ou de estresse à beira de um ataque de nervos. Foi assim em Paris nos instantes anteriores à Primeira Guerra Mundial; em Berlim, antes da ascensão do nazismo; e o desenho se repetia no Brasil nos meses que antecederam o golpe militar de 1964.

É nesse cenário que João Apolinário assume a então chamada editoria de artes e espetáculos do *Última Hora*. Fundado por Samuel Wainer, na década de 1950, o jornal nasceu sob o governo de Getúlio Vargas e foi renovador nas técnicas jornalísticas.

Ao cargo de editor de cultura, João Apolinário acumularia a crítica teatral. O cenário dificilmente seria melhor. Havia pano pra manga, colarinho e muitos comentários, debates e polêmicas. Pela cidade trafegavam nomes como Fernanda Montenegro, Paulo Autran, Tônia Carrero, Sérgio Cardoso, Jorge Andrade, Augusto Boal, Gianfrancesco Guarnieri, Raul Cortez, Zé Celso Martinez Corrêa, entre outros, divididos pelos palcos do TBC (Teatro Brasileiro de Comédia), do Arena e do Oficina, em montagens como *Eles não usam black-tie*, *Pequenos burgueses* ou *A morte do caixeiro-viajante*. Havia uma modernização na cena teatral, o surgimento de uma geração

51

preocupada com a discussão de temas ligados à realidade brasileira e a politização do fazer artístico. O teatro brasileiro deixava de ser apenas um entretenimento com suas comédias de costumes, seus musicais sexualizados e com a massiva encenação de autores internacionais pouco antenados a temas contemporâneos. Os críticos mais atuantes da época, com intensa atuação de João Apolinário e sua visão marxista da arte, reclamavam uma maior interferência no ambiente político. Embora houvesse uma qualidade técnica sempre ressaltada mesmo para quem torcia o nariz.

Com a chegada de autores e encenadores como Guarnieri, Boal e Zé Celso — e, ainda, com a produção de autores estrangeiros, em especial Arthur Miller, Harold Pinter, Samuel Beckett e Bertolt Brecht —, o teatro se torna um agente importante na discussão política. Sendo a televisão ainda um veículo de pouca influência no cotidiano, os palcos se ocupam em colocar em jogo diferentes pautas. O Brasil, que assistia ao nascimento de uma incipiente cultura urbana, passava a ter público capaz de lotar as sessões teatrais, da comédia aos musicais e, agora, o teatro político, visto majoritariamente por universitários. Havia folga apenas às segundas: os demais dias, com duas sessões nos fins de semana, atraíam plateias diversas em cidades como Rio e São Paulo. Vivia-se uma febre criativa, em que a arte se misturava fortemente à política — e vice-versa.

Em abril de 1964, após quatro meses de sua chegada a São Paulo, João Apolinário e família, exilados pela ditadura de António Salazar, presenciaram o golpe militar que alvejou a presidência de João Goulart e o fez se refugiar no Uruguai. Era uma péssima notícia, ainda mais sendo o português um exilado e intelectual de esquerda. O melhor seria deixar a poeira assentar e colocar as barbas de molho, afinal, voltar para Portugal não parecia ser a melhor opção, e a situação no Brasil ainda poderia voltar ao eixo. Só retornaria a Portugal onze anos depois, um ano após a Revolução dos Cravos abater a ditadura salazarista em 1974.

Com um olho no gato e outro na fogueira, Apolinário continuou como jornalista do *Última Hora* e aprofundou sua militância na área teatral. E articulou. Observando o cenário cultural, percebeu que os críticos poderiam ser uma voz acerba e atuante diante da censura às obras artísticas imposta pelos militares, com constantes cortes nos textos, suspensões abruptas de espetáculos e prisão ou perseguição de atores, autores e encenadores.

Apolinário notou que uma agremiação, reunindo os críticos de arte, teria autoridade para premiar os melhores trabalhos. E dar voz a artistas ou obras de maior densidade crítica. Seria a fachada para uma conspiração. A estratégia previa um posicionamento contra a censura, em defesa da livre criação e da liberdade dos artistas. Uma associação da sociedade civil, nos moldes da ABI (Associação Brasileira de Imprensa) ou da OAB (Ordem dos Advogados do Brasil), permitiria a divulgação de declarações, comunicados e notas contra os atos de intimidação praticados pelo regime militar sobre a classe artística. Tratava-se de um ato ousado e corajoso.

Na estratégia de Apolinário, para o movimento não ser identificado pelas autoridades policiais, o melhor seria a tomada da APCT (Associação Paulista de Críticos Teatrais) e sua transformação em uma agremiação mais ampla, com a incorporação de outros setores da produção artística. À época, quem reinava na APCT eram os críticos Décio de Almeida Prado e Sábato Magaldi, ligados ao jornal *O Estado de S. Paulo*. Nas contas de Apolinário, bastava que os outros veículos paulistanos — *Última Hora*, *Folha de S.Paulo*, *Folha da Tarde* e *Notícias Populares* — aderissem, e os críticos e jornalistas culturais teriam votos suficientes para um desembarque em conjunto na APCT e a tomada de poder.

Essa mudança ocorreria no início da década de 1970: com os novos votos angariados sorrateiramente por João Apolinário, a morna e pouco combativa APCT foi rebatizada em 1971 como APCA (Associação Paulista de Críticos de Arte) e passou a premiar novas categorias como Literatura, Música Popular, Artes Visuais e Televisão, transformando-se em um personagem fundamental da cena política-artística brasileira. A partir de então, os artistas perseguidos e suas obras proibidas passaram a ser defendidos por uma associação que falava em nome de toda a classe artística.

Em eleição direta, João Apolinário se tornou o presidente. Seu primeiro ato: dar ao lendário professor e crítico Décio de Almeida Prado, até então presidente da APCT, o título de presidente de honra da nova APCA.

PRIMAVERA NOS DENTES

Tempos depois, Almeida Prado comentaria com o dramaturgo e jornalista Oswaldo Mendes, do *Última Hora*: "Aquilo foi um golpe, não foi? Golpe do Apolinário." Golpe no golpe.

Lá pela mesma época, João Ricardo seguia uma rotina diária bastante atribulada. Tinha três empregos: pela manhã, no *Última Hora*; pela tarde, na Globo; à noite, na Record. No *Última Hora*, sob a chefia de seu pai, cuidava do roteiro de espetáculos: horário, endereço e resumo das montagens teatrais, dos shows e mostras de artes visuais. Em tempos analógicos, o roteiro de um jornal sempre foi uma das seções mais procuradas pelos leitores, junto do horóscopo. Em geral executado por jornalistas em início de carreira, dada a sua baixa complexidade de escrita e mesmo de execução, podia ser produzido no horário matinal, quase que apenas a partir de releases enviados ou mesmo levados à redação pelos próprios artistas. Na Globo, João era repórter de campo, ancorado no *Jornal Hoje*, à época o vespertino mais voltado à cobertura de entretenimento e cidades.

Ao mesmo tempo excitante e perigoso, nos anos 1970 o jornalismo era mais do que nunca uma atividade capaz de oferecer abrigo, respiração e certa remuneração àqueles sem sintonia com setores como medicina, advocacia ou engenharia. Ou que buscassem proximidade com a cena política e cultural. Além de os horários serem mais flexíveis. Na época, o expediente nos jornais pegava fogo lá pelo final da tarde, entrando madrugada adentro, quando a edição, enfim, era enviada à gráfica. Os militares implementaram a obrigatoriedade do diploma para quem quisesse trabalhar na imprensa; foi uma forma deliberada de evitar que perseguidos pelo regime, muitos deles cassados, se abrigassem nos veículos de mídia. Mesmo assim, funcionou a solidariedade, e não foram poucas as artimanhas para se burlar a ordem. O dramaturgo Plínio Marcos, por exemplo, com todas as suas peças censuradas e sem conseguir emprego em nenhum local, acabou no *Última Hora*, a convite de Apolinário, como cronista. Ali, com vários outros jornalistas, vez ou outra, chegou a escrever a coluna de horóscopo.

Jornalismo não era mais do que uma boa guarida a João Ricardo. Ou uma passagem. Precisava, claro, de dinheiro. E de tempo para burilar seu

54

pulo do gato: acertar sua banda de rock. Como qualquer jovem da época, ele tinha fascinação pelos Beatles, Rolling Stones e, no seu caso, também pelo fenomenal Crosby, Stills, Nash & Young e cultivava a esperança de que deixaria na música uma contribuição maior do que no jornalismo.

O sonho de uma banda de rock era acalentado desde o meio da adolescência. Nada original. Era uma obsessão capaz de atormentar facilmente onze a cada dez jovens de classe média naquela época. A música alcançou uma prevalência brutal a partir da década de 1960, com a configuração da indústria cultural e com a transformação de garotos de classes baixas em ídolos milionários mundo afora. A canção "Street Fighting Man", dos Stones, ecoa: "O que um garoto pobre pode fazer / exceto cantar numa banda de rock 'n' roll?" Ricos e influentes, Jagger e Richards sabiam a resposta. John Lennon chegou a declarar que seu grupo era mais popular do que Jesus Cristo. Com presença massiva em rádios, revistas e o impulso trazido com a crescente popularização da televisão, não havia Cristo no planeta Terra capaz de escapar de uma canção tornada hit.

Nas décadas anteriores, fora o cinema americano a atingir tamanha onipresença. Seus atores, atrizes e enredos ajudaram a construir o imaginário de várias gerações. Um ídolo vindo da música, como Elvis Presley, apesar de todo seu sucesso como intérprete, fez dezenas de filmes, entre comédias, musicais e faroeste — destaque para o hoje clássico *Prisioneiro do rock 'n' roll* (1957), no qual o personagem vivido por Elvis cumpre pena por homicídio. Uma evidência de que o cinema era o grande ímã popular da época.

Depois, os Beatles, em meados de 1960, bisariam semelhante trilha ao fazer algumas comédias e musicais de intenso sucesso mundial. Vale dizer que eram filmes mais catárticos do que os de Elvis, que não contou com a direção criativa de Richard Lester. Mas, nesse caso, a repercussão fenomenal dos Beatles era quase que uma troca ou uma junção de forças. A música atingiu um alcance semelhante ou maior do que o cinema junto às plateias, e sua capacidade de influenciar, ditar modas e gerar milhões de dólares se tornava um caso único que chegou a inaugurar uma indústria.

Cinema e música, no pós-guerra, conseguiram a façanha de inventar uma nova categoria: a juventude. Até então o público era composto de crianças, adultos e idosos. Elvis Presley, Marlon Brando e James Dean inauguraram a juventude sem causa, deram voz aos adolescentes e aos seus sentimentos, quase sempre sem eco ou consideração. Solidão, dor, medo e a curiosidade pelo mundo, a liberdade, a estrada. Nenhuma novidade: está tudo lá, nas letras das canções, em muitos romances e filmes — de Bob Dylan a Truffaut. De repente houve um grito de independência, de contestação ao *status quo* e às autoridades. O braço armado da sociedade, o policial, se torna definitivamente o estereótipo da opressão. Junto dele, a autoridade familiar.

A música parecia ser a João Ricardo um caminho mais animado do que o jornalismo em seus planos de falar para um grande público. Não foi à toa que ao conhecer Gérson Conrad, em 1968, no salão de jogos do prédio deste, na alameda Ribeirão Preto, 86, na Bela Vista, e estabelecer amizade nos inefáveis bailes de sábado à noite, ali pelo bairro, a aproximação tenha se dado pela sua ideia de montar uma banda de rock. A formação do grupo já ocupava sua cabeça.

João Ricardo ia ao prédio de Gérson, próximo do seu, e na sala de jogos ganhava de todos no pingue-pongue. As vitórias seguidas faziam dele uma lenda naquele espaço. E também um personagem não muito apreciado, em especial por não ser um tipo esculpido na modéstia. Mesmo assim, os dois se afeiçoaram. "Ele é uma pessoa atirada. Sem medo. Isso pra mim foi uma mão na roda", conta Gérson. Discreto, de fala mansa e muitas vezes reticente, Gérson era o oposto de João, descrito por alguns colegas daquela época como alguém com o caráter recheado de convicções e destituído de dúvidas e por outros como autoritário.

Ambos já mergulhados em longas cabeleiras, calças boca de sino, cintura alta, magros como mandava a juventude, sentiram uma empatia imediata. A amizade de ambos se estabeleceu por intermédio da irmã de Gérson, Annete, a primeira a conhecer João Ricardo, a quem emprestou seu violão para aprender o instrumento. Gérson, três anos mais novo que João, percebeu de cara que seu futuro parceiro era inteligente, criativo e mandão.

Nem sempre nessa ordem. "Não é do tipo que pede: 'Por favor, me passa o copo de água'; ele já diz logo: 'Me dá esse copo aí'", segundo Conrad. "De repente, no meio de uma conversa à toa, ele poderia dizer: 'Você precisa se vestir melhor.' É o jeito dele." Olhando os dois antes e depois, no quesito moda, percebe-se que João Ricardo tinha lá sua razão.

Seria possível dizer também que havia uma dose imoderada de pretensão nas palavras de João Ricardo — mas isso não pareceu incomodar seu jovem parceiro. A bordo de muitas ideias, de raciocínios e vontades, vestia tranquilamente o papel de marechal de campo — mesmo que naquele momento tivesse apenas um incerto soldado em sua tropa. E João tinha conhecimentos pouco mais do que limitados do violão, embora fosse salvo por seu imenso voluntarismo.

Mas, naqueles dias, aquelas não eram questões capazes de abalar o início de uma amizade, ainda mais que ambos descobriram a música como o amálgama de uma possível duradoura afinidade e parceria. Logo a frustração com as seguidas derrotas no pingue-pongue foram substituídas por Gérson pelas tardes passadas ao lado de João Ricardo em torno de violões, gaitas e canções. Revezavam-se em seus quartos, onde as paredes hospedavam flâmulas (um inacreditável modismo seguido por inúmeros garotos de classe média daquele período) e pôsteres (quase como um pressentimento, diga-se, dois deles traziam trabalhos do artista americano Andy Warhol, cujas influências do pop e androginia desaguariam no Secos & Molhados anos depois).

À época, João Ricardo era um instrumentista com recursos bastante toscos. Nenhum problema. O zoólogo Paulo Vanzolini compôs clássicos do cancioneiro brasileiro apenas batucando na mesa, entre uma cerveja e outra. Idêntico figurino vestia outro sambista, Adoniran Barbosa, ancorado apenas em uma caixa de fósforo para marcar o ritmo de suas composições. Para se tornar compositor, ser ou não ser um exímio músico jamais seria um obstáculo a outros autores, menos ainda a João Ricardo, que conhecia poucos acordes — "dois ou três", na conta de Conrad — e vendia muita presença de palco ao empunhar violão e gaita. Cantava melhor do que Gérson, mas a evidência não deve ser vista como um elogio. Gérson nunca pensou em cantar; João, porém... Com seus cabelos lisos e longos, além da barba comprida, semelhante à maioria dos jovens ocidentais do período, emulava seu ídolo John Lennon.

Aquelas tardes paulistanas ajudavam a acalentar o sonho de João Ricardo de construir uma banda, e Gérson Conrad tinha aquilo que faltava ao outro: um razoável conhecimento técnico de música. Era, ainda, tímido e pouco disposto a embates de poder, ao passo que o parceiro trazia um desejo desmedido por sucesso e reconhecimento (aliás, como qualquer jovem roqueiro do planeta), além de muitas ideias sobre como mudar o cenário da música popular brasileira. Ou nem tanto: ao menos forjar um nome estelar no universo do rock 'n' roll tupiniquim.

3. ASSIM ASSADO

Poucos dias depois de se conhecerem, João Ricardo e Gérson Conrad formavam uma dupla inseparável. O quartel-general eram seus quartos, na casa dos pais. Gérson preferia a casa de João Ricardo, onde a mãe dele, a esteticista Maria Fernanda, sempre salvava a lavoura com algum acepipe de primeira linha.

A rotina de ensaios se dividia entre repassar gostos musicais de ambos, tocar algumas canções de seus ídolos e tramar, sim, tramar como seria o sucesso do grupo deles. Desde o primeiro instante, o comandante em chefe João Ricardo sabia como alcançar o sucesso: "Musicar poemas de autores famosos já publicados." Parecia simples, simples até demais.

Entre uma conspiração e outra, trocavam discos, livros, impressões sobre o mundo e, claro, logo voltavam a definir como seria a banda. Quem já foi jovem e pensou alguma vez em formar um conjunto ou ser um aclamado jogador de futebol sabe como os sonhos se manifestam sem nenhuma modéstia ou ridículo. Naquelas tardes e noites, tiravam músicas no violão, ensaiavam um repertório de afinidades. Por vezes João surgia às tantas com algumas linhas melódicas ainda soltas em vários fios. "Ele chegava, dedilhava no violão: 'Olha o que eu fiz ontem'. Muitas vezes eu dizia: 'Você precisa parar aqui e retomar na primeira parte'. Ele repetia o que eu havia mostrado, gostava e no outro dia voltava com a música finalizada, muitas vezes do jeito que eu tinha sugerido", conta Gérson. Foi assim, por exemplo, com "El Rey".

Naquela época, João Ricardo, ainda com a composição em processo de criação, perguntava: "Como é mesmo aquela música que você sempre toca?" Conrad a repetia. Na verdade, era um exercício usado por ele para acordar os dedos, aprendido com um de seus professores. Então ficavam ambos ali trocando notas. Ao final, já em 1972, sobre a melodia composta por Gérson, João Ricardo escreveu a letra da canção.

A gravação original de "El Rey" se inicia com esse belo e elaborado dedilhado nas cordas do violão. E depois se tornou a linha melódica sob a voz de Ney Matogrosso.

PRIMAVERA NOS DENTES

Um sucesso instantâneo quando veio a público, em 1973, e corajoso:

> Eu vi El Rey andar de quatro
> de quatro caras diferentes
> e quatrocentas celas
> cheias de gente
>
> [...]

Gérson Conrad, de temperamento doce, três anos mais novo que João Ricardo e com onze a menos que Ney Matogrosso, nasceu em São Paulo, filho de um representante comercial e de uma dona de casa. Por anos seu pai trabalhou na onipresente Páginas Amarelas, o catálogo que habitava a casa de todos os brasileiros, em tempos pré-internet, e onde constava o endereço das empresas e seus produtos. Pelo lado materno ocorreu sua afinidade com a música. O pai de sua mãe, Francisco Zaccaro, era um tenor de alcance familiar e chegou a gravar um disco (78 rotações). Sua tia Nadir, concertista clássica, mais tarde viria a ser sua professora de piano.

Aí estava o primeiro problema: o piano. Na década de 1960, qualquer jovem queria estar metido em cordas, nunca em teclados. O que melhor combinava com cabelos longos era uma guitarra, não um piano, acreditava. (Vamos esquecer Steve Winwood, o Traffic, nesse caso, ou Elton John, que usava roupas esdrúxulas e óculos desproporcionais como forma de se distinguir.) O destino entrou no jogo quando Conrad quebrou um dos braços durante uma partida de tênis — e ele adorava tênis, chegou a participar de vários campeonatos entre o final da infância e o começo da adolescência. Usou a fratura para se afastar do piano e das aulas com a tia Nadir. Até que o papai Nelson decretou: "Em nossa família todos tocam alguma coisa. Você não será exceção." Na negociação doméstica que se seguiu (o pai e a mãe Denise sentados na sala do apartamento, olhos fixos no filho às vezes indócil), Gérson conseguiu ficar com o violão.

ASSIM ASSADO

Era 1963 e haviam trocado São Paulo por Porto Alegre, cidade para a qual seu pai havia sido transferido com a incumbência de tirar do vermelho o faturamento das Páginas Amarelas. O novo endereço fizera Gérson, agora já restabelecido de sua fratura, encarar o porão da casa de um sisudo e mal-humorado exilado espanhol, Juan Mateo, discípulo do seminal violonista Andrés Segovia. Não eram apenas aulas de violão que o professor ministrava nas tardes gaúchas — eram lições de vida, com direito a repreensões bruscas, advertências veementes e o projeto de que ele poderia, sim, se tivesse empenho, disciplina e rigor, e ainda um pouco mais de disciplina e rigor, se transformar em um exímio violonista.

Aos olhos do jovem Conrad, aquele porão muitas vezes se assemelhava a uma masmorra da Inquisição espanhola: soturno, com ar rarefeito e frio, bastante frio. Foram muitas tardes repassando as lições ensaiadas, os caminhos irmãos dos acordes e os segredos escondidos pela multidão de notas. Em alguns momentos, tudo soava a Gérson um amplo suplício, embora no final tenha percebido que ao sacrifício se seguira a conquista de razoável domínio da técnica. "Não queria ser um virtuose, aquele nível estava bom para mim." Resultado de seu aprendizado de violão clássico, sua devoção se dividia entre os já mencionados Beatles, Rolling Stones e, pasme, o compositor e excelente violonista Paulinho Nogueira, criador de um instrumento batizado como craviola, misto de cravo com viola, e de inúmeras canções de sucesso como "Menina" (Te carreguei no colo, menina / cantei para ti dormir). "Ah, eu sabia tocar tudo dele", suspira Gérson.

Seu Nelson Conrad trouxe a família de volta a São Paulo no final de 1967, e o adolescente Gérson foi estudar no Colégio Mackenzie, na rua Maria Antônia, no bairro de Vila Buarque. Tinha duas ideias debaixo daqueles cabelos longos e castanhos — ser arquiteto e formar uma banda de rock. "Mais para se divertir, nada profissional."

A arquitetura já o fascinava. Naquele ano de 1967, São Paulo, ainda uma micrometrópole harmônica, grande, mas com ar caipira, rica e com complexo de prima feia (com razão) perto do Rio, experimentava o início de um novo boom imobiliário. Discutia-se a implantação do metrô, apostava-se em uma reforma para tornar a avenida Paulista seu símbolo de modernidade, enquanto as construtoras punham abaixo os casarões da região e erguiam imensos prédios no bairro que seria rebatizado depois como Jardins.

As transformações urbanas, na verdade, refletiam modificações íntimas da cidade, ainda restritas aos formadores de opinião. Havia uma inquietação cultural um tanto silenciosa — e quase sediciosa. Todos os setores colocavam suas armas na mesa de maneira criativa. Na música, já se desenhava a constituição da indústria cultural, com a conquista de imensas plateias, por meio do rádio e da televisão. As novidades surgiam em muitas frentes.

Na edição de 1967 do Festival de Música Popular Brasileira, o baiano Caetano Veloso, com a cinética canção "Alegria, alegria", viria acompanhado pelo grupo de rock argentino Beat Boys, cujos integrantes, o baterista Marcelo Frias e o baixista Willy Verdaguer, seriam peças fundamentais no Secos & Molhados, cinco anos mais tarde, depois de terem assistido ao primeiro show da banda no Teatro Ruth Escobar.

A coisa toda estava por vir. Ao conhecer João Ricardo no salão de seu prédio, Gérson teve pela frente um igual — como ele, alguém disposto a sonhar em estar em uma banda de rock. E João Ricardo, pode-se dizer, encontrou alguém com quem pudesse dividir planos — e que comparecesse com ouvidos e temperamento para ouvir suas ideias. Personagens distintas, bem entendido — mas durante um tempo amalgamadas e cúmplices.

Naqueles anos iniciais de amizade, logo passaram dos planos à conspiração e, na sequência, à construção da fama. Aos poucos, e com dificuldades, criaram um repertório baseado em algumas composições próprias, com um estilo ainda embrionário, e então se viram diante da necessidade de um... palco. Precisavam mostrar ao mundo o que tão silenciosamente vinham produzindo dentro de seus quartos.

Foi quando surgiu a varanda da casa de João Ricardo, na alameda Ribeirão Preto. Sim, um espaço de 4 m². Retumbantes 4 m². Não era nenhum Hyde Park ou mesmo Ibirapuera, porém João Ricardo cantava os acordes iniciais de "Banho de lua", logo no início dessas aparições, como se estivesse diante da plateia do Festival de Woodstock. O sucesso de Celly Campello, mote do primal rock brasileiro, servia aos seus intentos: "Ele se esticava todo, jogava o cabelo para vários lados, fazia uma pose danada com a gaita e o violão", entrega o parceiro. "Antes de tudo ele pensava na presença cênica."

Com autocrítica velada, Gérson Conrad reconhece que eles tinham escassos recursos musicais — ele próprio, João Ricardo e o amigo Eduardo, que se juntava a eles nessas ocasiões de varanda. Nome de batismo daquela formação: Trio Erick Expedição. Ao que a memória alcança era uma junção preguiçosa de Eduardo, Ricardo e Conrad.

Faltava técnica, porém havia entusiasmo, presença cênica e marketing. João Ricardo conseguiu que o pai publicasse uma nota acerca da apresentação no jornal *Última Hora*. Trata-se do primeiro registro do futuro Secos & Molhados na imprensa brasileira. Afinal, ali já estavam João Ricardo e Gérson Conrad.

Já era um início. Eles poderiam estar diante de um sucesso incipiente (como plateia, os transeuntes da alameda Ribeirão Preto), mas para Conrad havia outros chamados selvagens. Em 1971, o serviço militar obrigatório era uma espécie de maldição à solta sobre a cabeça dos jovens brasileiros. Alto, bem alimentado, embora bastante magro, ele era o tipo ideal para cair na rede. E caiu. Deveria dedicar ao menos dez meses de sua vida ao Exército. Bem que ele preferiria ficar longe daquela cena. Era um momento difícil no Brasil: apesar da censura imposta à imprensa, existiam notícias sobre a reação armada à ditadura militar, com grupos de esquerda realizando atentados. Em 1968, o soldado Mário Kozel Filho fora morto na explosão de um carro-bomba lançado pelos guerrilheiros da VPR (Vanguarda Popular Revolucionária) em cima dos muros do quartel do II Exército, em São Paulo. O regime iria revidar — e com mão de ferro.

De dia, o serviço obrigatório à pátria. E à noite Conrad faria o cursinho para o vestibular de Arquitetura. Não havia tempo, portanto, para ensaios ou apresentações à tarde na varanda. A música teria que esperar. Conrad fechava ali sua participação no Trio Erick Expedição e estaria fora também do novo grupo anunciado por João Ricardo: Secos & Molhados. Ao menos por enquanto.

A baixa de Conrad não perturbou João Ricardo. Era um parceiro, bom conhecedor de música, até de composição, mas ele queria aproveitar o embalo e ter novas experiências. Ora, Pete Best havia deixado os Beatles sem baterista pouco antes da estreia da banda, e Ringo Starr surgiu como um ás na manga. Por que ele iria sepultar seu grupo com a repentina ausência de Conrad? Nada disso.

Não demorou muito. Como um amante ansioso, logo João Ricardo cruzou com outros parceiros. Fred ficaria na percussão, com o bongô; Pitoco, ou Antônio Carlos de Lima, nos vocais. E João na gaita e no violão de doze cordas.

Com essa formação, foi lançado o grupo Secos & Molhados, em meados de 1971, na casa noturna Kurtisso Negro. Instalada na rua Almirante Marques de Leão, de propriedade de alguns amigos jornalistas, a casa estava incrustada no pé do morro dos Ingleses, no Bixiga, à época o bairro mais boêmio e cultural da Pauliceia. Ali reinavam os teatros Oficina e Ruth Escobar.

Ao longo daqueles anos, o Bixiga começaria a ser uma opção ao Centro velho, onde até então se encontrava a maioria dos teatros e casas noturnas da cidade. Em meio aos casarões espalhados por ladeiras íngremes e becos, logo uma infinidade de botecos, alguns com música ao vivo, se mesclaria ao cenário daquele bairro identificado como colônia dos italianos. Com suas pequenas cantinas, palco de intensas macarronadas e de trios esgoelando ora a tarantela, ora canções napolitanas, a região se tornou o bairro cultural de São Paulo no fim da década de 1960 e ao longo dos anos 1970 e início dos 1980. Por suas ruas, madrugada adentro, circulavam atores (Raul Cortez, Antônio Fagundes), diretores (Zé Celso, Flávio Rangel), artistas plásticos (Wesley Duke Lee, José Roberto Aguilar), dramaturgos (Plínio Marcos, Naum Alves de Souza), escritores (Caio Fernando Abreu, Roberto Piva), entre outros.

A estreia do Secos & Molhados no Kurtisso Negro foi, então, apenas mais um acontecimento na boêmia do Bixiga paulistano. Nada excepcional. Afinal, naquela formação ainda não havia Ney Matogrosso e sua dança desestabilizadora, tampouco a pintura andrógina e os gestos desafiadores e de sexualidade difusa. Foi um show para dar a João Ricardo a chance de realizar experiências musicais.

As poucas noites do Kurtisso Negro, além de ser uma pequena nota biográfica na carreira do grupo, renderam a João Ricardo a amizade e a parceria com a compositora carioca Luhli. E mais adiante a sua dica, essa, sim, definitiva e capaz de transformar a história do Secos & Molhados: o vocalista de voz aguda, que João buscava, vivia entre Santa Teresa e Ipanema, como hippie e ator de ocasião.

Antes, certo de que deveria voltar alguns passos, João Ricardo tratou de passar na casa de Gérson Conrad e fazer a seu modo uma convocatória: eles precisavam ficar juntos e iriam ao Rio atrás de um cantor moldado para integrar o grupo.

— Você precisa voltar para o grupo — bradou João quando Gérson abriu a porta de seu apartamento.

Àquela altura, primeiro semestre de 1971, Gérson Conrad era estudante de Arquitetura na Faculdade Braz Cubas, em Mogi das Cruzes, e já havia se livrado do serviço militar obrigatório. Não teve muito como negar o pedido. Sorriu apenas e viu que seu parceiro João Ricardo jamais aceitaria um aceno que não fosse um assentimento — enfático, de preferência. Ali, naquela soleira da porta, ainda surpreso com o convite, Conrad passou a integrar o futuro Secos & Molhados. João Ricardo transmitia rapidamente as novidades, em tom de urgência, em fala apressada. Parecia não querer perder tempo com muitos detalhes, à sua vista, irrelevantes diante do futuro que se aproximava.

Poucos meses depois, João Ricardo e Conrad embarcaram em um trem noturno na estação da Luz rumo ao Rio de Janeiro. Mal sabiam que aquele trajeto determinaria mudanças brutais em suas vidas — um divisor de águas.

Ao surgirem no final da manhã seguinte, ainda insones e amarfanhados, na casa de Luhli, nos altos de Santa Teresa, e serem apresentados a um hippie magro e de fala baixa, alcunhado apenas Ney, sem sobrenome, João Ricardo e Conrad não tinham ideia da força que em breve iriam mover na sociedade brasileira.

4. EL REY

Em um final de tarde de 1958, Ney andava rápido por uma rua de terra. O sol já estava ameno naquela hora do dia, embora em Campo Grande a temperatura sempre fosse escaldante, inclusive nas madrugadas. Apressado, Ney não caminhava apenas: ele fugia de seu pai. Estava aflito. Iria se esconder na casa do tio.

O pai, Antônio Matogrosso Pereira, militar da Aeronáutica, havia deixado o filho de castigo. E ele acabou escapando da punição. Então com 17 anos, cansou-se daquilo tudo. O pesado ambiente familiar o sufocava há tempos. Eram muitas as brigas, a incerteza de uma refeição em total tranquilidade. Gritos, repreensões, suspensões, castigos físicos. Ameaças. De novo: castigos físicos. A família, em silêncio, tolerava as oscilações de humor do pai, sob a justificativa de que ele havia estado na guerra, daí por vezes ficar estranho. Naquela tarde o vento virou.

Desde pequeno Ney suportava as reprimendas. Aos 6 anos, quando moravam no Rio, o pai o colocou de castigo, completamente nu, no jardim da casa. Ali ficou por um bom tempo. Envergonhado com as pessoas que passavam e o viam sem nenhuma roupa, procurava se esconder ao jogar terra sobre o corpo franzino.

Nesses momentos, enquanto sofria as punições, lançava aos irmãos e à mãe olhares de socorro, de desesperada angústia por ajuda. Do outro lado, silêncio. A mãe baixava os olhos, se calava. Os irmãos nada podiam fazer, entristeciam-se, quase coniventes: a fúria do pai poderia se virar contra eles.

Beíta, sua mãe, parecia não concordar com os métodos do marido. Vez ou outra tentava, sem sucesso, interferir nos confrontos. Sem convicção. Queria que existisse paz na família, mas preferia que a rendição partisse dele... Ney. Ele deveria obedecer ao pai que, ao seu modo, ensinava-lhe hierarquia, obediência e respeito.

Àquela época, cascudos, punições físicas e morais eram comuns na maioria das famílias: vai saber, não se conhecia outro jeito de se educar as crianças. Não é de estranhar que houvesse uma quantidade imensa de garotos fugindo de casa.

Se antes era normal apanhar calado, receber de cabeça baixa as punições impostas pelos pais, de maneira resignada e calejada, com o surgimento da juventude, houve um estalo elétrico e simultâneo em várias partes do mundo. Aquilo não era educação. Era tortura. A desobediência seria o mote.

No lado ocidental do planeta, na maioria das casas onde houvesse um adolescente ocorria um surto de individualidade. Por certo aconteceram baixas. Nada veio de graça. Não existe revolução sem sangue.

Ao ser alcançado pelo irmão mais novo, Ney estava com a respiração alterada; pelo cansaço e pela raiva. Ouviu o aviso:

— Volta, Ney, volta, volta pelo meio do mato.

— Não volto, não vou ficar de castigo! — gritou Ney.

— Volta que o pai pegou o revólver. Ele disse que você não escapa.

O revólver, ah, o revólver. Os maus-tratos eram constantes. Apanhava com cinto, levava tapas, puxões de orelha. Mas o revólver jamais tinha aparecido nos confrontos. Sugeria um esgarçamento total da relação; mesmo que nunca tenha sido normal, equilibrada, em momento algum a arma havia surgido nos embates.

Agora, o revólver. Ney sentia, entretanto, que havia algo diferente dentro de sua casa. O humor do pai oscilava a cada hora, não obedecia às estações. Militar, enxergava na hierarquia e na autoridade uma linha incapaz de ser rompida. Trazia do quartel para o ambiente doméstico e para as relações familiares essa espécie inconsciente de cadeia de comando: mulher, filho, todos se encontravam sob suas ordens.

Quando Ney era menino, aí pelos 6 anos, o pai até tentava ser carinhoso. Do seu jeito. Por vezes chegava em casa com bala no bolso. Dizia o pai:

— Se me der um beijo, ganha uma bala.

O garotinho fechava a cara.

— Vem, me dá um beijo, e ganha uma bala.

Nada. O pequeno Ney não arredava pé. Não concordava com o número, achava uma chantagem barata, uma troca desnecessária a ser feita. Preferia ficar sem bala. E não dava o beijo pedido, e não recebia a bala. Em geral, a cena terminava com o pai mal-humorado.

— Esse menino...

Com os anos, as diferenças de temperamento se aprofundaram e não se resumiam apenas a uma inconclusa negociação de doce em troca de carinho, por mais simplória que seja essa equação emocional. O pai percebeu em seu garoto algo além da teimosia e da vontade própria. Sentiu que o filho aos poucos demonstrava uma sensibilidade diferente da dos irmãos. Não era um menino como os outros. Os garotos da sua idade viviam na rua, brincando, jogando bola. Ele nem sempre. Vez ou outra chutava bola na rua. Mas nos outros dias... ficava debaixo da mesa da sala, desenhando por horas seguidas, em absoluto silêncio, introspectivo. Aquilo não era normal, o pai pensava. A mãe também.

Um pouco depois, disse ao pai que gostaria de ser pintor. Afinal, na sua cabeça, era uma consequência: gostava de desenhar, poderia ser pintor quando crescesse.

— Ah, mas não vai ser, não — tisnou o pai.

— Ué, mas por quê?

— Não vai ser artista, não. Artista homem é tudo veado; se for mulher, é puta — resumiu o pai.

Ah, o revólver. Agora, aos 17 anos, o revólver. Ney já compreendia melhor a situação. O pai não pararia apenas nos castigos físicos e nas tentativas de punições. Talvez pudesse mesmo fazer sua autoridade ser respeitada à bala; talvez não chegasse a tanto, caso ele se submetesse, baixasse a crista, entendesse de quem era o comando. Ao contrário dos outros irmãos (além dele, mais dois homens e duas mulheres; sendo ele o segundo filho), era o único a contestar a autoridade paterna. Daí os embates, os confrontos.

Naquele instante, ainda sem fôlego, Ney percebeu que se encontrava diante de uma encruzilhada. Se obedecesse ao pai, como sugeriam o irmão e a mãe, estaria contrariando seu jeito de enxergar o mundo, seu jeito de nele ser; seria subjugado; em breve repetiria o modelo de autoridade do pai, e isso ele sabia que não queria. Se reagisse, haveria o inevitável e dolorido rompimento. Sentiu que ali jogava seu futuro: assumir sua individualidade, o que vislumbrava como uma existência criativa, não burocrática, ou se curvar e passar os próximos anos no papel de um amanuense de repartição. Aquele momento um dia seria posto à sua frente, sempre soube: por isso, olhou o irmão e sentiu que, enfim, havia chegado a hora.

Ao retomar a respiração, com os olhos negros maiores dentro das órbitas e a face crispada, lembrou-se, ainda, de que o pai talvez estivesse cismado por perceber nele algo diferente. Algo diferente que tentava exterminar, a seu modo, com violência e punição.

O pai o observava e percebia em seu modo de caminhar, em seus gestos, no seu comportamento, algo diferenciado. Ele desconfiava de alguma coisa, assim como suas tias, o resto da família. Eles falavam que Ney era diferente. Mesmo anos depois, isso jamais foi nomeado, sequer de maneira substantiva, ao menos não na sua frente.

Sim, Ney era diferente das pessoas da sua família, diferente do pai, e estava resoluto em permanecer à sua maneira. Naquele momento não se colocava na mesa sua sexualidade, embora ela devesse estar em todos os olhares silenciosos do pai, talvez nas fofocas das tias, nas desconfianças do restante da família.

Ele não quis voltar para casa. Soaria como rendição. Ficou na casa do tio. Até que o pai foi pedir ao tio que não lhe desse abrigo. Ney percebeu, então, que deveria ir embora. Havia chegado a hora. No dia seguinte, alistou-se na Aeronáutica e escolheu cumprir seu período de serviço militar em outra cidade, no Rio de Janeiro. O pai sentiu o golpe. Ainda tentou:

— Se você sair de casa, nunca vou te ajudar, não vou te dar dinheiro, nada.

De novo a troca: um doce, um beijo. Não funcionou antes, não funcionaria agora. Ney mal respondeu "não preciso da sua ajuda"; dias depois embarcou para o Rio.

Em 10 de fevereiro de 1974, pouco antes das dez da noite, Ney se sentiu diante de outra encruzilhada. De novo estava sem camisa. Mas trazia na cabeça algumas penas espetadas, o rosto pintado de branco e preto, pulseiras em ambos os braços, colares, e vestia uma espécie de saia de tiras soltas sobre um tapa-sexo. Não tinha mais diante de si a figura assustada do irmão mais novo, mas, sim, 20 mil pessoas. Estava no palco do Maracanãzinho, no Rio.

A plateia queria romper um alambrado para se aproximar do palco. A polícia, sob o comando do coronel Ardovino Barbosa, não permitiu. O militar era famoso entre os cariocas por perseguir gays, e naquela noite comandava pessoalmente a segurança da polícia. Entre uma canção e outra, Ney havia pedido aos guardas que deixassem o público chegar. Aquelas pessoas estavam sendo prensadas sobre o gradil de circulação. O coronel ordenou que ele continuasse seu trabalho.

Ah, a autoridade. De repente Ney Matogrosso, aos 32 anos já um dos maiores ídolos brasileiros, parou de cantar. Interrompeu os versos da música. E encarou os policiais, em princípio atônitos, depois assustados. Ele ouviu gritos vindos das coxias: eram ordens berradas pelo coronel Ardovino Barbosa para que retomasse o show.

Ahhh… os gritos. No início de 1974, o Secos & Molhados era o maior acontecimento da cultura brasileira. Em menos de um ano, havia se tornado um fenômeno; e naquele momento batia um outro recorde, inimaginável: o estádio do Maracanãzinho lotado para consagrá-los como a maior e mais popular banda do país. Dentro, 20 mil pessoas extasiadas, hipnotizadas; do lado de fora, quantidade semelhante sem ingresso. Nunca antes o Maracanãzinho havia presenciado tamanho sucesso. E o Brasil, naquela noite, tinha os olhos voltados para a ousadia do grupo.

A começar pela polícia. Assim, ao ouvir os gritos vindos das coxias do Maracanãzinho, para que retomasse a canção, as ordens vociferadas por policiais soaram em Ney Matogrosso não como um aviso, mas à semelhança dos velhos embates de autoridade com seu pai. Ele abaixou o microfone, colocou-o nas costas, pôs a mão esquerda na cintura e mirou com seus olhos negros os policiais postados nas primeiras fileiras. Nada disse. Em seguida, os demais músicos do grupo também pararam de tocar; alguns, sem entender o que estava acontecendo. O silêncio vindo do palco foi aterrador. Logo as ordens policiais foram abafadas pelos assobios, apupos e gritos dados pela plateia. Ney sabia que aquilo poderia ser sua viagem sem passaporte aos porões frios da ditadura. Ao mesmo tempo, desconfiava que dificilmente seria tirado do palco à força; talvez fosse preso depois. Mas, naquele instante, diante de 20 mil pessoas, a voz de comando emanou daquele corpo esguio, de 53 quilos. Era um confronto público: ato de desobediência civil. Mas ele tinha um exército à sua mão. A gritaria do público mostrou aos policiais que a autoridade da farda, ali, naquela situação, era uma má carta na manga. Não se percebeu a ordem de desmobilização: os policiais deixaram seus postos e a turba tratou de ocupar os espaços vazios diante do palco, ultrapassando o gradil de segurança.

Ney manteve a respiração no mesmo ritmo, sem exultar ou se amedrontar, virou o rosto para João Ricardo, o líder do grupo, que sinalizou aos demais músicos a retomada do show. Prosseguiram, então, "Rosa de Hiroshima". Ao final, depois de dois bis, Ney não foi perturbado pelas forças policiais.

A noite tinha entrado para a história.

Entre a rua sem asfalto de Campo Grande e o palco do Maracanãzinho não havia se passado apenas tempo — em torno de catorze anos. Ney tinha deixado de ser um garoto do interior brasileiro, sempre de calção e sem camisa, e se tornado um tipo mergulhado no espírito da juventude da época. Drogas, sexo livre, desregramento. Com o Secos & Molhados veio o sucesso, algo pelo qual ele jamais havia lutado.

Para escapar da opressão do pai, ficou quase dois anos servindo na Aeronáutica, no Rio. Cotidiano banal — treinamentos, limpeza de cômodos, conhecimento de armas, exercícios físicos, quartel-casa, casa-quartel, limpeza de banheiros, mais exercícios físicos — que serviu para acentuar em seu temperamento o gosto por independência e a indicação de que uma carreira dentro das artes, certamente como ator, seria o seu caminho futuro.

Enquanto o futuro não chegava, aceitou o convite de um primo e passou a trabalhar no Hospital de Base de Brasília, então denominado Hospital Distrital, logo após dar baixa na Aeronáutica na patente de soldado raso. Naquele ano, 1961, a nova capital ainda se ressentia da falta de mão de obra

EL REY

especializada e seu primo o transformou em uma espécie de laboratorista, depois de participar durante um mês de um curso ministrado por um profissional trazido de São Paulo. Nesse papel, dentro de um avental branco, passou a coletar material dos pacientes para a realização de biópsias. Como primeiro emprego, trabalhando o dia inteiro, em turno de oito horas, de segunda a sábado, incorporou ao seu repertório a convivência com a perda e a vulnerabilidade da vida. Aprendeu rapidamente a identificar os sinais de malignidade só de observar as células nas lâminas. No começo, sentia uma profunda tristeza ao olhar para o paciente e para a amostra recolhida. Depois, precisou se acostumar à rotina de trabalhar com a cura e a morte.

Esse início foi difícil. Logo no primeiro dia de hospital, ainda nas primeiras horas da manhã, ao entrar distraído em uma sala vazia, deparou-se com um homem morto sobre uma maca. Nu, coberto lateralmente por um lençol, o defunto tinha o tórax aberto. Passava por uma autópsia. Um cheiro — intenso — de carne apodrecida inundou suas narinas (ainda hoje ele se recorda daquele odor acre, "melancólico", "do cheiro da morte"). Ao se aproximar e olhar para aquele corpo desprotegido, Ney mal reagiu: virou-se, enjoado. Não conseguiu almoçar. Nem no outro, nem ainda em um terceiro dia. O cheiro e a imagem das vísceras à mostra o perseguiam pelos corredores. Demorou mais de uma semana até se conformar com o cotidiano de estar tão próximo da morte, de conviver com pessoas adoentadas que logo mais poderiam morrer. Acostumou-se a ser informado pela manhã dos pacientes que ou haviam morrido na noite anterior, ou que não suportariam as próximas horas. Fazer o quê? Aquele lugar é um hospital, onde a linha entre vida e morte é cruzada em todos os instantes.

Alguns meses depois, em uma manhã, ao andar pelos corredores, sentiu que seria mais útil se passasse a entreter as crianças ali internadas. Pediu transferência ao diretor do hospital. Foi autorizado a ficar com as crianças. Assim, podia levá-las ao térreo, em um pequeno jardim, onde passava a brincar com elas, jogar e encenar histórias. Aquilo lhe aprazia. Deixava-se montar, como um cavalinho, rolava no chão e se escondia entre as árvores. Levava-as também ao zoológico, empurrando pela cadeira de rodas uma das crianças mais adoentadas.

PRIMAVERA NOS DENTES

Ali também sentiu uma desconfiança. Percebeu que seus colegas e parte do próprio corpo médico o olhavam de uma maneira diferente. "Era como se aquilo não fosse trabalho de homem", comenta. Não se aborrecia com os comentários. Acreditava cumprir um papel melhor, menos dolorido.

Mesmo assim, continuava a lidar com a perda. Sabia que alguns dos casos eram irreversíveis e, portanto, aquelas brincadeiras seriam as últimas distrações da criança.

Muitas delas não sobreviviam à doença. E, mesmo de sobreaviso, não tinha como não se entristecer ao chegar no hospital pela manhã e ser informado da morte de uma delas. Chorava baixinho pelos corredores. Não queria ser visto em lágrimas pelas outras crianças em tratamento. Sua tristeza poderia dar a elas mais um componente além da dor da doença — a falta de esperança. Ele não queria contribuir para esse sentimento.

Brasília deu a Ney a liberdade. Foi onde começou a praticar às claras — e sem receio — muitos de seus desejos. Afinal seu pai estava longe, continuou em Campo Grande. Não precisava mais se justificar, tampouco fazer nada escondido. Voltou a pintar, colocando em andamento um de seus primeiros desejos, ser ator.

A cidade era pequena e ele logo se aproximou de um grupo interessado em montar *A invasão*, do dramaturgo Dias Gomes. Os ensaios, a rotina da construção de uma montagem teatral, a interação com os colegas, tudo levou Ney a considerar que aquela era a decisão correta: não queria outra coisa na vida a não ser estar em um palco. De dia no hospital, com as crianças; à noite, a criação teatral: aqueles meses iniciais de 1964 não apenas deram a ele a certeza de que tinha feito a melhor escolha, como ainda reafirmaram a importância de ter a vida em suas mãos.

A invasão contava a história de um grupo de favelados. Desalojados de seus barracos após um dos famosos temporais cariocas de verão, resolveram ocupar o esqueleto de um prédio abandonado, ainda em construção, próximo ao estádio do Maracanã. A peça de Dias Gomes era baseada em fatos reais e flagrava um dos tormentos do Rio de Janeiro naquela época, os deslizamentos dos morros, a perda das casas, as mortes por soterramento.

O poeta maranhense Ferreira Gullar contava que ao se mudar para o Rio, no início da década de 1950, seu maior medo era morar em um edifício vizinho a um morro. Seu receio se sustentava nos constantes deslizamentos dos morros, até que acabou sendo premonitório. Na madrugada de 19 de fevereiro de 1967, o irmão do dramaturgo Nelson Rodrigues, o também jornalista e escritor Paulo Rodrigues, morreu após seu prédio ruir sob a lama de um deslizamento. Outras cem pessoas morreram na tragédia da rua General Cristóvão Barcelos, em Laranjeiras.

Em *A invasão*, Ney vivia o personagem Tonho, filho de um casal de nordestinos. Ao longo da história, Tonho conseguiria o emprego de servente de pedreiro; sua única meta era ganhar dinheiro para comprar uma passagem e regressar ao Nordeste com a família. Dias Gomes, um mestre do teatro social e depois um dos mais celebrados autores de telenovelas, colocava em cena o problema da moradia urbana, os políticos demagogos e a ideia de que o povo organizado poderia enfrentar seus opressores. Os sem-teto eram explorados pelas promessas de autoridades e por um espertalhão, Mané Gorila. Na peça, Mané Gorila é assassinado por Tonho (Ney Matogrosso). Durante os ensaios, sem técnica, apoiado (como ele mesmo diria) apenas na emoção, com uma faca de madeira nas mãos, Ney feriu o outro ator. Diante do problema e da possibilidade de aquele impulso se repetir, o diretor descartou a cena do assassinato.

Mas não houve *A invasão* em Brasília. A poucos dias da estreia, estourou o golpe militar de 1964; os tanques tomaram as cidades, centenas de pessoas foram presas e as peças de Dias Gomes, notório comunista, foram proibidas de ser encenadas.

O golpe militar em março frustrou centenas de outras histórias, pôs em suspenso diversas estreias. Ney não se deixou contaminar pelo infortúnio, continuou seu trabalho de recreação com as crianças e logo depois, convidado por amigos, entrou para o Madrigal da Universidade de Brasília. Era apenas uma diversão, um passatempo, porque o teatro ainda continuava sendo sua principal preferência. Enquanto isso, ia perdendo a timidez por ter uma voz diferente.

Dirigido pelo compositor Levino de Alcântara, o Madrigal reunia um grupo heterogêneo de participantes, entre alunos, funcionários da universidade, agregados de vários biotipos. Vale lembrar que Brasília era uma cidade recém-inaugurada, ainda sendo povoada, com prevalência de funcionários públicos. O Madrigal, apesar do desmonte feito pelos interventores em quase todos os cursos e atividades, seguiu sua rotina de ensaios e apresentações.

No início, Ney se sentia inseguro em relação ao registro da sua voz. Ele mesmo a achava estranha. Sem muita informação musical, começou timidamente no grupo e durante os ensaios ficava mais ao fundo, reticente. Aos poucos, mais confiante, soltou a voz em seu timbre normal. Logo chamou a atenção do maestro. O que era estranho passou a ser visto como precioso. Foi quando soube dos *castrati* — intérpretes com voz aguda, equivalente aos timbres femininos de soprano ou mezzo soprano, que eram literalmente castrados no início da puberdade para manter o tom diferenciado depois de adultos. Um filme como *Farinelli*, dirigido por Gérard Corbiau em 1994, registrou a história do lendário eunuco italiano do século XVIII, o mais bem pago e popular cantor europeu de ópera do período.

Mas, na Brasília de 1964, Ney nem sonhava que fazia parte desse registro vocal e histórico. Ficou surpreso ao ser comunicado que possuía uma voz rara, e só assim se sentiu incentivado a aperfeiçoar seu timbre sem qualquer receio. Orgulhoso com o inusitado de sua descoberta, o maestro tratou de passá-lo para a primeira fila do coral.

Alguns meses depois, o compositor Paulo Machado, com o então estudante de cinema Ricardo Stein — que depois seria o câmera em *O dragão da maldade contra o santo guerreiro*, clássico de Glauber Rocha de 1969 —, iria produzir e dirigir o primeiro programa musical realizado em videoteipe na televisão de Brasília. Machado, professor na UnB, convida Ney para se juntar ao grupo. Ele se surpreende, porque em seus planos pretendia ser ator e agora a música acaba levando-o à condição de intérprete. Mesmo assim, acredita que se trata apenas de um passatempo. Quer de fato ser ator.

O programa *Dimensão* teria um quarteto permanente de cantores: Ney, Glória, Lena e Tião. Note que Ney era ainda só Ney, nos créditos: Ney de Souza Pereira. Neysinho para os amigos, dada a sua magreza e seus 1,65 metro de altura.

Como um bom programa musical televisivo brasileiro, *Dimensão* veiculava um sem-número de canções de sucesso. Do samba à Bossa Nova, do romântico ao derramado, havia um rosário de músicas interpretadas pelo quarteto e por convidados.

A voz aguda e delicada de Ney se destacava em meio àquele universo de estilos. Tudo soava novo a ele (começando pelo seu timbre, com o qual ganhava cada vez mais confiança e intimidade). A rotina de ensaios, a escolha de repertório, a descoberta para se adequar às canções, a memorização das letras, tudo trazia frescor e novidade. Das muitas músicas, Ney cantava com especial fervor duas composições de Edu Lobo, ambas de sua fase social — "Upa, neguinho", com letra de Gianfrancesco Guarnieri, composta para o espetáculo *Arena conta Zumbi*, e "Aleluia", letra do cineasta Ruy Guerra:

> Barco deitado na areia, não dá pra viver
> Não dá…
> Lua bonita sozinha não faz o amor
> Não faz…
> Toma a decisão, aleluia
> Que um dia o céu vai mudar
> Quem viveu a vida da gente
> Tem de se arriscar
>
> […]

Após pouco mais de sete meses, o programa *Dimensão* chegou ao fim. O aprendizado de Ney lhe garantiria o próximo emprego. Procurado pelo dono de uma boate brasiliense, Le Cave du Roi, assinou contrato como cantor da noite. Foi sua primeira experiência de fato com público malcomportado (as plateias do Madrigal não contavam, porque eram formadas por amigos e amigos dos amigos, além de mães e mães dos amigos).

As apresentações foram horrorosas. Ainda inexperiente, Ney se aborreceu com a falta de educação do público, mais interessado em beber, comer amendoim e falar do que em ouvir um jovem talento. Não saiu de lá batendo a porta porque ninguém ouviria, mas depois de algumas noitadas tratou de cair fora. Ele não é do tipo impulsivo, procura antes observar os movimentos, só então chega a um veredito. Aí é definitivo. Não voltaria mais. Ser cantor da noite, portanto, nunca mais.

Diante do clima pesado da vizinhança com o poder, pediu licença de seu trabalho no hospital. Havia experimentado a liberdade de viver distante dos pais e tinha gostado do que descobriu. Com poucos anos em Brasília, envolveu-se com teatro e música. Não era pouca coisa. Como sempre, não tinha pressa. Tampouco ambição financeira. Em visitas à cidade, seu pai descobriu a modéstia de sua vida e ofereceu a ele a possibilidade de voltar a Campo Grande, onde poderia arrumar-lhe melhores ocupações com um salário maior. Ele jamais aceitou. Seria como voltar à cela ou ao calabouço.

Tinha 25 anos e chegara a hora de passar uma temporada no Rio de Janeiro e em São Paulo. Era 1966. Tirou licença do seu cargo no hospital por dois anos. Quando pequeno, tinha morado no Rio em épocas diferentes, com a família deslocada no rastro das transferências de seu pai. Também na época em que prestou o serviço militar. Agora, dono do próprio nariz, viveria experiências e faria amizades que iriam transformar o seu futuro. Com o teatro e com a música ainda incipientes, acabou descobrindo o artesanato. Por puro acaso. Convidado por uma amiga, visitou o ateliê de um artesão. No chão, percebeu dezenas de pequenos pedaços de couro. "O que você faz com isso?", quis saber. Eram restos em forma de círculos. Descobriu que tudo ia para o lixo. Tratou de pegar uma grande quantidade, colocar em um saco e levar para casa. Logo descobriu uma cola capaz de endurecer o material. Assim nasceram suas primeiras peças — pulseiras, colares e brincos em couro. Não era uma ocupação, mas um passatempo adequado para entreter as mãos e a mente. Ficou surpreso quando amigas quiseram comprar seu trabalho. Mais surpreso ficou ao receber encomendas de uma loja, em São Paulo, pouco depois: "Me pediram cem peças!", relembra. Não aceitou o pedido. Esse é Ney: respondeu que não era uma indústria e que fazia o trabalho por prazer, já estava satisfeito em não perder dinheiro. Entregou não mais de uma dezena delas. Ao contrário de outros artesãos da época, recusava-se a montar banca em praças nas famosas feiras hippies — as duas mais famosas, sempre aos domingos, no Rio, na praça General Osório, e em São Paulo, na praça da República. O típico Ney: ele revendia suas peças a amigos ou nas lojas do Rio e de São Paulo.

Ao retornar a Brasília, em 1968, tomou a decisão de encerrar aquele momento da sua vida. Decidiu largar o emprego no hospital, o salário certo e a rotina modesta. Queria cair na estrada, na imagem libertária da época.

A ida definitiva para o Rio foi apenas em 1970. E envolvia duas decisões: não teria mais um emprego com horário fixo e levaria a sério o desejo de ser ator. Até lá, sobreviveria dentro do legítimo espírito hippie da época: faria artesanato (bolsas, brincos e pulseiras) e viveria com o pouco dinheiro amealhado de seu comércio mambembe. Tudo para ser livre e estar livre para dormir em qualquer lugar, cama ou cidade, com quem quisesse, onde sentisse vontade.

Em 1970, o Rio de Janeiro ainda era o polo central da cultura do Brasil. Com a transferência da capital para Brasília, em 1960, a cidade havia perdido o simbolismo do poder político, mas ainda abrigava os mais expressivos nomes das artes, ditava o comportamento e a moda, e chancelava o que deveria ser sucesso. Era também um caldeirão político.

Passeatas, comícios, confrontos com a polícia faziam parte do cotidiano da vida carioca no período. Desde 1966, movimentos armados de grupos da oposição realizavam ações contra o regime militar. Bombas, sequestros de autoridades, roubos a bancos, tiroteios e guerrilha, tanto na cidade como no campo, estiveram presentes na vida brasileira ao menos até 1974, diariamente. De lado a lado houve mortos, assassinatos e condenações aos traidores. Os militares no poder reagiam ainda com o uso sistemático de sequestro, tortura e aniquilamento de centenas de adversários políticos. Alguns deles jogados ao mar dos aviões.

No Rio, Ney manteve distância da política. A discussão ou a ação política não o absorviam, tampouco se mostraram fundamentais aos seus olhos. Por temperamento e convicção, desconfiava desse instrumento da sociedade, por considerá-lo quase sempre corrupto ou à mercê de interesses velados. Ele não estaria só. À época, uma parte da geração se identificava com o ideário hippie, e preferia dar tratos à bola nas questões pessoais em vez de se concentrar nas ações coletivas. Foram postos na mesa temas como drogas, sexo livre, gênero e preservação da natureza — capazes, esses sim, de mobilizar os desgarrados da política tradicional.

Haveria, desde então, uma clivagem dentro da oposição, forçada pela maneira como cada grupo enxergava sua posição naquele momento da história. Eram duas tendências principais. De um lado os "cuecões": os que eram identificados com formas de luta mais organizadas, resultado de uma disciplina ligada à esquerda conservadora, sob as ordens de partidos ou agremiações políticas; do outro, os "desbundados": eram os interessados na liberdade pessoal, na descoberta de novas sensibilidades a partir das drogas ou de modalidades como a meditação oriental, no rompimento das fronteiras de gênero, no total desapego às questões materiais; o desregramento criativo era a regra. Estavam sempre em uma distância asséptica do movimento cotidiano da política partidária. Em resumo, o primeiro grupo brigava pelo poder coletivo, enquanto o segundo não almejava diretamente o poder; em última instância, buscava a afirmação radical da liberdade individual, o direito de ser dono do próprio corpo; rejeitava a ideia de agir em bando. Ney, claro, se filiava por temperamento, convicção e história pessoal aos desbundados.

O poeta paulistano Roberto Piva, gay assumido, ao falar sobre essa época, para provocar o outro lado, arrematava com uma frase capaz de sintetizar o conflito entre engajados e desbundados:

— Em 68 só fiz 69...

No Rio, Ney tinha no bolso o endereço de Luhli, amiga de Glorinha, outra cantora no programa *Dimensão*. Ruiva, alta, magra, Luhli era compositora, dava aulas particulares de violão e tinha uma casa sempre cheia de amigos, como os compositores e cantores Zé Rodrix, Luiz Carlos Sá, Gonzaguinha e Sidney Miller.

Tinha, desde então, uma vida logo identificada por Ney como correspondente: livre, bissexual e artista. Cantava, compunha e fazia algumas apresentações em bares cariocas. Mas naquele momento não havia pressa, a vida seguia o ritmo das amizades, da fortuidade e dos prazeres.

Heloísa Orosco, depois autobatizada como Luhli (a tal numerologia), encarnava o espírito hippie da época. Sempre vestida com roupas de linho ou seda, batas ou saias longas, procurava viver sem preconceitos. Já morando com o fotógrafo Luiz Fernando Borges da Fonseca, Luhli conhece Lucina, futura namorada de Ney, com quem formará a dupla Luhli & Lucina, e um casamento a três. Luiz Fernando será o pai de dois filhos de Luhli e de mais dois de Lucina. Viveriam juntos até a morte dele, em 1990, vítima de um câncer linfático, divididos entre um sítio à beira-mar em Mangaratiba e temporadas em São Paulo.

Para Ney, os próximos anos — início de 1970 ao fim de 1971 — foram de descoberta, de encontro com a música e de muita dificuldade. De perversa precariedade. No início dormia em casa de conhecidos. Até que um amigo, Paulo César, propôs que morasse em seu apartamento, em Copacabana. "Se estiver pensando que eu tenho como pagar um aluguel, esquece, porque não tenho nada de dinheiro", avisou. E não tinha mesmo. Produzia e vendia seu artesanato, mas o resultado mal dava para comprar novamente material para fazer mais… artesanato. Um círculo vicioso. Com o problema de moradia resolvido, sobraram duas necessidades imediatas. Comida e transporte.

Aí, então, ele andava muito. Percorria os bairros da zona sul carioca em longas caminhadas. Não era algo de que se queixasse, pois os percursos lhe davam sensação de liberdade. E a própria rua ficava repleta de outros hippies como ele, também andarilhos urbanos. Uma quermesse de durangos.

A comida era um problema mais complexo. Em alguns dias faltava dinheiro até para um modesto pão com manteiga. Contentava-se com alguns biscoitos, se ainda tivesse algum em casa. Quando nem isso tinha, ou quando enjoava de biscoito, recorria aos amigos. De todos, o mais frequente era o casal Paulo Mendonça e Maria Alice Langoni. Paulinho, como Luhli, será seu outro anjo da guarda, bússola e amigo da vida inteira.

Apresentado por Luhli, Paulinho tinha 20 anos, era programador de computador e letrista; e Maria Alice, atriz e publicitária. Moravam no Jardim de Alah, divisa de Ipanema com Leblon. Em um apartamento de dois cômodos, sala e cozinha. Não mais de 60 m². Durante muito tempo, Ney aparecia ali todas as noites para filar um prato de comida. Ia a pé de Copa ao Leblon, ida e volta davam uns 6 quilômetros. Melhor a longa distância do que não comer nada. Ney não era o único conviva frequente. Diariamente marcavam ponto à mesa vários outros amigos esfomeados. "Tínhamos uma casa estruturada. E com comida pronta", lembra Paulinho. Até hoje ele não sabe como saíam tantos pratos daquela cozinha. "Era muita gente que aparecia." A cozinheira deixava o jantar preparado em cima do fogão. E aquela comida dava às vezes para oito, dez bocas. "Era a multiplicação dos peixes", brinca. Por sorte, Ney sempre foi de comer pouco.

Em torno daqueles jantares de urgência surgiram várias amizades eternas e também projetos artísticos. Por volta do final de 1970, eram comensais frequentes o ator Carlos Vereza, o ator e depois bailarino Cláudio Tovar, o diretor André Adler, o músico Jorge Omar, Luhli e seu Luiz Fernando Borges da Fonseca, o ator e diretor Reginaldo Faria e sua mulher, Kátia Achcar.

Ao longo dos próximos anos, todos esses personagens serão importantes na vida e na carreira dele, então ainda um hippie à base de artesanato e interessado em ser ator. Logo esse grupo de amigos começou a ajudá-lo inclusive a buscar um sobrenome.

Paulo Mendonça, formado em administração de empresas, já cultivava naquela época cabelos longos e barba. Extremamente afável, de fala mansa, é do tipo agregador, aquele que junta pessoas pelo prazer de gerar amizades e projetos. E sempre foi capaz de equilibrar o desbunde com o rigor. Com 17 anos, foi recrutado pela IBM como programador para trabalhar com o mitológico computador 360, nas ancestrais linguagens Cobol e Assembler. Ainda era uma profissão e uma atividade de poucos praticantes no Brasil da época. O 360, um mainframe lançado em 1964, ocupava metade de uma sala e tinha 512KB de RAM e 16MB (o celular mais modesto de hoje possui mais de cem vezes essa capacidade). Daí que Paulinho ganhava um bom dinheiro, logo aplicado na compra de um também lendário Karmann-Ghia branco. "Usado, hein", alivia ele. Da IBM foi cooptado para os computadores da Marinha brasileira. O novo emprego não o impediu de continuar a fazer política estudantil junto aos secundaristas. Leitor dos argentinos Cortázar, Borges e Bioy Casares, e impactado por Sartre, Paulinho se sentia impelido a juntar múltiplos interesses em seu cotidiano: poesia, arte e política. Ganhava dinheiro na programação dos computadores e procurava viver bem, muitas vezes dividindo-o com amigos e parceiros. Sua disciplina ajudaria inclusive alguns deles a organizar a criação artística.

Aos 20 anos, ele conheceu a atriz Maria Alice Langoni, se apaixonou, vendeu o Karmann-Ghia e se casou — nessa ordem. Os dois montaram o apartamento no Jardim de Alah, palco de jantares, encontros e sede para a construção de muitos espetáculos. Como era típico na época, amigos costumeiramente dormiam espalhados pela sala, avançavam sobre os quartos. Nas manhãs após intensas noitadas, Paulinho, ao sair para o trabalho, encontrava, entre as almofadas e os sofás, os corpos inanimados de quem não conseguia partir ou de quem foi impedido de sair por ordens de amor à vida.

As engrenagens dessa história, em 1970, se movimentam para juntar as peças. Paulinho, durante suas férias da Marinha brasileira, foi assistente de direção de Reginaldo Faria no filme *Pra quem fica, tchau!* É uma comédia escrita, dirigida e protagonizada por Reginaldo. O enredo beira a ingenuidade: Luisinho (Stepan Nercessian), um caipirão que não conhece a cidade grande, sai do interior de Minas para morar no Rio com o primo Didi (Reginaldo) e leva consigo uma mala cheia de dinheiro. Didi é um típico boêmio, mulherengo rematado e projeto de bon-vivant tupiniquim que não trabalha. Ao ver as notas, Didi passa a levá-lo junto em suas noitadas. Aí começam as complicações. O elenco contava ainda com José Lewgoy, conhecido por ser o vilão em muitos filmes da Atlântida Cinematográfica. A produção foi uma das grandes bilheterias no ano seguinte e chegou a ser indicada como representante brasileiro a concorrer ao Oscar de Melhor Filme Estrangeiro, só que não conseguiu a nomeação.

Reginaldo Faria, que também assinava a trilha sonora, seria depois conhecido por papéis leves em novelas da Globo e por atuações importantes no cinema, em especial ao encarnar o personagem-título de *Lúcio Flávio, o passageiro da agonia*, ficção do diretor Héctor Babenco sobre o famoso bandido carioca — famoso por ser bonito, inteligente e cruel.

Durante as filmagens de *Pra quem fica, tchau!*, Paulinho se aproximou de Luiz Fernando Borges da Fonseca, assistente de fotografia, de quem se tornou amigo por toda a vida. Com 28 anos, Luiz Fernando já trazia no seu currículo a participação em outros longas bastante emblemáticos no cinema brasileiro, como *O bravo guerreiro*, de Gustavo Dahl. Formado em Comunicação Visual pela influente Escola Superior de Desenho Industrial, Luiz Fernando era um tipo bastante tímido, bem-informado e fotógrafo criativo. À época, já vivia com Luhli.

A amizade com o casal dará a Paulinho uma parceria musical, com quem fará muitas composições e alguns novos amigos. Entre eles, Neyzinho. O grupo de amigos se tornou inseparável. Em diversos momentos eles se ajudaram, fizeram trabalhos juntos, alguns bem importantes, e vivenciaram ao mesmo tempo a quebra de tabus nas relações amorosas, sexuais e de comportamento.

O grupo se dividia entre três casas. Os endereços mostram inclusive a geografia cultural e amorosa do Rio daquela época. Luhli e Luiz Fernando viviam no alto de Santa Teresa; Reginaldo Faria, no Jardim Botânico, e Paulinho e Maria Alice, no Leblon. Ney frequentava mais o Leblon e Santa Teresa. Quase todas as tardes permanecia no quintal de Luhli trabalhando no seu artesanato. Quando estava sem aluno, Luhli chamava Ney para cantar e o acompanhava ao violão. "Ficávamos horas ali, eu tirando música naquele tom diferente dele", ela lembra. E à noite Ney quase sempre jantava na casa de Paulinho e Maria Alice. "Uma vez descobri que ele só comia uma vez por dia — e era na minha casa", conta Paulinho, que se recorda do amigo como alguém "disponível pra vida", e que "cantava sempre que pedíamos".

Durante uma temporada em São Paulo, Paulinho se envolveu com uma garota bem mais nova, que ainda morava com os pais. Para aparentar uma amizade, não um namoro, e como conhecia pouco a cidade, Paulinho arrastava Ney para servir de biombo quando a devolvia em casa.

Na porta, ela descia do carro, beijava os dois, e seu pai não percebia nada de anormal. Uma noite, Paulinho e a garota perderam a hora na cama. Já passava da meia-noite quando ele estacionou na frente da casa dela. Assim que desligou o carro, o pai, furioso, irrompeu na frente deles. Como era o mais velho, Ney saiu para dar explicações, a pedido de Paulinho. Ouviu calado profundas repreensões, como se tivesse sido o responsável pelo atraso. Havia no ar uma suspeita de sexo. No caminho de volta, Ney reclamou por ter levado bronca e de estar ali ocultando duplamente a tramoia de Paulinho: do pai da garota e da própria mulher dele, Maria Alice. Mesmo assim, não se negou a dar cobertura em outras inúmeras peraltices amorosas do amigo.

Sempre disposto a aventuras, Paulinho ouviu falar de uma vidente em Botafogo por uma namorada. Segundo a garota, a leitora de búzios enxergava com rigor o futuro de seus clientes. Paulinho gostou do que descobriu e convidou Ney para acompanhá-lo. "Mas eu não tenho como pagar essa mulher", adiantou Ney. "Vamos lá, eu pago. Assim ela lê a nossa sorte." E foram. Era uma senhora gorda, que ficava sentada atrás de uma mesinha, onde jogava búzios e mantinha o olhar fixo em seu interlocutor, quase sem piscar. O primeiro a entrar foi Paulinho. Ele ouviu várias previsões e alguns acertos sobre sua vida naquele momento. Depois, chegou a vez de Ney. Sua sessão foi mais demorada. Quando saiu, estava rindo, incrédulo.

— Essa mulher é doida — tisnou.

— Por quê? O que ela disse? — perguntou Paulo, curioso.

Ney tinha os olhos estalados e virava um pouco o pescoço. Nesses momentos costumava olhar de baixo para cima seu interlocutor:

— Ela disse que vou ser muito famoso e bastante rico, acredita?

— E por que não?

— Paulinho, ela disse que isso vai acontecer em menos de um ano. E que eu serei assim… uma espécie de Carmen Miranda.

— Ah, é? Mas isso é possível.

— Você acredita, Paulinho? Como? Tenho 30 anos já e hoje não tenho dinheiro nem pra comer! Imagina, rico e famoso — caçoou Ney.

PRIMAVERA NOS DENTES

Como se sabe, a vidente não errou. Por obra do acaso, a engrenagem começou a ser impulsionada justamente pelos seus amigos Paulinho e Luhli. Paulo havia composto a canção "A estrada azul", em parceria com Reginaldo Faria para o filme *Pra quem fica, tchau!*. E chamou Ney para gravá-la. Foi a sua primeira participação profissional como intérprete.

Os créditos do filme identificaram o cantor apenas como Ney, sem sobrenome. Por pouco não sai assinado Neyzinho, como todos o chamavam. A gravação foi elogiada, mas não o suficiente para tirá-lo dos bicos de ator, do artesanato de todas as tardes e da dureza crônica. Mas a engrenagem se moveu de novo quando Luhli acompanhou o marido Luiz Fernando nas filmagens de *Roberto Carlos a 300 quilômetros por hora*, em São Paulo, e se apresentou no Kurtisso Negro, no Bixiga.

No Rio, Ney fez sua estreia no teatro e passou a integrar o elenco da peça infantil *Dom Chicote Mula Manca e seu fiel escudeiro Zé Chupança*, que seria montada em São Paulo em 1971. É um musical, em superprodução, que tem no elenco a então "namoradinha do Brasil", a atriz Regina Duarte. Para ele, foi um momento importante, porque interpretou três personagens diferentes (um mercador, um espantalho e o secretário do rei) e cantou diversas canções. Sentia-se confortável como ator e cantor. O futuro começou a despontar um horizonte.

Em uma tarde de fevereiro de 1971, Ney trabalhava em seu artesanato quando Luhli chegou em casa. Fazia mais de dois meses que estava em São Paulo. Entre várias novidades, contou que havia conhecido um jovem compositor, muito bonito e talentoso, que tinha um grupo ainda incipiente com o nome curioso de Secos & Molhados. Durante esse período paulistano, compusera com ele umas seis ou sete músicas.

Ela, então, pegou o violão e mostrou a ele "O vira". Ney gostou, achou engraçado. Depois cantou "Fala", ainda em sua primeira versão, como um rock leve. "Também é bonita", disse Ney. Foi quando Luhli disse que seu parceiro se chamava João Ricardo e que precisava com urgência de um cantor na banda. Um cantor com uma voz fina, aguda.

— Eu falei de você. Disse que é a pessoa certa para completar o grupo.

— Ah, é?

— Então ele vem ao Rio nos próximos dias pra te conhecer...

A engrenagem gira.

João Ricardo e Gérson Conrad apareceram na casa de Santa Teresa perto do final da manhã. Vinham de São Paulo, no trem noturno, e ainda tinham o rosto marcado por um sono incompleto. Cada qual levava uma pequena mala. Ney e Paulinho Mendonça já estavam lá.

João Ricardo parecia ter pressa. Ou soava ansioso. Tinha suas razões, afinal viajara mais de 400 quilômetros para conhecer alguém capaz de se encaixar em seu projeto. Após algumas conversas amenas, João e Gérson pegaram seus violões naquele início de tarde de bastante sol e começaram a tocar para a pequena plateia algumas de suas composições, como "Mulher barriguda" e "Rosa de Hiroshima". Iam tocando e João Ricardo contava suas ideias acerca de como poderiam burlar a censura ao musicar poemas de autores exuberantes já publicados.

Ney lembra que de imediato gostou de tudo o que ouviu. Achou que eram canções bonitas. Então foi a vez de ele cantar algumas músicas, acompanhado por Luhli ao violão. Não foi necessário um longo repertório para João e Gérson sorrirem satisfeitos. E para João Ricardo quase sem fôlego convidá-lo a se juntar aos dois no Secos & Molhados. Ney também não precisou de muitos segundos para dizer sim à proposta. Ele jamais havia pensado em se tornar um cantor profissional. Mas... por que não? Se a coisa desse errado, não tinha muito o que perder. Aos 30 anos, sequer ostentava um sobrenome.

A tarde terminou com João Ricardo e Gérson se despedindo e Ney dizendo que em breve estaria em São Paulo para começar os ensaios do repertório. João tinha pressa. Queria colocar sua banda, enfim completa, na estrada logo. Deixava Santa Teresa aliviado por finalmente ter conseguido encontrar a voz com que sonhava para encarnar suas composições.

Os três só voltariam a se reencontrar em dezembro de 1971, quando Ney desembarcou na cidade com a montagem de *Dom Chicote Mula*

Manca e seu fiel escudeiro Zé Chupança e se juntou aos futuros parceiros do Secos & Molhados.

Quando Maria Fernanda abriu a porta, apenas sorriu com a simplicidade de Ney, que carregava uma pequena bolsa com seus poucos pertences. Como convinha à época, Ney apareceu de repente, sem avisar que viria.

Era bem cedo, João Ricardo ainda dormia e sua mãe sugeriu que Ney subisse ao quarto para acordá-lo e que ele ficaria feliz com a sua repentina e aguardada aparição em São Paulo. Ao ser despertado, João Ricardo logo ouviu de Ney algo que determinaria o limite da relação de ambos. Ney disse que estava ali para tocar adiante a ideia de se juntar ao grupo, mas que não admitiria jamais ser tratado da maneira que ouvira João Ricardo falar com Luhli quando foram apresentados, na casa dela em Santa Teresa. "Eu vi que ele foi muito grosseiro com ela, algo horrível. Avisei a ele que qualquer palavra naquele tom comigo e eu iria embora no mesmo momento", relembra Ney. "Aquela doçura da Luhli nos apresentando, e ele sendo grosso com ela." Como reagiu João Ricardo? "Ele logo inventou uma dor de cabeça e pediu para ficar mais um tempo sozinho no quarto", diverte-se Ney.

Segundo Gérson Conrad, havia se passado quase um ano entre a tarde em Santa Teresa e a chegada de Ney à porta de João Ricardo. Ney disse que era impossível ter demorado tanto. "Imagine, um ano. Na minha cabeça foi muito menos tempo", conta. Mas ele lembra que, entre Rio e São Paulo, houve várias viagens curtas a Búzios, na companhia de três amigos e da namorada de um deles. Foram algumas temporadas regadas por diversos tipos de ácido e todo tipo de sensação provocada por eles.

"Em Búzios, me lembro da rua das Pedras, que tinha um comerciozinho do lado esquerdo e umas casas do lado direito e, atrás delas, alguns lagos, pés de pitanga e cavalos cor de mel com o rabo branco deitados no gramado. Ah, eu gostava, sim, de festa", diz. E, rindo, completa: "Mas não demorei um ano para ir do Rio a São Paulo."

David Bowie dizia não se lembrar de 1972 em sua vida, dadas as viagens com drogas. "Pois eu não me lembro de 1971", conta Ney.

5. AS ANDORINHAS

O Natal e o réveillon de 1971 encontraram Ney sozinho em São Paulo. E sem dinheiro, sem ter sequer como viajar ao Rio para passar as festas com os amigos.

Depois de algumas noites na casa de João Ricardo, instalou-se no apartamento de uma amiga, Sara Feres, na rua Amaral Gurgel. Sara era cenógrafa, e os dois haviam sido apresentados em 1967. A aproximação acontecera por causa do teatro: ela trabalhava na montagem de Amir Haddad para *O coronel de Macambira*, peça de Joaquim Cardozo, encenada no Teatro República. Amigos da cena teatral carioca, quando caíam em São Paulo, logo encontravam abrigo no apartamento dela. Ney acomodou-se em um quarto pequeno, modesto, com apenas uma cama e um guarda-roupa.

Antes de sair do Rio, Ney jantou pela última vez na casa de Paulinho e Maria Alice. Dali saiu para pegar o ônibus rumo a São Paulo. Vestia uma camiseta sem manga e uma calça usada, um jeans bem surrado — herdado de Paulinho e ajustado ao seu corpo de 53 quilos pela mãe de Maria Alice, dona Marina Curio, professora aposentada que adorava todos aqueles garotos amigos de sua filha e de seu genro. A calça reformada tinha ainda os fundilhos cerzidos — um rasgo surgido depois de um acidente sofrido por Paulinho na Dutra. Como precaução, para aquilo que seria uma travessia homérica (uns tempos em São Paulo), Ney pegou emprestado com o amigo algo como 100 reais (nos valores atuais) para auxílio-alimentação. Antes, havia vendido um "despertadorzinho" e com o dinheiro contado comprara a passagem de ônibus.

Na bolsa de couro, já que a calça não tinha bolso, não mais do que 150 reais ao todo. Na virada do ano de 1971, aos 30 anos, estava mais uma vez na corda bamba, em uma cidade desconhecida, grande e sem amigos por perto. Ao menos tinha algumas possibilidades na mão — considerou naqueles meses de forte calor. De concreto, a encenação paulista da peça infantil, e havia ainda a cartada sempre possível do artesanato, visto como uma tábua de salvação. Na conta do tudo ou nada, o principal motivo de estar em São Paulo: o Secos & Molhados. Como cantor. "Que loucura", pensou.

Tudo ou nada, mesmo: ficaria ensaiando as canções para montar o repertório da banda, mas sem receber um único tostão. Jogava no escuro. Contaria apenas com o dinheiro da montagem teatral, certamente irrisório. Duas sessões semanais. Pensando bem, não era nada. Precisaria se virar.

E no Secos & Molhados viveria um papel novo, de intérprete principal. Com dois caras que mal conhecia e ainda bastante jovens. De fato, estava rodeado de altas especulações. Talvez tudo aquilo fosse loucura. Mas tudo bem. Ao andar pelas ruas próximas à praça Roosevelt, e também ao descobrir o bairro italiano do Bixiga, procurou se animar: tudo aquilo no mínimo poderia ser levado como experiência, principalmente o grupo, caso não resultasse em nada. "Não tenho nada a perder", martelou em silêncio. "Se der errado, deu; toco a minha vida, vou continuar fazendo minhas coisas, vendendo artesanato. Sou livre."

Como sempre, Ney mantinha seu otimismo descompromissado. Não havia qualquer certeza; novamente se via embarcado em novas experiências ou apostas. Fazia da insegurança um alegre estilo de vida.

Os ensaios do Secos & Molhados começaram logo depois das festas de réveillon. Eram quase sempre na casa do João Ricardo, na alameda Ribeirão Preto, e, depois, na do pianista Tato Fischer, na rua Maria Antônia. Durante as primeiras tardes de ensaios, tentaram construir os vocais inspirados nos ídolos do líder da banda, Crosby, Stills, Nash & Young. Gérson Conrad no violão de seis cordas, João se alternando no de doze e também na gaita, e o vocal de Ney como protagonista. Não deu.

O quarteto americano era conhecido por seus vocais extremamente nuançados, que soavam muitas vezes em uníssono, mas sempre com surpresas no percurso, e seus integrantes navegavam em diversos registros. Para emular semelhante sonoridade, a banda brasileira precisaria sacrificar o diferencial de timbre trazido por Ney ou modificar radicalmente o tom de João Ricardo, mais grave. Em alguns momentos, claro, poderia haver uma união das vozes. Mas não em longas sequências, pois seria desconfortável para ambos.

AS ANDORINHAS

E se o caminho fosse de menos grupos vocais, com as canções ajustadas ao melhor intérprete... Embora João Ricardo tenha buscado um cantor de voz aguda para o grupo desde o início, sem dúvida acalentava a possibilidade de ao menos ser uma segunda voz mais proeminente, não presente apenas nos estribilhos.

Não que ele fosse um desastre, mas João Ricardo percebeu que a voz de Ney não era apenas diferente: era especial demais. As músicas, então na modesta interpretação de João Ricardo ou de Pitoco, o primeiro vocalista da banda, ao serem vestidas por Ney, ganharam amplitude e originalidade que não podiam ser descartadas. Ou ignoradas. João soube captar o novo mapa musical da época e as possibilidades que ele abriria. Começava o tempo dos compositores de voz pequena interpretando suas próprias canções — caso de Chico Buarque, por exemplo. Sem esforço, e aos poucos, Ney trouxe outro tônus ao Secos & Molhados, e o fundador do grupo sentiu que ele introduzia elementos novos às suas concepções iniciais.

Ao mesmo tempo que ali nasciam as distinções do que geraria o sucesso do Secos & Molhados, eram acrescentados ao fogo elementos que dois anos e meio depois levariam à dissolução do grupo: João e Ney eram pessoas muito diferentes. Com o tempo, a convivência agravaria essas diferenças e iria eclipsar suas visões de mundo, filosoficamente antagônicas diante de questões como dinheiro e sucesso.

Os ensaios serviram para evidenciar o temperamento dos membros do grupo e para estabelecer de imediato os papéis de cada um. João Ricardo, como idealizador do projeto, comandava a cena. Dava suas orientações, reprovava alguns caminhos vocais tentados por Ney, aplaudia os resultados. Ney, então um cantor inexperiente, embora altamente intuitivo, concordava com a maioria das observações ou mostrava em sua voz sempre baixa e firme suas discordâncias. Não se recordam de qualquer discussão mais séria ou de visões tão divergentes, inconciliáveis naquela época.

Os vocais mais bem elaborados compensaram o déficit de versatilidade e as limitações como instrumentistas que Gérson Conrad identificava em si e em João Ricardo. As tentativas de uma interpretação com primeira, segunda e terceira voz, como fazia o quarteto americano, se mostraram complicadas. O timbre grave da voz de João, que poderia ser um barítono, nem sempre permitia que ele se mantivesse como a segunda ou terceira voz. Gérson se saía melhor ao fazer uma voz média (e ao não cantar muito).

Eles dedicaram muitas horas de ensaios para descobrir e depois adequar seus timbres, antes ainda de entrarem nos arranjos instrumentais das canções. Mas não havia dramas. Eram investigações, processo comum da criação, com seus acréscimos e cortes. Os acertos de um dia eram às vezes considerados equívocos na próxima sessão, e então eram descartados. Ao mesmo tempo que forjavam um estilo, ocorria um processo de reconhecimento, de construção de intimidades. Até então, eram estranhos uns aos outros naquela arena. Se não havia mesuras é porque existiam as chamadas dores da criação.

Naquelas longas tardes de ensaios, decidiu-se o que depois ficou consagrado nos dois discos da banda: Ney no papel de intérprete principal, em seu agudo característico, soando mais alto, em destaque; Gérson em uma voz média, como em uma viagem pela melodia; e João Ricardo com seu grave que por vezes espelhava o timbre de Ney.

O acerto foi proveitoso. O grupo se apoiava em seu melhor intérprete, mais característico. Aos poucos a concepção inicial de João Ricardo tomava outros rumos. O que brotava daqueles ensaios, o resultado esculpido, a consolidação de um estilo, o acondicionamento dos três talentos distintos, pensando bem, a coisa ali se tornou densa, ganhou musculatura. Dali pra frente, não será apenas mais um grupinho de rock brasileiro, como muitos outros da época.

À exceção do paulistano Made in Brazil, dos irmãos Vecchione, com as interpretações vigorosas de Cornelius Lucifer, nenhuma outra banda do período se distinguia por vocalizações de qualidade.

Quando Ney começou os ensaios, naquele janeiro de 1972, o repertório do Secos & Molhados já se encaminhava para uma definição. Parte dele havia sido testada desde a primeira estreia do grupo, no segundo semestre do ano anterior, com Pitoco e Fred na formação. Muitas das canções haviam sido feitas por João Ricardo no fim da sua adolescência, ao menos suas linhas iniciais, e vinham, desde então, sendo retrabalhadas, conforme a ideia do grupo se tornava cada vez mais sólida. Outras surgiriam antes da gravação do disco, caso de "El Rey" e "Sangue latino". Agora, com Ney e Gérson Conrad como integrantes, João Ricardo via pela primeira vez de fato seu projeto ganhar corpo. Por vezes, após horas de trabalho, Ney, Gérson e João trocavam olhares silenciosos. Satisfeitos. Sentiam que as longas tardes e noites, por vezes forradas de angústia e impaciência, ou de incompreensão mútua, caminhavam afinal para um desfecho com recompensas.

Naquele ano de 1972, celebrou-se o sesquicentenário da Independência, e, por todo o Brasil, incensada pelo governo militar, a data teve diversas comemorações. Interessante que as autoridades enxergavam nos festejos um caminho para unir o país em um clima de exaltado patriotismo, bem típico das ditaduras latino-americanas do período. O dado curioso é que as forças de oposição também viam ali uma oportunidade para se falar de liberdade e independência, valores abolidos pelo regime. No fim, cada lado festejou a data com a sua intenção, e cada qual também sorriu feliz com o resultado: os militares se mostraram satisfeitos pelo fato de a população prestigiar os desfiles e ainda cantar um jingle martelado insistentemente nas televisões:

> Marco extraordinário
> sesquicentenário da Independência
> Potência de amor e paz,
> esse Brasil faz coisas
> que ninguém imagina que faz

De seu lado, as oposições acreditavam levar à população uma mensagem capaz de auxiliar na luta contra a ditadura, por meio de canções, peças de teatro e até publicações exaltando a liberdade e a Independência como forma de opor o fato histórico ao momento político daquele período.

Distante dessa inacreditável e quase surrealista celeuma, em setembro de 1972, Ney voltou ao teatro e integrou o elenco de duas montagens, ambas encenadas no espírito das comemorações da Independência. Calcado no poema épico de Luís de Camões, *Os lusíadas*, o dramaturgo Carlos Queiroz Telles surgiu com *A viagem*, espécie de celebração das conquistas portuguesas nos mares do planeta. Na estreia, no Teatro Ruth Escobar, estavam presentes autoridades do governo português, então também uma ditadura, entre eles o próprio chefe de Estado, Marcelo Caetano. O personagem de Ney era um marinheiro, e a peça seguiria em cartaz até o início do ano seguinte, com direção de Celso Nunes e música do maestro Paulo Herculano, dois nomes emblemáticos do teatro brasileiro.

O infantil *A menina que viu o Brasil nascer* também pegou carona nos festejos. No enredo da peça, um professor amalucado criava uma máquina capaz de transportar passageiros em uma viagem pelo tempo. A data cravada era a de 1822. Lá, então, tudo acontecia: d. Pedro I, a Independência, os portugueses etc. Ney era o professor maluco, inventor da engenhoca. A personagem da estreante Lucélia Santos era quem se deslocava pelas épocas. João Ricardo era o autor das canções e Gérson Conrad o diretor vocal — registrava o programa da montagem, que tinha a coreografia assinada por Marilena Ansaldi, referência de renovação da dança brasileira contemporânea.

Em um canto do palco do Teatro Zaccaro, já no final da tarde, João Ricardo ensaiava ao violão uma das canções da peça infantil. Ele parecia não encontrar o andamento adequado. Tato Fischer chegou ao teatro e presenciou as tentativas do compositor. Como em um filme pouco convincente, Fischer se sentou discretamente ao piano e tocou algumas notas que chamaram a atenção de João Ricardo.

— Não é isso que você quer? — perguntou Tato, tocando a um incrédulo João Ricardo a melodia que teimava em andar de lado.

João sorriu e pediu a ele para tocar mais uma vez. Tato repetiu e logo ambos iriam repassar a canção inteira. Horas depois, João Ricardo falou sobre seu grupo Secos & Molhados, os ensaios com Ney e Gérson, de suas ideias para a música brasileira — e convidou Tato para estar com eles, ao piano. Ele topou. Com Tato viria Sérgio Rosadas, o Gripa, flautista que havia tempos dividia com o amigo as despesas de seu apartamento na rua Maria Antônia, e que também integrava a banda de apoio no infantil *A menina que viu o Brasil nascer*. Ambos serão músicos de apoio à banda, mas não seus integrantes oficiais.

A partir dali, os ensaios do Secos & Molhados deixaram de ser nas casas de Gérson ou de João Ricardo e passaram a acontecer no apartamento de Tato, em torno de seu piano. A chegada de Tato e Gripa traria outros ingredientes de criatividade ao grupo. Como músicos, eram mais maduros, já acostumados ao palco e à construção de repertórios.

Era outubro e João Ricardo já começava a mirar a estreia com a nova formação do grupo. Havia uma discreta pressão de Ney para colocar o trabalho na rua. João se sentia responsável por tê-lo trazido a São Paulo e sabia que ele precisava ganhar algum dinheiro. Tanto João, que tinha três empregos como jornalista, quanto Gérson, nascido numa família de classe média, não sentiam tais apertos. Só que alguns acertos ainda precisavam ser feitos. Embora o repertório viesse sendo construído e repassado desde janeiro, havia várias canções cujos arranjos ou mesmo acabamentos não causavam um bom efeito. João Ricardo não estava satisfeito e acabava adiando a estreia.

Com certeza, duas das músicas precisavam urgentemente de uma roupagem mais definitiva. "As andorinhas" é um pequeno poema intitulado "As andorinhas de António Nobre", de Cassiano Ricardo, autor famoso por seu livro *Martim Cererê: o Brasil dos meninos, dos poetas e dos heróis* e por ter integrado contraditoriamente tanto o grupo nacionalista Anta quanto o movimento concretista. Um trecho:

> —Nos
> —fios
> —ten
> sos
>
> —da
> —pauta
> —de me-
> tal

—as
—an/
do/
ri/
nhas
—gri-
tam

[...]

Na primeira versão, a melodia criada por João Ricardo se repetia inúmeras vezes. "Trinta e três vezes", exagera Tato. O pianista sugeriu então algo que soou como um ovo de Colombo. Por que não tocá-la apenas uma vez? Mergulhados nas intermináveis repetições, João Ricardo e Gérson ficaram intrigados com a sugestão. Mesmo assim, decidiram experimentar. O resultado foi o que chegou à gravação: uma única passagem, tensa e embebida em um arranjo que abusava da percussão do piano com a bateria e o vocal em uníssono feito pela voz de Ney sob efeito. No disco, a música dura exatos 55 segundos.

Ney se recorda apenas de que a harmonia exigia dele uma interpretação dentro de regiões vocais mais altas — o que às vezes provocava nele receios de não conseguir manter o registro —, mas a gravação, no disco, mostra uma afinação perfeita, uma voz cristalina.

A versão inicial de "Fala" também trazia alguns problemas. Depois de alguns meses de ensaio, sua roupagem ainda era a de um rock ligeiro, apressado. Era cantada ainda como havia chegado ao mundo em 1971, na casa de João Ricardo, com sua melodia e letra de Luhli. Um trecho:

Eu não sei dizer
Nada por dizer
Então eu escuto

AS ANDORINHAS

Se você disser
Tudo o que quiser
Então eu escuto

Fala
Fala

[...]

Era uma pequena pérola a ser descoberta. Mas João Ricardo, um dos autores, não gostava muito dela. Até hoje implica com a letra. Ao ouvir a versão inicial, Tato, sentado ao piano, tratou de buscar a harmonia. Estavam em seu apartamento, em um dos primeiros ensaios de todo o grupo. João, Gérson e Ney mostravam a ele e a Gripa, recém-chegados, o que tinham conseguido extrair de arranjos e vocalizações nos meses anteriores. Algumas músicas, percebeu Tato, traziam imensos achados. Outras, nem tanto. Quando "Fala" foi tocada novamente, Tato sentiu que a canção escondia dentro de si um outro andamento, mais encorpado, que gritava para aflorar. Dois dias depois, apresentou a seus companheiros o que chegou à gravação inicial. "Fala" havia sido transformada em uma espécie de blues ou de uma leve balada puxada para o blues. Há quem perceba na melodia uma citação de "Isn't it a pity", de George Harrison, de seu seminal álbum *All Things Must Pass*, o terceiro solo depois do fim dos Beatles. A letra foi a mais romântica de todo o disco do S&M, talvez a mais feminina e direta em seu abandono.

A chegada de Gripa vestiria outra canção do grupo com um arranjo ainda hoje definitivo. Até então, "Rosa de Hiroshima", música de Gérson Conrad sobre poema de Vinicius de Moraes, caminhava com sua delicada melodia embalada por dois violões, de seis e doze cordas, e por algumas frases sob uma gaita. Os ensaios eram abertos a experimentações e logo Gripa e Tato, instrumentistas calejados, trataram de rever andamentos das canções, desenhando alguns arranjos. Embora estivesse sempre disposto

103

a ouvir sugestões, João Ricardo insistia em relembrar aos dois músicos recém-chegados como desejava cada linha, cada movimento. A última palavra era a dele.

Em uma das tardes, Gripa começou seu solo sobre as primeiras notas de "Rosa de Hiroshima". Ao violão, Gérson dedilhava a canção, a flauta de Gripa entrou na sequência e encorpou a melodia até a entrada da voz de Ney. O solo de Gérson e o fraseado de Gripa criaram uma das entradas de mais fácil reconhecimento da moderna música brasileira — ao lado é claro de "Sangue latino", que àquela altura ainda não havia alcançado a luz do dia.

Em meados de novembro, João Ricardo anunciou a todos a data de estreia da nova formação do Secos & Molhados: 10 de dezembro. A informação provocou alvoroço, um certo frio correu na espinha de Gérson; mas, em Ney, não: era a hora de colocar a cara na janela. Estavam há mais de dez meses em ensaios intermitentes. Sua parca experiência indicava que o palco e o contato com o público trariam outros elementos à criação. Queria testar. Tanto podia indicar o acerto como sepultar de vez toda aquela expectativa.

A Casa de Badalação e Tédio, no Teatro Ruth Escobar, foi o local escolhido para a estreia. Dirigida por dois jornalistas, era um espaço bem típico daquele período paulistano. Buscava uma aproximação com artistas consagrados, mas sem muita repercussão junto ao público. Era uma espécie de repescagem no caldeirão cultural. Entre as lembranças de muitos dos frequentadores do espaço — como o próprio João Ricardo e Moracy do Val, entre outros — havia constantemente o nome de Cyro Monteiro. Seu nariz imenso merecia sempre referências acompanhadas de elogios à sua maneira quase falada de interpretar diferentes sambas e sambas-canções. Quase minimalista, era acompanhado por boas histórias e por uma caixa de fósforos tocada à semelhança de um delicado camafeu.

Dezembro de 1972 chegou, e a vizinhança da estreia intensificou os ensaios, dentro do possível. João Ricardo continuava em três empregos. Gérson fazia seu curso de Arquitetura. E Ney se dividia entre o artesanato e as duas peças em cartaz. Assim, os ensaios aconteciam à noite e em outros horários vagos.

AS ANDORINHAS

A São Paulo do início da década de 1970 era uma cidade grande, mas não ainda a metrópole atazanada de pouco mais de vinte anos depois. Em 1972 rondava uma população metropolitana de cerca de 6 milhões de pessoas. Como a cidade era menor, a circulação ocorria de maneira mais tranquila, as distâncias não eram tão grandes e muitos dos trajetos podiam ser feitos a pé pelos integrantes do Secos & Molhados. Enfim, a vida era mais civilizada na Pauliceia e, por óbvio, o dia rendia. Daí a possibilidade de se fazer várias atividades em lugares distintos. Além disso, naquela época, todos os acontecimentos relacionados à cultura giravam em torno do Bixiga, do centro histórico e do nascente bairro dos Jardins. Planos eram possíveis.

João Ricardo apostava alto na reestreia do grupo. Tinha agora um cantor capaz de desequilibrar o cenário e, ao contrário das primeiras apresentações, as músicas já estavam mais bem resolvidas, com arranjos maduros, mais sofisticados. A chegada de Tato e Gripa daria outro vigor às suas ideias. O repertório parecia mais uniforme e trazia duas novas composições de forte apelo, ambas de João Ricardo e Luhli — "O vira" e "Fala". Na Casa de Badalação e Tédio, "O vira" ainda não tinha se assumido como um vira português e se escondia na pele de pequeno rock de caráter quase satírico.

A estreia exigiu muitos preparativos, entre pensar o figurino, criar o roteiro das canções do espetáculo e realizar a divulgação. Sem dinheiro para contratar assessoria, designer, nem nada, Gérson desenhou um cartaz com o nome do grupo, os dias de apresentação e o nome do teatro. Nada elaborado, aliás, bem simplório, mas daria conta da tarefa. O cartaz foi impresso em uma gráfica pequena e de lá saíram os três Secos & Molhados colando o lambe-lambe nos postes da rua Augusta, nos tapumes dos muitos prédios em construção nos Jardins e em alguns muros do Bixiga. Cada qual levava uma sacola a tiracolo com cartazes e cola de maizena. Gérson se recorda de serem abordados por diversas pessoas que ao ler o nome da banda quiseram saber o que escondia aquela estranha denominação: Secos & Molhados.

105

Entre seus múltiplos papéis, João Ricardo avocou para si o de relações públicas e de diretor de marketing do nascente empreendimento. Além de acumular as funções de compositor, instrumentista, backing vocal e produtor. Conhecia jornalistas em vários veículos, era filho do influente João Apolinário e ainda tinha a cara de pau necessária. No dia da estreia, conseguiu notas sobre o grupo em vários jornais, como *Última Hora*, *Folha de S.Paulo* e *Jornal da Tarde*. As poucas linhas de cada notícia traziam o registro da chegada de uma nova banda paulistana à cena musical, com aquele nome esquisito, nada muito além disso, porque afinal eles ainda eram desconhecidos e anônimos. Àquela altura, a maior biografia pertencia a Ney: pontas em diferentes peças teatrais, embora nenhuma ostentasse qualquer estrondo de bilheteria ou de crítica. Mas já era um início. Para um hippie desinteressado em sucesso ou dinheiro, aquele currículo, aos 30 anos, quase chamava a atenção.

No papel de marqueteiro, João Ricardo se apossou dos amigos do pai. Sem nenhuma cerimônia, tratou de acrescentar ao cartaz a informação discreta, porém célebre e capital: "Direção de cena: Antunes Filho". O santo nome do emblemático diretor teatral foi grafado sem ele jamais ter visto, cogitado ou ouvido anteriormente qualquer apresentação da banda. Como Antunes já era uma referência cultural, João Ricardo acreditou que ao associar o nome dele à estreia do Secos & Molhados pegaria imediatamente uma carona em sua credibilidade e, talvez, também, celebridade, para abrir portas.

Antunes, famoso já à época por montagens como *Peer Gynt*, de Ibsen, pertencia à geração que ajudou a modernizar o teatro brasileiro, a partir de montagens no TBC. Sempre conhecido por sua ironia cortante e pela exigência até a última gota de sangue dos atores sob sua direção. Alguns sucumbiram, outros se tornaram grandes, como Luís Melo, Juliana Galdino, Giulia Gam, entre outros sobreviventes. Antunes Filho colocou em cena, e deles arrancou pelo e cílios, Tônia Carrero, Juca de Oliveira e Raul Cortez. Como boa parte dos diretores, ele chutava com os dois pés para colocar suas montagens nos palcos. Dirigia e produzia suas peças dentro de um orçamento minguado. Por isso afinava sua percepção por jovens talentos e conseguia identificar pérolas ainda na casca do ovo.

Frequentador da casa de João Apolinário, Antunes Filho conheceu João Ricardo ainda muito jovem e nunca deixou de incentivar sua afeição pela ideia de ser compositor. Dois proseadores convictos, sempre se deram bem, apesar da diferença de idade. Acompanhava de longe, por notícias trazidas por pai e filho, os ensaios do Secos & Molhados. Em 1971, saindo de várias montagens com elenco numeroso, e com algumas dívidas respeitáveis, Antunes resolveu ser básico e dirigir o monólogo *Corpo a corpo*, de Oduvaldo Vianna Filho, com Juca de Oliveira. Em uma de suas visitas a João Apolinário, juntando falta de orçamento e entusiasmo por gente nova, sugeriu a João Ricardo musicar o poema do pai, "Voo", para ser a trilha sonora de sua peça. João demorou poucos dias até surgir com a linda canção, depois gravada no segundo disco do S&M. Um trecho:

> O bico da ave
> Da ave que voa
> É a proa da nave
> Da nave que voa
> As vigias da nave
> Da nave que voa
> São os olhos da ave
> Da ave que voa
> O coração da ave
> Da ave que voa
> É o motor da nave
> Da nave que voa
> As asas da nave
>
> [...]

O nome de Antunes Filho grafado no cartaz de estreia do Secos & Molhados, colado nos postes do Bixiga, na rua Augusta e redondezas, se não ajudou a atrair grande público, ao menos auxiliou João Ricardo a navegar mais facilmente pelas redações e conseguir simpático noticiário. Antunes só veio a saber da presença fantasma de seu nome em meados de 1973, quando o grupo já lotava teatros em São Paulo. Alguma boca fofoqueira assoprou em seu ouvido a molecagem. Pela falta de reação, deve ter gostado. Uma noite, ao entrar no emblemático Gigetto, célebre restaurante da classe teatral paulistana de A a Z, na rua Avanhandava, João Ricardo ouviu um grito de comando: era Antunes sentado em um canto, ordenando que se apresentasse à sua mesa, de imediato. Quem conheceu o diretor sabe de seu jeito imperativo, ralhento e risonho (por vezes) de se dirigir às pessoas.

— Vamos fazer o seguinte — começou a comandar Antunes. — Você para com tudo e vamos ensaiar tudo direitinho, desde o começo.

O diretor, certamente já informado das apresentações da banda com seu nome na produção, quis de pronto ordenar as ações, a seu modo, sob seus métodos.

— Parar, Antunes? — perguntou um incrédulo João. — Agora não tem jeito, a coisa andou, não dá mais, está andando depressa demais.

Passados mais de quarenta anos, João Ricardo não se lembra de Antunes Filho ter assistido a um único espetáculo da banda. Questionado, o diretor disse que não se lembrava da história. Mesmo ausente, Antunes ajudou o S&M a ser catapultado ao sucesso.

A noite da estreia, um domingo, trouxe a típica temperatura do calor paulistano: sem vento, aquele arzão parado, em torno de 21 graus. Estava quente então. O bar ao lado do Teatro Ruth Escobar, com suas mesas de ferro espalhadas pela calçada, reunia uma clientela variada, entre frequentadores dos espetáculos e bebedores contumazes de cerveja na noite calorenta. Jornalistas, atores, diretores, técnicos, mais jornalistas e público diverso se acotovelavam no espaço reduzido. Na época todos fumavam, e muito, ininterruptamente. O vozerio vez ou outra era abafado pelas risadas ou comentários sardônicos de personagens mais extrovertidos, como o ator, dublê de ator e empresário da noite Antônio Maschio.

AS ANDORINHAS

Localizado no alto da rua dos Ingleses, sobre uma antiga praça, no epicentro do Bixiga, o Teatro Ruth Escobar ostentava em 1972 o status de local mais antenado e multifacetado de São Paulo. Em suas salas eram encenados alguns dos mais comentados e influentes espetáculos; fossem de estética revolucionária ou conteúdo por vezes soberbamente explícito, as montagens davam ao público um sabor de modernidade e de constante renovação. No comando das operações — sob a ditadura qualquer ação podia ser vista como uma estratégia política, jamais apenas como um simples gesto, daí a linguagem de guerra —, a atriz e produtora portuguesa Ruth Escobar, a mais paulistana das artistas brasileiras. Expert em misturar arte e política, Ruth transformou seu teatro em um centro cultural — quando ainda não existia esse conceito. Outra rematada cara de pau, capaz de vender o mesmo ingresso uma dúzia de vezes, conseguia trazer ao Brasil, apenas com seu charme e vigor criativo, nomes como o maldito Jean Genet, misto de escritor, poeta e ex-detento; Fernando Arrabal, dramaturgo espanhol; e Victor García, encenador argentino com carreira internacional.

A reunião de Ruth Escobar e Victor García em um mesmo espaço fazia surgir maravilhas, como a montagem em 1968 de *Cemitério de automóveis*, escrita por Arrabal. García propôs, e Ruth topou sem pestanejar, derrubar as paredes internas do teatro. Sobre as ruínas, com imensas grades espalhadas pelos destroços, os atores encenariam dentro de uma oficina mecânica uma das peças referenciais do teatro moderno no Brasil. Mesmo intimidado pela violência, o público consagrou o espetáculo com sala lotada por meses: em uma das quatro histórias entrelaçadas na narrativa, o personagem Emanu (interpretado por Stênio Garcia), que vivia entre as carcaças dos carros, acabaria morto e crucificado em uma bicicleta. Nudez, acrobacia e violência davam o tom da direção. Já em *O balcão*, escrita por Jean Genet, então presente à estreia, em 1969, García, com o cenógrafo Wladimir Pereira Cardoso, colocou em cena elevadores, andaimes e o público instalado em um arco de 360 graus para acompanhar a interpretação de Raul Cortez, Ruth Escobar e Célia Helena, em torno de um puteiro, e o embate entre os personagens poderosos da cidade, como o juiz, o bispo e a prostituta.

De todas as montagens do período no Teatro Ruth Escobar, época marcada por intensa luta política entre governo e oposição, a peça *Roda viva*, escrita por Chico Buarque, teve a acolhida mais sórdida. Na noite de 18 de julho de 1968, após o término da encenação dirigida por Zé Celso Martinez Corrêa, um grupo com cerca de vinte homens encapuzados, armados com porretes e socos-ingleses, fez um ataque surpresa (até então várias ameaças já haviam sido assopradas em telefonemas anônimos), destruiu o cenário e vários equipamentos. Covardemente, trancaram os atores no camarim e partiram para agredir as atrizes. A exceção entre os homens foi o espancamento do ator Rodrigo Santiago, irmão do crítico literário e escritor Silviano Santiago. Marília Pêra, arrastada nua das coxias até a rua, sob sopapos, terminou defendida pela camareira, que partiu sobre os agressores, depois identificados como uma milícia paramilitar, alcunhada de CCC (Comando de Caça aos Comunistas). Obviamente a polícia não identificou os terroristas, embora até as pedras soubessem se tratar de um bando de extremistas atuante à sombra do governo militar do período.

O dia 10 de dezembro de 1972 marcou oficialmente a estreia da formação histórica do Secos & Molhados, como também o lançamento de Ney Matogrosso no cenário musical brasileiro. Foi quando o público descobriu a voz de castrato de um hippie muito magro e de olhos negros escandidos. Ney estava ansioso, embora a ansiedade estivesse camuflada sob gestos calmos, apenas a respiração tesa.

Na semana anterior, Ney fora ao Rio, como sempre fazia: após a última encenação da peça de domingo, pegava um ônibus noturno e acordava tranquilo na rodoviária carioca. Como não houvera espetáculo, seguira para o Rio na quarta, a fim de rever os amigos e gravar a canção-tema de *A casa tomada*. Paulinho Mendonça dirigiu o curta-metragem e escreveu a letra, musicada por Jorge Omar. Nos créditos da produção, pela primeira vez surgiu o nome Ney Matogrosso.

O nome artístico aparecera ao mundo alguns meses antes, durante uma viagem com amigos para Figueiras, próximo à Pedra de Guaratiba, no Rio de Janeiro, na casa de Luhli e de Luiz Fernando. Naquele fim de semana, parte do grupo se encontrava mais uma vez reunido: Paulo Mendonça e Maria Alice; o diretor André Adler; e o bailarino e ator Cláudio Tovar.

Os dois dias de praia, sol e drogas, vistos a distância, podem ser colocados como um renascimento para Ney, a começar pela alegria de reencontrar os amigos e conversar sobre o que poderia acontecer na sua vida dali em diante. Os amigos ali, todos envolvidos com a produção artística de algum modo, compartilhavam sonhos e projetos; claro, com críticas e deboches bem contundentes.

Dali saíram duas inspirações definitivas. Pode-se dizer que houve um momento adâmico. À semelhança de Adão que, criado, saiu dando nomes às coisas ao seu redor, Ney esbarrou em uma questão prosaica: como seria seu nome artístico? Boa pergunta, ele pensou. Até então assinava Neyzinho, como em seu primeiro registro como cantor, ou Ney de Souza Pereira, nome completo, em algumas peças. A ausência de um nome artístico, pensado e declamado diante do espelho, como fizeram centenas de artistas, demonstra a despreocupação de Ney com a fama ou com o sucesso que se transformou em um problema repentino ao trombar com aquele bando de brincalhões. Calibrados pelos ácidos consumidos ao longo da tarde de sábado, todos emparedaram Ney: e seu nome artístico?

— Ney Pereira — ele disse, balbuciando. Convencido de que aquele nome não soava bem para um cantor de rock.

Ninguém levaria a sério.

— Não, Ney Pereira não! — gritaram todos.

— Qual é o seu nome completo? — perguntou André Adler.

— Ney de Souza Pereira.

— Neyyyy, de Souzaaa Pereirraaa, não, não! — gritaram todos.

— Esse não é um bom nome — atestou Paulo Mendonça.

— Sabe, Ney, nome bom mesmo para você é Cláudio Tovar — disse André Adler, sempre muito rápido.

— Cláudio Tovar? — quis entender um incrédulo Ney, ainda sem sobrenome.

— Como? Não entendi! — gritou o dono do nome.

— É sim, Cláudio, Cláudio Tovar é um nome forte, enche a boca — prosseguiu André.

— Mas, mas o nome é meu — disse Tovar, já chocado.

— Tovar, você pode ter outro nome, fácil. Não precisa desse nome. Você tem outras opções. Seu nome não é Cláudio Antônio Ferreira Tovar? Pode ser Antônio Ferreira, por exemplo — continuou André no ataque.

— Eu não quero ser Antônio Ferreira! — gritou de volta Tovar.

— Veja, o Ney, sim, precisa ter um bom nome — prosseguiu André. — Ele vai estrear nesse grupo e não pode assinar apenas Neyzinho.

— E vai gravar a música do meu filme — arrematou Paulinho.

— Mas, gente, esse é o nome dele — tentou argumentar Ney.

— Só que ele não precisa de um nome artístico como você precisa — concordou Paulinho.

— Por favor, gente, não façam isso comigo... o nome é meu. Não quero dar meu nome pra ninguém... — disse Tovar, um tanto desesperado com o fato de perder seu nome em uma rodada de ácido.

— Deixa de ser mole, Tovar — ralhou Maria Alice. — Ney é nosso amigo e precisa da nossa ajuda.

— Mas com o meu nome? — chorou Tovar, comovido.

O clima de repente ficou tenso. Tovar se agarrava em suas pernas, meio retorcido. Os amigos achavam engraçado. Menos Ney, um tanto constrangido em roubar o nome do amigo. Foi quando de novo surgiu Paulo Mendonça:

— Ney, qual é o sobrenome do seu pai?

— Matogrosso Pereira.

— Taí, Matogrosso. Ney Matogrosso soa bem.

— Eu gosto — todos disseram em coro.

Nascia ali o nome Ney Matogrosso. E Cláudio Tovar, então envolvido com a criação do Dzi Croquettes, continuou tranquilo como Cláudio Tovar. Ele atuava como ator e cenógrafo na peça *O jardim das borboletas*, com Maria Alice, uma montagem infantil com texto e direção de André Adler. Nada de muito excepcional, a não ser por um detalhe: Tovar encheu os atores com purpurina, em excesso, espalhada pelo corpo. No início da década de 1970, o movimento *glitter* começava a sair da Inglaterra por meio de algumas bandas e também de filmes experimentais. A purpurina surgiu como um elemento identificador, e assim Cláudio seria mais uma vez um anjo inspirador para Ney.

Em algum momento daqueles dias, Ney, afinal Ney Matogrosso, comentou que não pensava em subir ao palco, no papel de cantor do Secos & Molhados, com a cara limpa. Queria manter sua identidade camuflada. Estaria no palco como um ator, o que de fato era antes de pensar em ser um intérprete. Para a vida cotidiana, pretendia manter seu anonimato, sua discrição. Forjaria um personagem.

— Como o teatro Nô — comentou, lembrando-se de que no teatro japonês os atores sempre surgem com o rosto tingido de branco e preto, como realce e contraste das reações.

Nesse instante Maria Alice entregou-lhe três ou quatro potinhos com purpurina de diferentes cores, as mesmas que usava em *O jardim das borboletas*. Ney pegou os vidrinhos e comentou:

— É isso.

Seria o começo daquilo.

Algumas semanas depois, quando as luzes da Casa de Badalação e Tédio iluminaram o palco, João Ricardo e Conrad traziam purpurina, discreta, no rosto. Vestiam jeans e camisa simples.

Já Ney, então ostentando vistoso bigode, entregava ao mundo seu personagem: peito nu, purpurina cobrindo inteiramente o rosto e o corpo, calça de cintura baixa, do tipo bufante, que logo se tornaria sua marca. Sério, sem sorrir, requebrava o corpo naquele latifúndio de 2 m². Logo nas primeiras notas de "Mulher barriguda", o público que lotava o teatro segurou a respiração. Quando o agora Ney Matogrosso apresentou sua dança, todos ali se sentiram diante de um instante histórico: algo novo e definitivo nascia no Bixiga e se chamava Secos & Molhados.

6. RONDÓ DO CAPITÃO

Foram três apresentações, todas lotadas. Logo na primeira noite, os oitenta lugares da Casa de Badalação e Tédio se encontravam tomados por amigos, muitos jornalistas, o elenco e técnicos das montagens em cartaz nas outras salas do teatro. Os três S&M ainda se recordam de uma espécie de eletricidade no ar entrecortada pelo vozerio do público curioso com a estreia. Os dias anteriores haviam amanhecido com lambe-lambe nos postes e tapumes em várias ruas do centro.

O nome inusitado do grupo, algumas notas em jornais e a cadeia de amizade de seus integrantes ajudariam a construir um universo de curiosidade. De imediato sugeria, embora poucos soubessem o motivo, a revelação de algo inusitado no ambiente musical e até mesmo no cultural. Já se sabia que as canções vinham ancoradas em poemas de autores célebres, como Vinicius de Moraes e Manuel Bandeira, e que o vocalista da banda tinha um timbre atípico. Eram elementos desde então que destacavam a banda do lugar-comum da música paulistana do momento e que a colocavam sob uma lupa que ultrapassava o instante musical. Sugeria ser algo maior, capaz de atingir outras camadas dos nervos brasileiros.

A proximidade das festas de final de ano impediu o prosseguimento da temporada. O sucesso inesperado levou a direção da Casa de Badalação e Tédio a marcar novas apresentações a partir da segunda semana de janeiro.

O ano de 1973 marcaria a explosão do Secos & Molhados e a consolidação da indústria fonográfica como expressão de grande público. Dali pra frente, a ingenuidade só estaria nas letras e nos estribilhos, porque a música estaria inserida no *big business* do dinheiro.

Naqueles meses, a vida cultural paulistana, embora com mais de duas dezenas de teatros, palco de companhias como TBC, Arena e Oficina (reformadoras da cena teatral brasileira), ainda não havia atingido um número expressivo de público. As grandes plateias estavam em formação. São Paulo alcançaria sua exuberância décadas mais tarde como polo cultural, e o Rio de Janeiro, não mais a capital, permaneceria como caixa de ressonância do país.

Mas uma lenta e silenciosa operação, à semelhança de um apurado cozimento, atraía à São Paulo daqueles anos o eixo de uma renovação musical de cunho urbano. Desde o final da década de 1960, em especial pelos grandes festivais da paulistana TV Record, ocorridos no teatro da rua da Consolação, que seria destruído por um incêndio em 1969, a música se posicionara no centro da agitação cultural e política do período. Deixara de ser vista apenas como diversão, mero entretenimento, e ganhara o status de importante corpo político, com músicos no papel de porta-vozes da oposição e das insatisfações da sociedade mais engajada contra a falta de liberdade e democracia.

Pela primeira vez na história brasileira, artistas da música passaram a desfrutar de um protagonismo político, de referência ao grande público. Até então, suas posições se restringiam quase sempre às próprias áreas de atuação e, por vezes, ao comportamento. Objeções e comentários críticos existiam, sem dúvida, mas em geral eram restritos às letras das canções. Ou ao humor enviesado de algum samba. Não se aventava a possibilidade de nomes como Orlando Silva, Cauby Peixoto ou Carmen Miranda, ídolos nos anos 1940 e 1950, darem declarações contrárias aos governantes do turno. Existiam as sátiras, mas eram espécies de chistes, para provocar o riso a partir quase sempre do comportamento das autoridades.

O início da década de 1960 marcou uma mudança na relação da música com a política. Talvez a mais emblemática tenha sido a da sociedade com a música brasileira. A Bossa Nova havia levado ao cenário musical artistas oriundos da classe média, com formação universitária. Até então, em sua imensa maioria, cantores e compositores pertenciam às classes econômicas mais baixas e poucos tinham tido instrução superior. A adesão do diplomata e poeta Vinicius de Moraes, ainda nos anos 1950, às parcerias musicais, fez vários de seus colegas, na diplomacia e na literatura, torcerem acidamente o nariz em reprovação. Música popular não era coisa séria; ao menos não deveria ser vista como um braço importante da cultura. Havia um preconceito latente, nem sempre disfarçado, contra os artistas populares, em especial os sambistas negros crescidos no morro. Vale lembrar que reunião de sambistas, na antiga capital brasileira, era dissolvida pela polícia, com a destruição dos instrumentos apreendidos. Tamborins e pandeiros, entre outros, tinham seus couros rasgados sem piedade. A cuíca roncava de medo.

A identificação da turma da Bossa Nova — gente branca, de famílias influentes, habitantes de Copacabana — com o samba, mesmo à luz do jazz americano, ajudou a diminuir o preconceito e a angariar as classes urbanas para a causa da música. E com alguns nomes da Bossa Nova veio um olhar politizado sobre o que significava ser artista em um país do Terceiro Mundo, subdesenvolvido e recheado de desigualdade social — para usar uma terminologia dos discursos da época. Alguns deles, como Carlos Lyra, tinham um pé no Centro Popular de Cultura da UNE (União Nacional dos Estudantes), cuja ação propunha utilizar os mecanismos da cultura — principalmente o teatro e a música — para levar à grande massa uma consciência política.

Era o início da arte engajada brasileira, e o golpe de 64 seria para essa tendência um rosto e uma causa a serem combatidos. Assim, com os militares no poder, os artistas eram colocados no centro da luta política. E dali não mais arredariam pé.

No começo da década de 1970, a música brasileira se descobriu também um produto de mercado, capaz de movimentar poderosas quantias de dinheiro, e esse fato foi determinante na história do sucesso do Secos & Molhados. Mais do que qualquer artista do período, o grupo cavalgou uma engrenagem ainda em formação. As belas canções em arranjos contemporâneos, a voz de Ney, a postura andrógina, desembocaram naquilo que a florescente indústria cultural brasileira buscava: a junção ainda inédita de modernidade e apelo popular.

Na segunda semana de janeiro de 1973, o S&M voltou ao palco e esquentou a história. Dali até o término do grupo, o ritmo foi da voragem do tempo. Saídos do anonimato, foram catapultados ao maior sucesso da música popular brasileira. A reestreia deu a eles a oportunidade de testar melhor o repertório, de colher junto ao público reações a algumas experiências e principalmente a silenciosa certeza de que a barca pegara a correnteza.

Era um alívio para João Ricardo. E um retorno. Há pelo menos dois anos ele havia transformado a ideia do S&M em um dos motores principais de sua vida. Acreditava traduzir no Brasil o que Beatles e Stones fizeram no mundo britânico: partir da estrutura de canções, com um abraço em diversas influências, para construir um universo poético ao mesmo tempo lúdico e pop, isto é, o de fazer conviver conjuntamente diferentes camadas de tempo e suas principais características — como colocar a sanfona ao lado da guitarra e do sintetizador dentro de um vira português.

O sucesso da primeira temporada — não mais que três dias de apresentações, em um horário alternativo — corroborou a certeza de João Ricardo de que o caminho escolhido renderia ao grupo um lugar especial na música brasileira.

Até aquele eco com aplausos na Casa de Badalação e Tédio, a incerteza havia sido enorme. Alguns meses antes, a fita cassete que gravara com um registro mais elaborado dos ensaios tinha sido recusada por todas as gravadoras que procurara, entre elas a EMI-Odeon, a Phonogram, a RCA Victor e até a minúscula Continental.

Meses depois, em uma preguiçosa manhã de setembro, André Midani, o todo-poderoso e criativo diretor da Phonogram, depois rebatizada PolyGram, o homem que levou a público nomes como Chico Buarque, Gilberto Gil e Jorge Ben Jor, ouvia como sempre música em seu radinho de pilha enquanto fazia a barba. Foi quando tocou "Sangue latino".

— Filha da puta — rangeu os dentes, com aquele seu sotaque de quem aprendeu português como terceira língua.

Nascido na Síria, criado na França, com passagem pelos Estados Unidos e por países da América Latina, Midani sempre soube farejar um sucesso. Então, o desabafo foi o de perceber que certamente seus produtores haviam deixado escapar aquele peixe de sua rede.

"Senti de imediato que aquilo era muito bom", relembra Midani, quarenta anos depois. "E que tinha potencial."

Seria natural o S&M estar no cast da Phonogram. Ali ficariam ao lado de Elis Regina, Nara Leão e de outros renovadores da música brasileira de uma década antes. E também dos baianos da Tropicália, movimento musical comandado por Gil, Caetano, Tom Zé e Torquato Neto, cuja estética e desobediência civil por certo abriram caminho ao descortino da banda de João Ricardo. Caetano e Gil surgiam às vezes vestindo sarongues e saiotes como adorno para provocar a discussão de gênero — uma das pautas do movimento hippie americano.

Mas os produtores de Midani e de todas as outras gravadoras deixaram quase sem resposta a primeira fita gravada por João Ricardo. A recusa das gravadoras não abalou o sempre convicto João Ricardo, que não deixou nem Ney, nem Gérson, de temperamentos mais amenos, sentirem a porta bater na cara. Aliás, aos olhos dele, aquilo era esperado e curiosamente bom: de um modo enviesado mostrava estarem no caminho certo. Estavam fazendo algo original, diferente da toada dos demais grupos, e levaria algum tempo ainda a serem absorvidos ou traduzidos pelos homens de negócio das gravadoras. A tática seria caminhar pelas bordas — talvez os shows aproximassem da banda alguma oportunidade, uma janela maior. Em sua estratégia, os espetáculos causariam reações, o boca a boca daria em outros ouvidos e eles iriam conquistando reconhecimento até formar sua própria plateia. Em algum momento, gravariam o disco — não havia pressa.

A reestreia no palco da Casa de Badalação e Tédio lotou todos os lugares disponíveis. A pausa do final do ano colaborou com o boca a boca. Causou curiosidade. O repentino burburinho atraía não apenas amigos, mas também uma plateia diversa.

Ao entrar no pequeno palco e encontrar as mesas cheias de rostos desconhecidos, João Ricardo sentiu os primeiros sinais de uma engrenagem finalmente em movimento. Havia eco ao que lançavam ao mar em forma de canções.

João Ricardo e Gérson haviam passado os feriados de final de ano em São Paulo, cada qual com a sua família. Ambos encaravam a virada do ano com um sentimento de satisfação. João, sem dúvida, se mostrava aliviado e ansioso com os próximos espetáculos: poderiam confirmar o acerto de seus planos. Gérson se recorda do encontro dos dois, na madrugada paulistana do ano-novo: quase roíam as unhas de expectativa.

Após as apresentações de dezembro, como sempre fazia, Ney tomou o ônibus em direção ao Rio. No trajeto, repassou o ano que se encerrava e percebeu que a vinda a São Paulo havia sido um acerto. Mais uma vez, tinha se arriscado ao trocar de cidade e apostar (sem ter nenhum plano B, exceto voltar) naquela história maluca de se tornar cantor. Sem muita experiência, passou cerca de dez meses ensaiando em diferentes casas o repertório do grupo, ao lado de dois garotos entusiasmados, mas também inexperientes. Sentado no banco do ônibus que avançava calmamente pela via Dutra naquela madrugada calorenta, sorriu satisfeito.

Depois da estreia, sentiu-se mais confiante em seu papel de intérprete. Até ocupar seu parco lugar no palco, ainda tinha muitas dúvidas. A principal delas era se abraçaria uma nova carreira, se aquela aventura não o afastaria de vez do teatro. É provável que em algum momento daqueles meses finais de 1972, o famoso estalo tenha ocorrido em sua mente e, com isso, uma certa tranquilidade tenha se instalado para levá--lo a algumas definições.

A mais importante: o palco. Agora palco para música, deveria continuar sendo encarado como ancoradouro a um personagem. E ele, então, seria um intérprete-ator ou um ator-cantor. Teria de estar travestido de um personagem ao cantar qualquer música. Criaria um tipo.

Os elementos para compor o tipo surgiram aos poucos, selecionados em muitas fontes — entre amigos, revistas, discos, mais sua intuição. Começaria pela voz. O timbre raro daria ao personagem, de imediato, um estranhamento. O corpo, esguio, como que esculpido em um seixo, seco e de nervos à mostra, seria usado no limite da provocação, do desejo velado. Estaria sempre de peito nu, com adereços de origens diversas: colares, dentes, símbolos, tudo junto. O rosto, sim, o rosto não poderia dar a cara a bater. Deveria surgir camuflado. Ney não queria ser reconhecido na rua, queria manter uma privacidade em sintonia com sua conhecida timidez. A maquiagem do teatro Nô realçaria o enigmático, ofereceria ao público outra camada.

RONDÓ DO CAPITÃO

E haveria, por fim, a dança. Apoiada em movimentos enxutos, sensuais, descaracterizados de gênero. O que é aquilo? Homem? Mulher? Inseto? Não, é Ney Matogrosso no Secos & Molhados.

Os primeiros dias de janeiro de 1973 trouxeram um calor de quarenta graus ao Rio de Janeiro. No fim de uma manhã, lá estavam Ney e o amigo Paulinho Mendonça queimando os pés em uma caminhada à beira d'água do mar de Ipanema. Ney estava entre tenso e ansioso. Sentia que a estreia do S&M o havia colocado em outro patamar, tanto de vida quanto de carreira. O problema eram os dois companheiros de grupo. Caretas, caretas, caretas. Primeiro João Ricardo queria entrar em cena com uma boina à la Che Guevara. "Che Guevara?", gritou Ney para Paulinho, naquela manhã ipanemense. "O que tenho a ver com Che Guevara? Com aquela boina..." O problema maior, contou Ney a um Paulinho bastante incrédulo com a caretice, era a implicância deles com a sua postura, com a sua dança. Sentiam-se incomodados com seus movimentos, com o rebolado. Aquilo não era coisa de homem. Ney se mostrava bem irritado com a situação criada pelos colegas, recorda Paulinho. Não se tratava somente de uma diferença de concepções artísticas, ia mais longe: envolvia uma compreensão sobre liberdade individual, de como se colocar no mundo e de romper preconceitos, não mantê-los.

Era compreensível a sua irritação. Tinha saído de casa aos 17 anos por não suportar o comando militar do pai com restrições sobre seu jeito de ser, seus gestos mais femininos. Andara por várias cidades, chegara a passar sérias dificuldades, até ficar sem o que comer, sempre em busca de trazer a vida nas próprias mãos. Não seria agora, aos 31 anos, ainda um hippie convicto, que se deixaria restringir por dois garotos da classe média paulistana, em troca de um possível sucesso. Nada disso tinha valor para ele: com seus poucos pertences pularia daquela história caso não conseguisse, se não dar o tom, ao menos ter liberdade para fazer sua dança.

Havia outro incômodo. Ney tinha começado a usar purpurina no rosto — ainda não era a pintura que consagraria mais tarde sua performance —, mas se

123

PRIMAVERA NOS DENTES

sentia desautorizado; nem João nem Gérson se mostravam dispostos a seguir a mesma estética. "Fica tudo muito estranho", comentou um incomodado Ney com Paulinho, ainda durante a caminhada. "Eu ali, com a cara pintada, de peito nu, e eles de cara limpa, só uma purpurina, com aquelas roupas, de jeans! Por pouco não tenho que usar uma boina!"

Curiosamente Ney seria salvo pela reação do público. O ambiente repressivo do período, com os milicos papa-hóstia no poder — mais a censura política e de comportamento praticada por seus braços policiais —, não encontrava eco em uma juventude antenada com o que ocorria em países como Estados Unidos, Inglaterra e França: a roda da história girava depressa e vários movimentos debatiam sobre mais liberdades individuais, sexo, drogas, feminismo, combate ao racismo — o caldeirão fervia. Ney, filho das ruas e de seu tempo, intuía de que lado batia o vento. João e Gérson, naquele janeiro de 1973, seriam forçados a mudar o ritmo de seus passos.

O sucesso pedia mudanças. O aplauso das plateias e a repercussão dos espetáculos dariam a eles outro compasso. Ainda naquele janeiro, Paulinho Mendonça encontrou com um amigo na calçada do Jardim de Alah. Dele ouviu: "Você viu o que Neyzinho tá fazendo em São Paulo? Soube que é incrível."

Apenas três shows do S&M na Casa de Badalação e Tédio, ainda com todos esses percalços de sintonia entre seus membros, já haviam servido para colocar em marcha a discreta sedição.

Na primeira apresentação de janeiro de 1973, em uma sexta-feira, com todos os lugares tomados, cadeiras extras foram colocadas e ainda assim havia pessoas sentadas no chão. Entre elas, Moracy do Val, que tinha ido ao Teatro Ruth Escobar para assistir ao espetáculo do sambista Cyro Monteiro. Ao encontrar com João Ricardo, fora contagiado pelo entusiasmo do amigo e resolvera mudar de programa, decisão que dividiria sua vida entre antes e depois do Secos & Molhados.

Na época, Moracy do Val se equilibrava entre vários empregos e atividades. Tinha uma coluna sobre showbiz, como se dizia na época, no *Última Hora*, editava o informativo de lançamentos mensais da gravadora

Continental, *Kurtissom*, e ainda empresariava espetáculos de alguns artistas. Nos quatro últimos anos, ao lado de Solano Ribeiro, diretor dos festivais da TV Record na década de 1960, havia experimentado alguns caminhos no gosto do público. Montava shows de Bossa Nova no Teatro de Arena, com Carlos Lyra e Roberto Menescal. E, a pedido de Paulo Machado de Carvalho, diretor-proprietário da TV Record, trouxera ao Brasil vários nomes da cena internacional. Entre eles, dois monstros que andavam pela terra naquele momento: o maestro e compositor americano Duke Ellington e o compositor e bandoneonista argentino Astor Piazzolla. A ideia de Paulo Machado de Carvalho era simples: os espetáculos realizados no Teatro Paramount, com ingressos a preços salgados, se transformavam em especiais exclusivos para a sua emissora. Localizado na avenida Brigadeiro Luís Antônio, o Paramount abrigara, em outras ocasiões, nomes estelares como Sammy Davis Jr. e o iniciante Stevie Wonder — trazidos pela Record.

A Moracy do Val, sob as ordens de Paulo Machado, cabia identificar atrações internacionais e convencê-las a vir ao Brasil por cachês nem sempre razoáveis, tendo em alguns casos de participar de uma entrevista no programa de variedades de Hebe Camargo. A apresentadora recebia os convidados em um sofá branco, com seu jeito fraterno, e era uma das maiores audiências da Record. Sem falar inglês, tinha como intérprete ninguém menos que o humorista e escritor Jô Soares.

De fala rápida, cabelos longos e despenteados, com um olhar oblíquo, Moracy do Val não precisou esperar a última música naquela noite de janeiro para saber que tinha diante dos olhos uma oportunidade. Sentiu a reação extasiada da plateia. Identificou nos olhares atentos a possibilidade de ampliar a audiência. Percebia o sucesso a distância, mesmo ainda camuflado ou necessitado de polimentos. Sua experiência em agenciar diferentes tipos de artistas dera-lhe a capacidade de avaliar o que era um produto destinado a um público reduzido ou a grandes massas. Escutar por anos assobios e gritos histéricos de fãs nos auditórios da Record ou no pequeno e engajado Teatro de Arena havia transformado seus ouvidos em um equipamento precioso de seleção e análise.

Ao ouvir a última canção do show, sentiu que teria pouco trabalho para transformar o grupo em um sucesso imediato. Todos os elementos estavam à mão: excelentes canções, atitude e um intérprete enfim diferenciado. Era importante ter postura e resolução diante do público. Havia outros elementos, como um certo ar de contemporaneidade gay e um flerte com a canção popular. Eles pareciam não ter medo do sucesso, Moracy avaliou, como acontecia a certos tipos de artistas surgidos nos festivais, oriundos da classe universitária e com antipatia pelo mercado e suas regras nem sempre palatáveis da dissimulação e do cinismo.

Moracy podia não ser arrogante como Andrew Oldham, que ajudou a definir a cara dos Stones, ou um marqueteiro rematado como Tony Defries, visionário empresário de David Bowie, nem autoritário como Tom Parker, pau-para-toda-obra de Elvis Presley, porém aprendeu com rapidez alguns truques para agradar ao público. Poderia, enfim, testá-los com aqueles garotos que estavam à sua frente. Não tinha o que perder.

Terminado o espetáculo, dirigiu-se aos camarins. Havia uma grande quantidade de pessoas, entusiasmadas e ruidosas, em um bate-papo forrado de elogios à performance do grupo. João Ricardo, ao identificar o tímido Moracy do Val entre o grupo, logo tratou de se desvencilhar de uma fã mais estrepitosa, pulou em sua frente e disparou:

— E aí, gostou?

— Muito, gostei bastante… Vamos conversar? Tenho algumas ideias.

Após um banho rápido, João Ricardo se encontrou com Moracy do Val no bar ao lado do teatro — um clássico boteco pé-sujo da noite paulistana, com cerveja quente e batatas fritas murchas. Moracy tinha à sua frente uma cerveja e um cigarro entre os dedos. Logo disse a João Ricardo suas observações sobre o espetáculo, as canções e a performance musical da banda. João se entusiasmou com o que ouvia, e, mesmo assim, viria a ser surpreendido com a proposta de seu colega de jornal:

— Acho que vocês precisam de um empresário. Eu gostaria de ser o empresário do grupo. O que acha?

RONDÓ DO CAPITÃO

Tudo aquilo estava acontecendo muito rápido. João Ricardo só tinha composto alguns pares de canções, teve a sorte de encontrar um intérprete como Ney Matogrosso e, claro, desejava ser um artista profissional. Mas ter um empresário? Aquilo não estava até então em seus planos, mesmo nos mais sonhadores. Fizera suas canções em noites e madrugadas livres, quando não estava correndo de uma redação a outra, dividindo-se entre seus três empregos, quando não estava enfiado em ensaios da banda nos últimos dez meses até o último fio de cabelo para estrear com sucesso na Casa de Badalação e Tédio; mas ter um empresário?

E não era um empresário amador, ao contrário deles, recém-chegados ao showbiz. Conhecia Moracy do Val, sabia de sua rede de contatos: o cara já tinha trabalhado com Paulinho Machado de Carvalho, o homem mais importante no *backstage* da cena musical brasileira. João pulava de um pensamento a outro. Tímido, Moracy do Val imaginou que a hesitação dele talvez escondesse alguma proposta semelhante, vinda de outro empresário. Nada disso. João Ricardo buscava palavras.

A noite terminou com Moracy do Val sacramentado como empresário do Secos & Molhados. Deixou a conversa cheio de planos e com um primeiro desafio, depois de ouvir de João Ricardo que a fita cassete com as canções do grupo havia sido recusada por várias gravadoras.

— Me dá a fita que eu vou ver essa história — pediu Moracy. — Vai ser a primeira coisa que vou mexer.

Soube ainda que até a pequena Continental tinha dito não ao grupo. Pareceu não se importar com a informação. E falou:

— Ah, é? Eles vão me ouvir, pode deixar.

No dia seguinte, um sábado, à noite, os ingressos logo se esgotaram — e chegou mesmo a ser feita uma lista de espera. O boca a boca trouxe uma plateia diversa, logo se viu pelo burburinho e pelo tom alto das vozes. No início do espetáculo, passados alguns minutos, os comentários muitas vezes se sobrepunham ao som das canções. A sala ocupada pela Casa de Badalação e Tédio abrigava pouco mais de oitenta pessoas, um espaço pequeno, em que qualquer ruído fora do normal alcançava a todos. O vozerio começou a incomodar quem desejava apenas ouvir a banda. Logo se configurou uma espécie de racha entre os que pediam silêncio e os que não se importavam com o show. Armava-se um conflito.

No palco, o grupo seguia o roteiro estabelecido. Ney não parecia se deixar importunar pela baixa algaravia, sequer a ouvia de fato. Gérson lembra que sentiu algum mal-estar no público, mas sem saber identificar o motivo.

Não demorou mais do que cinco canções. Foi quando irrompeu a briga. Uma cadeira voou de lado a lado na sala. Uma explosão de xingamentos e gritos ecoou do fundo até o palco: o pau comeu. Socos, pontapés, empurra-empurra, gritos assustados de mulheres, urros de homens, típico risca-faca de sábado à noite em casa de dança. Só que aquilo ocorria no teatro mais badalado da Pauliceia, reduto da intelectualidade engajada, da chamada fina flor.

O show foi interrompido. Os músicos ficaram entre boquiabertos e temerosos com a briga, afinal não havia muita distância entre eles e o público. Não existia um palco separando-os do conflito, era tudo no mesmo nível do chão. A qualquer instante um deles poderia ser alvejado por uma cadeira ou uma garrafa de cerveja. Ou por um soco anônimo. A Casa de Badalação e Tédio transformara-se em um campo minado.

Na plateia estavam os músicos da peça *A viagem*, colegas que tinham vindo prestigiar Ney Matogrosso. Até parece mentira ou coisa de cinema, e de fato é isso mesmo: o acaso ali se juntou ao improviso. Emilio Carrera, Willy Verdaguer, John Flavin e Marcelo Frias estavam sentados lado a lado. Não se sabe de qual deles, mas houve um grito de comando:

— Vamos proteger os caras.

E lá foi o pequeno exército de Brancaleone fazer um cinturão de mãos dadas em torno do S&M acuado entre seus instrumentos. A proteção ocorreu por alguns poucos minutos. Logo os ânimos acalmaram. A segurança do teatro retirou alguns dos arruaceiros, beijos foram trocados entre os casais sobreviventes ao entrevero, e houve clima para recomeçar o espetáculo.

Ao longo dos próximos dezoito meses, o S&M presenciaria semelhantes tipos de explosões. De impulsos e de restrições.

Terminado o show, nos camarins, o assunto era a briga. E um pouco do espetáculo. Havia um bálsamo extra no ar, tipo de adrenalina de quem terminou uma maratona ou escalou uma montanha. A música e o confronto física forjaram inusitada alquimia. Foi quando João Ricardo fez o convite a Emilio, Willy, John e Marcelo para cerrar fileiras ao lado deles e de Gripa e Tato Fischer:

— Eu queria que vocês viessem tocar com a gente.

Era algo típico do rock 'n' roll. Uma briga dava motivo para uma canção ou início de uma amizade. Mal sabem os arruaceiros daquela noite como contribuíram para o rumo da música brasileira.

Até aquele sábado quente de janeiro de 1973, a sonoridade do Secos & Molhados se encontrava indefinida entre o folk e o lírico. A entrada dos quatro novos integrantes, amigos de Ney, trouxe outros componentes para a banda. E uma experiência musical consolidada em anos de estrada, algo que faltava a Gérson e João Ricardo.

O som do grupo ganha corpo, massa muscular e intensa qualidade musical. Eram instrumentistas com estrada, pó nas botas e reconhecimento de estúdio e de palco. Muito do sucesso futuro do grupo pode ser creditado ao acaso de estarem presentes amigos de Ney na hora da briga. O rock brasileiro, até então, com poucas exceções, sempre pecara pela qualidade modesta de seus músicos: com consequente reflexo na inventividade de seus arranjos e inovações. A proficiência normalmente habitava o universo da MPB tradicional. Pixinguinha, Benedito Lacerda, Eumir Deodato, Radamés Gnattali, Luiz Eça e Altamiro Carrilho, por exemplo, em diferentes épocas e estilos, elevaram a música brasileira a píncaros de excelência.

Nem sempre o rock ou o pop brasileiro conseguiram estar em pé de igualdade.

A chegada dos amigos de Ney ao Secos & Molhados deu início a outra narrativa da banda e do rock tupiniquim.

A partir dali, a história seria outra.

7. PRECE CÓSMICA

No final da pequena temporada na Casa de Badalação e Tédio, Moracy do Val se juntou ao grupo como empresário. Aos seus olhos, o S&M precisava de poucos acertos para se tornar um sucesso. Na estratégia traçada, novos shows deveriam ser suspensos. A banda hibernaria por um tempo. O impacto provocado pelas primeiras apresentações deixaria crédito e curiosidade. Moracy esperava que o boca a boca a favor contaminasse o ambiente, com a criação de expectativas em torno da postura do grupo.

Se possível, que houvesse polêmica pelos gestos e movimentos de Ney Matogrosso. Ou pela artimanha de João Ricardo em escolher musicar poemas de autores consagrados como forma de driblar a censura dos militares. Aquilo era um achado. Pelo eco dos aplausos e pelos comentários entreouvidos nos bastidores, acreditava haver muitas facetas capazes de fomentar assuntos despertados pela performance do grupo.

A hibernação faria as versões crescerem. Naquele momento, interessava que o impacto gerado nas apresentações permanecesse no ar. Criando a onda. Até ser transformado em sucesso e, mais adiante, dinheiro.

Moracy do Val, como de costume, apertava os lábios finos em gesto de satisfação. E acendia um cigarro com a brasa do outro. Na década de 1960, o Brasil sentia os reflexos da transformação da arte em produto de consumo de massa. Havia antes a doce ingenuidade do rádio e houve, então, as técnicas de marketing renovadas com a consolidação da televisão. Entre nós, o casamento se deu por meio da música.

Na era moderna da música brasileira, ao menos um tipo deixou sua marca em episódios da história cultural: Paulo Machado de Carvalho. Ele assumiu a TV Record nos cruciais anos 1960, momento em que o veículo explodiu no gosto popular, em especial entre os formadores de opinião e a classe média.

Uma década depois da chegada da televisão ao Brasil, em 1950, trazida pelo empresário e jornalista Assis Chateaubriand, fundador da TV Tupi, já havia cerca de vinte canais espalhados pelo país. Em 1960, cerca de 1,8 milhão de famílias possuíam o aparelho em casa. O veículo passou a se transformar em um dos principais meios de comunicação de massa para os brasileiros. Aos poucos, começou a desbancar o rádio, o meio de comunicação até então preferido do público. Era visto como a porta da modernidade, em um país que sempre quis ser moderno.

Vale lembrar ainda que a televisão prosperou em meio à criação de grandes centros urbanos, onde o contato entre os extremos do território se dava de maneira bastante precária. A telefonia, operada pelo Estado, era uma lástima em vários palavrões. Naquele instante, os maiores construtores da imagem brasileira, as revistas semanais, de ampla tiragem, como *O Cruzeiro* e *Manchete*, vinham apoiadas em fotos coloridas. Ajudavam a revelar ao próprio país suas diversas facetas. Se ainda hoje o Brasil não conhece o Brasil, imagine o desconhecimento nos anos 1970.

A televisão teve o papel de unir o país, a partir da linguagem e do *way of life* predominante no Sudeste (Rio e São Paulo concentravam as sedes das emissoras), certamente mais urbano e afeito às influências internacionais na área de costumes.

Ao perceber a transformação da televisão no veículo preferido da sociedade brasileira, Paulinho Machado de Carvalho, de sua sala na TV Record, se preparou para ganhar dinheiro com a descoberta. O caminho escolhido emulava o roteiro seguido pelo rádio nas décadas anteriores — pelo humor e pela música, principalmente, e sem descuidar do futebol. Eram programas ao vivo e quase sempre com auditório — fórmula eficaz para potencializar a audiência e transformar os fãs da plateia em divulgadores da atração.

Durante a segunda metade da década de 1960, os principais nomes renovadores da canção brasileira circulavam pelos corredores da TV Record. Dentro da emissora, conviviam diferentes tribos estéticas, com opiniões conflitantes, e que em um microcosmo representavam os dilemas vividos pelo país naqueles anos.

PRECE CÓSMICA

Assim como percebeu que a televisão se transformaria no grande veículo de massas no Brasil, o empresário concluiu que sua programação poderia contemplar a polêmica como mecanismo de divulgação de seus artistas. Paulinho montou uma grade em que o destaque da noite de segunda seria o oposto estético da atração de terça, e na quarta os dois se encontravam em um outro programa para tratar de suas diferenças. As plateias dos programas vestiam a camisa de seus ídolos, travestiam-se de exércitos e levavam a discórdia ao boteco da esquina, aos seus escritórios e às salas de seus lares.

A audiência subia, a Record liderava, os cofres enchiam, Paulinho ria. E os artistas se tornavam nomes populares em poucas semanas. Portanto, era um bom negócio para todos. Também para o público: o assunto permeava os almoços familiares aos domingos. Os programas se irradiavam pela sociedade, cada qual direcionado a uma faixa etária.

Paulinho Machado de Carvalho era um bom ouvinte, sabia quando escutava uma ideia promissora. Melhor: sabia como extrair cifrões dela. Em 1965, diante da proibição de se transmitir futebol ao vivo — os clubes tinham receio de perder público nos estádios —, a emissora se viu com um buraco nas tardes de domingo. A recém-fundada agência Magaldi, Maia & Prosperi (MM&P) — dos publicitários João Carlos Magaldi, Car-lito Maia e Carlos Prosperi — surge com a oferta da criação de um programa capaz de juntar música, juventude e venda de produtos. No radar deles, a movimentação nos Estados Unidos e na Inglaterra com o balanço provocado pela nova dentição do rock 'n' roll, Beatles e Rolling Stones à frente. Havia a percepção correta de que o movimento musical surgido na década de 1950 criara uma nova categoria de mercado (a ser explorada): os jovens, que começaram a ter voz e face no contexto social. Até então, quando novos adultos, eles se vestiam como seus pais. Com o rock, entraram em cena o jeans, a camiseta, a jaqueta de couro e todo um novo linguajar. E postura.

O trio de publicitários encontra em Paulinho um parceiro ousado para testar no Brasil algo em ebulição nos Estados Unidos e na Inglaterra, a indústria cultural — ou melhor: por meio de ídolos seriam ofertados diversos produtos, em uma cumplicidade ainda inédita entre cultura, comércio e indústria. Se os americanos e ingleses andavam se vestindo como John Lennon e Paul McCartney, imitando trejeitos e cortes de cabelo, por que não dar aos brasileiros oportunidade semelhante? O momento parecia propício: o Brasil se modernizava, se tornava urbano, a classe média mirava os exemplos de mudança nos grandes centros mundiais. À mesa, os ingredientes se encontravam postos. Bastava misturar.

Com a grade apoiada em música e humor, a Record se candidatava a ser o palco adequado à experiência: sua audiência tinha um público diverso, do filho ao pai e aos avós. Mais do que nunca, um espectro amplamente doméstico, papai e mamãe.

Para ocupar o espaço vago das tardes de domingo, a agência ofereceu o programa *Jovem Guarda*. Como o capitalismo possui humor, o nome se baseava em uma frase que Carlito Maia creditava ao líder comunista russo Vladimir Lênin — "o futuro pertence à jovem guarda porque a velha está ultrapassada". Na concepção dos publicitários, seria uma atração voltada aos jovens da emergente classe média urbana. E a linguagem certa para atingi-los deveria ser o rock 'n' roll. Com uma sensualidade popular.

No final da década de 1950, o rock brasileiro teve seus ídolos, com os irmãos Celly e Tony Campello. A canção "Banho de lua", com sua doce ingenuidade de matinê, balançou os quadris antes enferrujados pelo suingue do bolero. Celly Campello foi consultada para ser o rosto do novo programa. Como a história também dependia da sorte, a cantora não aceitou o convite, porque se dedicava ao cuidado dos filhos.

A sorte sorria para Roberto Carlos, um quase desconhecido do grande público. O compositor traria seu parceiro Erasmo Carlos e também a cantora Wanderléa Salim. Os publicitários incentivavam a criação de fã-clubes, criavam rivais entre os novos ídolos, forjavam namoros entre o elenco — enfim, davam ao público no domingo assunto farto para ocupar a semana, por meio das revistas de fofocas e das seções de televisão nos jornais.

No rastro do sucesso televisivo, foram criados produtos colocados à venda em todas as lojas, como bonecas, figurinhas, chaveiros, flâmulas, entre outras bugigangas. Os integrantes do trio logo ganharam apelidos:

PRECE CÓSMICA

Roberto era o Rei; Erasmo, o Tremendão; e Wanderléa, a Ternurinha. Todos eles passaram a ser identificados por suas roupas características — calças apertadas e de boca larga (ou boca de sino), minissaias, camisas rendadas — e pelo linguajar apoiado em gírias, rapidamente repetidas pela população, à semelhança dos bordões: *é uma brasa, mora, coroa, broto, papo-firme, carango, carrão, barra limpa*, entre outros. As gírias seriam usadas pelos jovens como sinal de diferenciação dos… *coroas*.

Mas o que incomodaria os puristas não seria a transformação da cultura popular em produtos comerciais, a começar pelos próprios ídolos encontrados em gôndolas de supermercados ilustrando embalagens de guloseimas. Curiosamente, esse foi um detalhe que passou despercebido aos olhos críticos da época. O que iria perturbá-los sobremaneira seria a guitarra, a consolidação do instrumento elétrico como símbolo de rebeldia e avatar de modernidade.

Os conservadores não se importunariam com a apologia da velocidade, com a transformação do carro em signo de status e da sexualidade marota das letras. O problema seria a guitarra, pobre guitarra, identificada por eles como um ser alienígena (no caso, alienígena americano/inglês).

A polêmica crescia. De repente o Brasil parecia dividido entre os adeptos e os detratores do instrumento. De um lado, Roberto Carlos e a turma da Jovem Guarda; de outro, Elis Regina, Jair Rodrigues e o elenco de outro programa da TV Record, *O fino da bossa*, partidários de uma música brasileira apoiada em ritmos dados como originários no país, tal como o samba.

O empresário Paulinho Machado de Carvalho, de olho na decrescente audiência de *O fino da bossa*, incentivava a clivagem e sugeria espertamente uma passeata de protesto contra a guitarra.

Em 17 de julho de 1967, algumas centenas de manifestantes, levando cartazes com slogans do tipo "Defender o que é nosso", saíam do largo São Francisco, no centro de São Paulo, e se dirigiam até a porta do Teatro Paramount, na avenida Brigadeiro Luís Antônio. De lá seria transmitido um especial — da TV Record! —, *Frente Ampla da MPB*. Lideraram a passeata Elis Regina e Jair Rodrigues, de braços dados com Edu Lobo e Gilberto Gil. O compositor baiano comandaria, ao lado de Caetano Veloso e Tom Zé, no ano seguinte, a Tropicália, movimento musical cujo maior símbolo de modernidade estava ligado justamente ao uso da guitarra elétrica.

Moracy do Val vinha da mesma escola de Paulinho Machado de Carvalho. Depois de trabalhar por vários anos em busca de atrações internacionais para apresentações em teatros brasileiros e nos programas da TV Record, havia aprendido a dosar e a saciar a ansiedade do público. E a agravá-la, quando necessário. Sabia que as plateias precisavam de temas e curiosidades sobre seus ídolos, até mais do que de canções novas a cada temporada.

Daí por que acreditava que segurar novas apresentações da banda, depois do sucesso da estreia, aumentaria a curiosidade do público. O próprio burburinho iria ajudá-lo na sua principal promessa feita a João Ricardo naquela madrugada de janeiro — a gravação do disco. Desde o início, acreditou que não seria algo difícil de cumprir. Colocaria na mesa da negociação sua experiência — e suas amizades.

No final do verão, Moracy teve a primeira reunião na Continental. Poderia buscar outra gravadora, até maior, mais acostumada com os artistas da MPB, como Phonogram (onde estavam o diretor André Midani com Chico Buarque, Jorge Ben Jor, Elis e outros) ou Odeon (casa de Milton Nascimento e de outros mineiros do Clube da Esquina). No fim, achou melhor ficar em terreno mais conhecido. De início, como se verá, foi sua sorte; depois, vítima do sucesso, mostrou ser seu cadafalso.

A gravadora nascera em 1929 como Byington & Cia. por meio de um acordo comercial com a americana Columbia, seu nome fantasia até 1943, quando terminou a representação e passou a assinar como Continental. Por um período, seria a maior empresa brasileira na área. Em seu cast, um elenco de artistas ligados a gêneros populares. Com a chegada das grandes companhias estrangeiras, a partir da década de 1950, a concorrência a força a buscar nichos ainda mais populares. Nos anos 1970, estaria identificada como o selo de música sertaneja — ou caipira, como se nomeavam à época as duplas vindas do interior brasileiro, cujo enorme sucesso ocorria nas pequenas cidades ou na franja das capitais, junto a um público de extrato simples e saudoso da vida pacata e dos valores rurais.

Entre os principais artistas da casa, brilhavam nomes estelares do universo caipira, como Tonico & Tinoco, Milionário & José Rico e Cascatinha & Inhana. Para quem desconhece a área, seria como reunir em uma mesma sala os roqueiros David Bowie, Iggy Pop e Lou Reed. Ou os jazzistas clássicos Duke Ellington, Chet Baker e Dexter Gordon.

Na Continental, Moracy do Val tinha acesso e intimidade com o presidente da empresa, Alberto Byington Neto. Era o responsável pelo *Kurtissom*, tabloide mensal com os lançamentos da empresa. Participava ainda de discussões de catálogo, de estratégia de divulgação de artistas — e assim conhecia os escaninhos do mercado palmilhado pela gravadora, inclusive suas deficiências. Depois da balbúrdia dos anos 1960, no rastro das passeatas de 1968 ao redor do mundo e da afirmação da juventude como presença política na cena da sociedade, a década de 1970 sugeria haver novos ventos regados por uma radicalização (ou aprofundamento) das experiências comportamentais, com reflexo imediato na música — que assumira a definitiva condição de porta-voz e espelho de todas as inconformidades e rebeldias. Inclusive as esdrúxulas, vale dizer. A Continental, apoiada em um elenco de cepa popular e estilos caipiras, mantinha um olho nas mudanças de mercado.

Talvez por isso, e principalmente pela intimidade de Moracy com Alberto Byington, a conversa tenha fluído sem muitos entraves. Ao sentar na frente de Alberto, colocou sobre a mesa a fita mambembe gravada por João Ricardo. Foi direto:

— Quero gravar esse grupo.

— Mas o que é isso? — quis saber Byington.

Ouviu de Moracy um relato sobre as canções, a música feita sobre poemas de autores brasileiros, os arranjos e ainda as apresentações — "com muito sucesso" — no Teatro Ruth Escobar.

— Eu acredito nesse pessoal — afirmou Moracy e completou: — A performance deles é muito forte... Têm um vocalista muito bom, diferente.

A resposta de Byington viria alguns dias depois: a Continental lançaria o primeiro disco do Secos & Molhados. A rapidez da decisão e ainda a esqualidez do orçamento (não haveria dinheiro destinado à elaboração da capa) para a produção demonstra que a gravadora retribuía o pedido de um amigo. Como era típico de Byington, aprovava sempre um orçamento bastante apertado.

Em abril de 1973, João Ricardo assinaria o contrato de gravação básico da empresa, com 7% de royalties sobre o preço de venda ao lojista. A tiragem inicial prevista revela o tamanho reduzido da aposta feita por Byington: miseráveis 1.500 cópias. Naquele ano, apenas São Paulo e Rio de Janeiro, os dois maiores mercados do país, concentravam algo em torno de 60% das lojas. O maior vendedor de discos no período era Roberto Carlos, cujos LPs anuais atingiam cerca de 300 mil unidades.

Ao contrário dos integrantes do grupo, Moracy tinha noção dos números do mercado. Sabia que nas condições oferecidas pela gravadora vinha registrada a modesta retribuição ao seu reconhecimento profissional. Ele não se importou, nem acusou o golpe. Era um bom começo. Tinha outras ideias na cabeça. Naquele instante cumpria sua primeira promessa a João Ricardo — trazer um contrato para o disco — e apostava no sucesso da banda.

— A coisa estava pronta, eu sentia isso — recorda-se.

Algo dizia a ele que poderia mais uma vez destronar Roberto Carlos de seu posto de maior vendedor de discos. Já tinha acontecido antes quando cuidava da carreira do humorista e compositor Ary Toledo. O LP do show *Comedor de gilete* — com piadas sobre negros, gays, portugueses e mais algumas canções satíricas — havia chegado ao topo da lista dos mais vendidos. O palhaço desbocado destronara o rei... Moracy apostava que poderia repetir a façanha mais uma vez. E tinha data para começar a nova expedição: 23 de maio de 1973.

O pai de Willy Verdaguer costumava levá-lo ao cinema com a irmã ao menos duas vezes por semana. O pequeno Willy voltava pelas ruas de Buenos Aires, onde nasceu em 1945, correndo até em casa. Abria a porta, sentava-se ao piano e ali permanecia por horas. Queria reproduzir para a família as melodias das canções ouvidas no filme.

Nessa época, aos 5 ou 6 anos, Willy, com seus cabelos loiros, olhos claros, era uma promessa. Seu pai gritava na sala: "Temos um gênio..." Possuía já um excelente ouvido, localizava as notas no teclado e chegava a tirar as melodias.

O exagero e o entusiasmo paterno resultaram na odiada professora contratada para lhe ensinar o instrumento. Odiada, sim, porque não suportava as aulas, a rotina do aprendizado. Queria era tocar, ora, por que ter de aprender a tocar? "Até que eu gostava dela." O pequeno afeto não serviu para amenizar a tortura e, após aprender o básico, foi deixado sem as aulas, ficou à própria sorte e erro. Logo grudou em um garoto vizinho à sua casa, dono de um violão com quem aprendeu a fazer as posições das notas, até o dia em que seu pai ouviu um conselho: "Compre um violão para seu filho, porque o meu não tem mais o que ensinar a ele, que aprende muito rápido."

Willy ganhou do pai o instrumento, e da música fez **seu** continente. Aos 20 anos, ao ser convocado pelo serviço militar, viu-se obrigado a abandonar sua primeira banda de rock e ainda recusar o convite para vir ao Brasil integrar outro grupo com músicos argentinos.

A história revela como os registros culturais, ao trabalhar apenas nas aparências, escamoteiam contribuições definitivas. O guitarrista Cacho Valdez viera a São Paulo tentar a sorte, vagou por estúdios, teatros e casas noturnas, até que acenaram a ele com a possibilidade de uma temporada com sua banda.

— Você tem um grupo? Está lá em Buenos Aires? Qual o nome? — quis saber o diretor do Beco, espécie de restaurante e casa de música, na rua Bela Cintra, no bairro da Consolação.

O argentino vendia o que não tinha (um conjunto formado), com repertório estabelecido e ensaiado (fantasia pura), estilo musical (rock e música latina).

— Qual o nome?

Cacho Valdez sentiu que a proposta era séria (seria contratado por um dos mais importantes palcos da noite de São Paulo) e, portanto, não deveria vacilar.

— Nome?… Huummm… Beat Boys.

— Beach Boys? Mas esses são americanos…

— Não… Beat, Beat Boys…

— E vocês são bons?

— Maravilhosos — dourou e envelopou o guitarrista argentino.

Com a proposta de contrato de temporada no Beco, Cacho Valdez correu em desabalado desespero para o telefone público. Precisava formar a banda. Chamou amigos em Buenos Aires, ouviu recusas, promessas, negociou datas, aos poucos colocou de pé o que havia vendido. No fim, ficou na dependência de um baixista. Foi quando surgiu o nome de Willy Verdaguer.

— Como eu poderia? Estava entrando no serviço militar. Aquilo me deixou mal, bem mal. Queria vir ao Brasil, encontrar com meus amigos, tocar, mas precisei ficar no quartel.

Willy teria de esperar dois anos. Em 1967, ao desembarcar em São Paulo para integrar o Beat Boys, logo sentiu a pulsação da cidade. Como ele, músicos, cantores, compositores, autores e atores, chegavam de diferentes lugares e também de outros países, todos atraídos por uma estranha ebulição em quase todas as áreas culturais. Estranha porque fazia três anos que o Brasil vivia sob ditadura militar nada dócil à produção artística.

Aos olhos e ouvidos de Willy Verdaguer, em seus 22 anos, São Paulo soava como o centro do mundo. E um dos epicentros chamava-se Beco. Dirigido por Abelardo Figueiredo, conhecido à época como "O rei da noite", a casa da praça Roosevelt funcionava como plataforma de lançamento de artistas. Os espetáculos serviam para catapultar novos nomes e ainda para testar repertórios e propostas musicais. A mão de Abelardo definiu diversas trajetórias, como a de Elis Regina, e deu visibilidade a tantos outros, como Chico Buarque. Foi ele quem dirigiu a lendária Marlene Dietrich quando ela passou pelo Brasil em 1959; e, mais tarde, em 1975, quem montou o show da posse de Jimmy Carter na Casa Branca, a pedido do novo presidente americano. Foi quando Tio Sam tocou a batucada.

Das mesas e do palco do Beco, surgiram diversos projetos de discos, parcerias e intervenções. Em uma noite de agosto de 1967, durante o intervalo de uma apresentação do Beat Boys, Willy, Tony, Cacho e Marcelo Frias, o baterista do grupo, foram chamados ao encontro do empresário Guilherme Araújo e de seus jovens contratados — Caetano Veloso, Gal

Costa e Gilberto Gil. Araújo, à época ainda um tipo esbelto, sempre sorridente e um tanto afetado, confessou estar entusiasmado com a banda argentina. Logo contou que haveria nova edição do Festival da Record, já a partir de setembro, e Caetano e Gil estariam selecionados. Gil cantaria "Domingo no parque", e Caetano, "Alegria, alegria", por acaso duas das canções mais cinéticas e urbanas do período.

— Vocês não querem acompanhar o Caetano? — propôs Guilherme.

Uau, isso sim é sorte. Não tivesse ido ao Beco naquela noite, se deparado com o Beat Boys, Caetano poderia ter subido ao palco do festival acompanhado pelo grupo RC-7, de Roberto Carlos, como previsto inicialmente. Em uma comparação rápida, seria como estar com a mãe em plena lua de mel. Ainda hoje, cinquenta anos depois, os acordes iniciais e as camadas sonoras de "Alegria, alegria" identificam facilmente um clássico do cancioneiro moderno brasileiro. Assim como a gola rolê e o paletó, usados na apresentação, congelaram a imagem do compositor como um lindo personagem do cinema existencialista francês...

— Aqueles acordes iniciais estavam dentro da música. Não me lembro se fui eu com o Cacho, ou sozinho, que puxamos aquelas notas para a frente da canção. Ficou marcante, não? — relembra Willy.

Até hoje é uma das grandes aberturas da música brasileira. Ao fundo, os cabeludos roqueiros do Beat Boys oferecendo criatividade e segurança ao estreante compositor baiano. A canção ficou em quarto lugar no festival e lançou seu autor para um percurso original na música contemporânea brasileira.

Nascido e criado no Tatuapé, na zona leste paulistana, Emilio Carrera pertencia a uma família de músicos de origem espanhola (a mãe foi concertista de piano e a tia, cantora). Desde cedo estudou piano clássico e viveu enfiado dentro dos espetáculos. Ainda criança, em um programa ao vivo na paulistana TV Tupi, ganhou das mãos do maestro americano Tommy Dorsey a batuta para encerrar o número de sua orquestra. Ele se lançava pelos corredores da emissora enquanto sua tia Triana Romero emprestava sua voz em diferentes quadros musicais. Triana voltará a ser personagem desta história do Secos & Molhados.

Naquelas noites de 1967, já a bordo de longa cabeleira, Emilio comandava O Bando, conjunto com feras como Dudu Portes na bateria (que depois tocaria longos anos com Elis Regina), o guitarrista Paul de Castro (que viria a tocar com o roqueiro Lulu Santos) e o baixista Américo Issa (que na década de 1970 seria o iluminador do já mencionado Dzi Croquettes, grupo de bailarinos e coreógrafos capitais na cena cultural andrógina, com história semelhante ao S&M). O Bando dividia-se entre o palco do Beco e participação eventual no programa *Jovem Guarda*. Fora daí, gastava seu tempo em longas festas.

Nas noitadas no Beco, nasceu a amizade e a parceria entre Emilio, Willy e o baterista Marcelo Frias. Dali sairiam para o circuito oferecido aos jovens músicos criativos da época, ancorados entre temporadas no teatro adulto e infantil, programas de televisão e apresentações em casas noturnas, no Rio e em São Paulo. Nos anos seguintes, estariam quase todas as tardes (em ensaios) ou noites (nos palcos) com seus instrumentos à mão.

Os amigos se revezavam ainda entre o nascente mercado de gravações de jingles publicitários e o apoio ao elenco de peças como *A vida escrachada de Joana Martini e Baby Stompanato*, com Marília Pêra e Hélio Souto, escrita por Bráulio Pedroso, com referências ao Esquadrão da Morte, milícia paramilitar da década de 1970. Por conta das alusões, o elenco da montagem receberia diversas ameaças de morte. "Saíamos do teatro direto pra casa, com medo", conta Emilio. A polícia também colaborava para aumentar a tensão. "Como éramos cabeludos, o tempo todo nos paravam na rua pedindo documentos."

Às vezes, todos eram presos. "Uma vez, no final de uma festa, já pela manhã, com todo mundo bem chapado, a polícia foi nos jogando no camburão conforme pisávamos na rua. Nesse dia me levaram à delegacia, dei lá meu depoimento: eles pensavam que éramos terroristas, imagine. E a gente só queria saber de tocar e de se divertir. Fui solto no meio da tarde, saí correndo pra casa: era domingo, dia de macarronada."

Em maio de 1973, ao entrarem nos Estúdios Prova para as gravações do Secos & Molhados, Emilio, Willy, Marcelo Frias e os outros músicos de apoio já eram instrumentistas com longas horas de palco e ensaio. "Nós éramos roqueiros", diz Willy.

Somados à voz incandescente e à performance andrógina de Ney Matogrosso, além das inspiradas melodias de João Ricardo e Gérson Conrad, é nesse instante que se juntam os ingredientes finais no contorno do Secos & Molhados. Deixam de ser um trio um tanto acústico para se tornar uma poderosa banda de rock brasileiro.

8. O DOCE E O AMARGO

Ao entrar nos Estúdios Prova, na alameda Joaquim Eugênio de Lima, João Ricardo carregava no bolso de sua calça jeans a lista com as canções do primeiro disco do Secos & Molhados. Era quarta-feira, 23 de maio de 1973, início da tarde. Nessa hora o leve calor foi aplacado por leves correntes de ar frio. Alguns dos músicos, como Emilio Carrera e Willy Verdaguer, traziam nas bolsas de couro a tiracolo as malhas para o início da noite, em geral bem mais úmida.

Estavam presentes os três S&M e os músicos da banda de apoio — Willy Verdaguer, John Flavin, Marcelo Frias e Sérgio "Gripa" Rosadas. O pianista Tato Fischer, figura importante no período inicial do conjunto, preferira seguir carreira com seu grupo de teatro. Em seu lugar entrara Emilio Carrera.

Localizado em uma das alamedas do Jardim Paulistano, o estúdio, modesto em recursos técnicos, demonstrava vivamente a contida aposta da Continental no possível sucesso do grupo. Revelava, como era o caso, o perfil de uma empresa acostumada a ter em seu elenco basicamente duplas sertanejas — caso dos então iniciantes Chitãozinho e Xororó, àquela época ainda com registros apoiados em um par de violões e voz. Coisa econômica de ser produzida.

Durante quinze dias, os músicos iriam gravar ao longo de sessões diárias de seis horas em uma mesa com quatro canais, quando já havia tecnologia disponível no Brasil com ao menos seis ou oito canais. Significa que os técnicos eram obrigados a agrupar em pouco espaço um maior número de instrumentos, inclusive as vozes. No momento da mixagem, os recursos para se isolar ou dar destaque por exemplo a um solo de guitarra ou a um fraseado vocal seriam, portanto, bem mais limitados. Exigia do técnico de som, com o diretor musical, a montagem de uma estratégia de guerra para desde o início saber o que seria destacado aos ouvidos do público.

Na divisão de funções, coube a João Ricardo a direção musical e a Moracy do Val a produção geral. Era a primeira vez que João assumiria esse papel, enquanto Moracy possuía uma experiência bem maior no universo fonográfico.

PRIMAVERA NOS DENTES

Mas aquele era o disco de João Ricardo. Ele sabia o que queria. Entrar nos Estúdios Prova tornava palpável um desejo acalentado há vários anos, desde que tivera a ideia para o nome da banda ao caminhar com um amigo pelas ruas da litorânea Ubatuba e ler a placa "Secos e Molhados" na porta de uma vendinha. João Ricardo poderia jamais ter entrado anteriormente em um estúdio, sequer ser um exímio instrumentista ou um cantor privilegiado, nada disso importava, porque aquele era seu projeto de vida. Ao menos naquele momento seria o seu primeiro horizonte. Depois, poderia alterar os planos. Ao cruzar a porta do estúdio se lembrou daquela tarde na praia paulista.

Entre a assinatura do contrato e a entrada no estúdio haviam se passado pouco mais de dois meses. Tempo curto para a elaboração de um disco com a previsão de gravação de treze canções. Por questões técnicas de qualidade, o disco de vinil possuía uma limitação de minutagem gravada — e treze músicas ocupariam toda a banda disponível. Definição de repertório, construção de arranjos, reserva na agenda dos músicos, aprovação das músicas pela censura, entre outras tarefas — eram muitas as providências. Mesmo com a presença de Moracy do Val, acostumado já a essa rotina, João Ricardo sabia que muitas das questões só poderiam ser levadas a cabo por ele. Por exemplo, compor. Embora Gérson também corresse na mesma seara, e ainda que fosse seu parceiro, João Ricardo acreditava que sua marca se faria apenas por meio de suas criações.

A seleção e definição do repertório, com destaque para as músicas de João Ricardo, seria a primeira rusga na trajetória da banda. Passados quarenta anos, é ainda uma questão latente entre ele e Gérson Conrad, que reclama do excesso de individualismo do parceiro ao optar por canções de própria autoria. Não parece ser uma crítica capaz de abalar João Ricardo. Ao final, percebe-se que o elenco das treze canções gravadas possui unidade e uma altíssima qualidade — e, entre elas, se encontra "Rosa de Hiroshima", de Gérson, sobre poema de Vinicius de Moraes. A canção é linda, e João Ricardo não titubeou ao colocá-la no disco.

A composição nasceu em torno de 1972 a partir de inspiração do próprio João Ricardo. Em seu *modus operandi*, Gérson foi incentivado a também fazer música, a ser um autor. Era parte do plano de ambos possuir um repertório próprio de canções. Afinal, não se colocavam como cantores.

150

Repetiam, talvez sem saber, o percurso dos Rolling Stones. Inicialmente, o grupo britânico de Keith Richards e Mick Jagger se apoiava tão somente em obras alheias, blues e rocks americanos. Até que o empresário deles, Andrew Oldham, exigiu que tivessem suas composições. Parece engraçado, mas por exigência contratual surgiu uma das duplas mais profícuas da música internacional — Jagger-Richards.

Conrad se espelhava em João Ricardo e também dele recebia apoio. Acabou pegando emprestado um livro de Vinicius de Moraes. O poeta, consagrado como parceiro de Antonio Carlos Jobim em clássicos da Bossa Nova como "Garota de Ipanema", havia começado no ano anterior um trabalho conjunto com o violonista Toquinho. Em 1972 a dupla lançou o disco *São demais os perigos desta vida*, e ainda assinou a trilha sonora da telenovela *Nossa filha Gabriela*.

Em uma noite calorenta do início de 1972, Gérson se sentou na cama de seu quarto no apartamento dos pais nos Jardins e abriu aleatoriamente o livro de Vinicius com a intenção de buscar um poema a ser musicado. Não tinha a menor ideia de como faria aquela coisa de composição, e, mesmo, se tinha talento para construir harmonia e melodia próprias. Logo se deteve em "A rosa de Hiroshima". Já na primeira leitura dos versos iniciais sugeria uma delicada melodia, ele se recorda. Com o violão à mão, o livro aberto sobre a cama, saiu dedilhando as cordas.

"Foi de um só jato", relembra. Em pouco tempo a linha geral da composição estava concluída. "Saiu redondo." Poderia até dormir, o que faria ali pelas duas da manhã, quando se deu por satisfeito, não sem antes registrar a melodia em um pequeno gravador de rolo.

Vinicius de Moraes escreveu "A rosa de Hiroshima" em 1954, no Rio de Janeiro. Sempre foi um poema delicado — embora bastante despercebido —, com o registro da perplexidade, e a sua oposição veemente, à bomba atômica lançada sobre a cidade japonesa, em 6 de agosto de 1945 (uma segunda bomba seria jogada sobre Nagasaki, no dia 9 de agosto). O duplo bombardeamento resultaria na rendição do Japão — e no final da Segunda Guerra Mundial. Só em Hiroshima morreram no ataque cerca de 90 mil pessoas. Número igual viria a morrer de doenças associadas à radioatividade impregnada no ar.

PRIMAVERA NOS DENTES

Os versos de Vinicius trazem um tom pacifista, diante da iminência felizmente não concretizada de um confronto nuclear entre os Estados Unidos e a então União Soviética durante a Guerra Fria. A possibilidade de uma guerra nuclear assustava toda a população mundial da época, era um pesadelo reforçado pela propaganda americana, e a obra de Vinicius recorre ao evento japonês como alarme à consciência:

> Pensem nas crianças
> Mudas telepáticas
> Pensem nas meninas
> Cegas inexatas
> Pensem nas mulheres
> Rotas alteradas
> Pensem nas feridas
> Como rosas cálidas
> Mas oh não se esqueçam
> Da rosa da rosa
> Da rosa de Hiroshima
> A rosa hereditária
> A rosa radioativa
> Estúpida e inválida
> A rosa com cirrose
> A antirrosa atômica
> Sem cor sem perfume
> Sem rosa sem nada.

Gérson mostraria a composição a João Ricardo alguns dias depois. A reação foi de entusiasmo. A linda melodia abraçava os versos sem ser derramada, com delicadeza. Conrad ainda arredondaria algumas notas antes de dá-la por concluída, não sem antes introduzir o dedilhado inicial de poucas notas. Colocada no primeiro disco do grupo, "Rosa de Hiroshima" elevou o autor a um patamar de destaque entre os compositores brasileiros e logo se transformou em um dos hits de maior sucesso do grupo. Entre os músicos de apoio da banda, ainda hoje se comenta que a repercussão da canção no repertório sempre despertou ciúmes em João Ricardo, o que ele nega com um dar de ombros, lembrando quantas outras músicas de sucesso ofereceu ao público. É verdade.

Vinicius seria apresentado à composição ainda antes de ela ser gravada. E foi por puro acaso. Gérson e João Ricardo haviam ido ao estúdio de uma rádio para uma entrevista. Não tinham ainda ideia se um dia conseguiriam chegar ao disco, mas estavam ali para divulgar seus espetáculos no Teatro Ruth Escobar. Ao cruzarem os corredores da emissora, por uma porta entreaberta, Conrad viu a figura arredondada e barriguda, de óculos e boina, de Vinicius de Moraes. Tremeu num primeiro instante. Depois, refeito, comentou com João Ricardo.

— Será que eu falo com ele? — perguntou um tímido Gérson Conrad.

João Ricardo, um tipo sempre assertivo, bradou:

— Claro, vai lá e mostra a música que você fez para o poema dele...

Com aquela força, não tinha jeito, e assim Gérson foi. Entrou com o violão a tiracolo na pequena sala. Apresentou-se e disse que havia musicado o poema dele, "A rosa de Hiroshima".

— Olha, que bom... — reagiu Vinicius. — Deixa eu ouvir, vai.

Imediatamente Conrad começou a tocar a composição. Sentiu um certo nervosismo. Mas percebia os olhos sorridentes do poeta, enquanto tocava, e assim se acalmou, conseguiu chegar ao final da canção. Vinicius pode ter sido profético quando disse:

— Sua música vai fazer as pessoas prestarem mais atenção nesse poema... ele estava meio escondido por aí.

Ele não errou. "Rosa de Hiroshima" se destaca em qualquer lista do cancioneiro brasileiro. Ney Matogrosso ainda hoje a interpreta em seus shows ou em apresentações especiais. Basta o dedilhado inicial no violão para despertar palmas vindas do público. A música permaneceu.

Após semanas de ensaio, quase sempre na casa de Emilio Carrera, na rua Fidalga, no meio da Vila Madalena — à época um bairro de classe média baixa, habitado por professores e estudantes da vizinha Universidade de São Paulo, além de uma estirpe variada de artistas —, Ney viajou ao Rio de Janeiro para gravar a trilha sonora do filme *A casa tomada*. João Ricardo, que tinha uma namorada carioca, Renata (com quem se casaria logo depois), aproveitou a deixa e foi junto.

E é no sempre hospitaleiro apartamento de Paulinho Mendonça e Maria Alice que Ney ficará no início de maio de 1973, pouco antes de entrar no estúdio de gravação. Paulinho havia acabado de dirigir *A casa tomada*, um curta baseado no emblemático conto homônimo do escritor franco-argentino Julio Cortázar. A narrativa registra a história de um casal de irmãos cuja casa vai sendo absorvida por algo não identificado. A alegoria possui relação com o período de ditaduras militares e repressão política em quase toda a América Latina.

Da Europa havia eclodido para o mundo o chamado boom literário latino-americano, com a divulgação massiva de autores como o colombiano Gabriel García Márquez, o peruano Mario Vargas Llosa, o uruguaio Juan Carlos Onetti e ainda Cortázar, entre outros. São embalados pelo mercado, erroneamente, em uma escola batizada de realismo mágico, quando seus estilos eram muito diferentes entre si. No Brasil de 1970, também sob um regime militar, passa a haver uma espécie de irmandade latino-americana, e os escritores e poetas da região são avidamente consumidos em um gesto acima de tudo político. Ler *Pedro Páramo*, do mexicano Juan Rulfo, esse, sim, um realista mágico, marcava uma posição no espectro ideológico do momento. Como em todo movimento, convivia dentro da explosão literária latina muita lebre disfarçada de gato. Ou berimbau no papel de gaita. O argentino Jorge Luis Borges, um gênio em qualquer instante da literatura mundial, surgia passado no mesmo óleo que o uruguaio Eduardo Galeano, cujo engajado *As veias abertas da América Latina* se via consumido à semelhança de uma bíblia por nove entre cada dez leitores-militantes. O sonho de uma fraternidade latina resvalava ainda na música, com amplo sucesso de nomes como a argentina Mercedes Sosa e a chilena Violeta Parra, entre outros. Instrumentos como o charango e a flauta de madeira e vestimentas como os ponchos dos índios bolivianos se tornavam presentes no cotidiano brasileiro, em especial entre os estudantes universitários e os hippies ainda remanescentes.

A gravação da canção-tema de *A casa tomada*, parceria de Paulinho Mendonça e Jorge Omar, é o que leva Ney de volta ao Rio. Será a segunda vez que ele surgirá como cantor em um registro fonográfico, e o primeiro com nome completo.

Hoje existem duas versões sobre a criação da mesma canção. Segundo Paulinho, era meio da tarde de um dia da semana, Ney pegou com o porteiro a chave do apartamento dele e de Maria Alice, no Jardim de Alah — a essa hora o casal ainda estava trabalhando. João Ricardo iria encontrar sobre a mesa um caderno de Paulinho cheio de poemas. Logo se deteve sobre um deles. Sentou-se com o violão e os versos na folha de papel. Com poucos ajustes, a poesia recebeu a harmonia, logo travestida como canção. Em menos de duas horas. Mais tarde, quando Paulinho chegou em casa, João Ricardo, satisfeito com o resultado, cantou a música recém-composta.

— E aí, gostou? — quis saber.

— Puxa, João, é linda… — disse Paulinho, meio sem jeito. — Linda mesmo… Só que essa letra é para uma parceria minha com o Jorge Omar… Já tem música e tudo.

João Ricardo primeiro fica sem graça; depois, toma uma feição séria. Tem ali um problema pela frente:

— E agora?

— É… não sei.

— Mas já está pronta?

— Sim, tá até ensaiando para gravar…

— Ahh — conformou-se João Ricardo.

— Mas eu posso pegar essa sua melodia e colocar outra letra, porque ela é muito bonita, não vamos perdê-la.

— Você faria isso?

— Hoje mesmo — prometeu Paulinho.

Era tarde da noite. No dia seguinte, Paulo Mendonça precisava acordar cedo, ele entrava às oito em seu emprego da Marinha. Só que a melodia feita por João Ricardo era tão linda e a confusão involuntária com as letras não o deixava ir para a cama… Sentou-se na mesa da sala, perto de um caderno. Olhou pela janela, observou o movimento calmo das ruas do Jardim de Alah. Àquela hora, meio da semana, todos pareciam já dormir. Com uma caneta à mão, passou a rabiscar alguns versos.

PRIMAVERA NOS DENTES

De novo, outro milagre. Mal começou a preguiçosa anotação, onde buscava palavras, ideias, e o primeiro verso puxava o segundo, logo vinha o terceiro, fechava a primeira estrofe, surgia o primeiro verso da segunda, outro verso... o poema estaria concluído em menos de uma hora. E foi dormir, feliz.

No dia seguinte, João Ricardo recebeu o novo poema. Pegou o violão e... a letra não cabia na melodia. Sobravam palavras. O que fazer? Com a folha manuscrita à sua frente, João Ricardo construiu rapidamente outra música. Desse desencontro, segundo Paulinho, teria nascido "Sangue latino" — a canção.

A versão de João Ricardo é outra. Tinha lido alguns poemas de Paulinho em um caderno, gostou de um deles e percebeu que poderia musicá-lo sem muita dificuldade. Com o casal fora de casa, ficou dedilhando o violão como quem busca uma melodia no ar.

De repente, outro milagre. O que era um dedilhar descompromissado se tornou uma harmonia com estrutura, logo abraçada àqueles versos. Tudo consumiu não mais de suas duas horas cariocas. Quando Paulinho voltou para casa, João mostrou a ele a nova canção.

— Puxa, João, é linda — teria reagido Paulinho, em seu tom sempre doce e entusiasmado.

— Precisamos de um nome...

— Que tal "Sangue latino"?

As diferentes visões sobre a construção da composição só a tornam ainda mais interessante. A canção, hoje um clássico moderno da música popular brasileira, possui versos fortes, muitos deles endereçados ao instante político do país, e ainda registra a perplexidade daquela geração diante da ameaça constante de prisão e da falta de liberdade. Além de um desalento pelos caminhos postos. Um trecho:

> Jurei mentiras
> e sigo sozinho.
> Assumo os pecados.
> Os ventos do norte

não movem moinhos,
e o que me resta
é só um gemido.

Minha vida, meus mortos,
meus caminhos tortos.
Meu sangue latino.
Minh'alma cativa.

[...]

Feita a música, João Ricardo e Ney retornaram a São Paulo.

Paulinho nem sabia que a canção seria registrada no disco. Quando João Ricardo a tocou pela primeira vez nos Estúdios Prova, com a intenção de incluí-la no repertório, Willy Verdaguer e Emilio Carrera sentiram algo entre entusiasmo e arrepio de alegria. "Ali na hora todo mundo adorou, de cara", conta Emilio.

O estúdio não tinha muito espaço. Mesmo assim, Willy conseguiu naquela tarde de maio ficar em um canto com seu baixo, enquanto os outros músicos conversavam e ajustavam os instrumentos. Ainda tinha na memória a harmonia da nova canção trazida por João Ricardo. "Foi como um raio", disse ele.

O milagre, outra vez. Dos dedos de Willy partiu um fraseado no baixo, de poucas notas, mas o suficiente para embalar "Sangue latino". Foi tudo muito rápido, também. Em poucos minutos, ele tinha criado a roupagem inicial da canção. Chamou João Ricardo, tocou o que havia acabado de criar.

— É perfeito — reagiu João.

Em seguida, Willy, satisfeito, imaginou a entrada de um violão de doze cordas, cujo som é mais agudo, em contraposição ao gemido grave do baixo. Tratou de mostrar aos outros músicos. A partir dali Willy estaria na base da feitura dos principais arranjos do disco. Com sua experiência, acumulada em anos de estrada, não só terminaria por escrever as partituras como ainda exerceria liderança descompromissada entre os demais instrumentistas. "Fazia por puro entusiasmo. Muitos dos arranjos fiz em casa, à noite, depois das gravações ou ensaios", conta Willy. "Se tivesse colocado meu nome, teria ficado rico."

A abertura de "Sangue latino", com o som rouco do baixo de Willy, a tornou de fácil identificação entre onze de dez brasileiros, em 1973. Havia ali um toque inusitado, diferenciado, seguido pelo violão de doze cordas tocado por João Ricardo e a batida seca, pontual, na bateria de Marcelo Frias. Conrad empunhou seu violão de seis cordas, no papel de base. Como é costume, primeiro foi gravado o que se chama de cozinha — baixo, bateria, percussão, cordas; Ney colocaria a voz com o grupo em outro canal — a chamada voz guia. O registro final da interpretação seria feito por último, ainda naquela tarde. Cabelo preso em rabo de cavalo, camiseta clara e jeans surrado, sandália de couro, Ney poria a voz em uma única tomada.

Em não mais do que quatro takes, "Sangue latino" ganhou sua gravação definitiva. Como partiu do baixo acústico, prevalece uma rítmica pautada pela percussão — o diálogo entre o baixo e a bateria delineia inclusive a interpretação de Ney Matogrosso. A gravação registra uma sonoridade compacta, com algumas passagens em uníssono. Basta ouvi-la para atentar à sua perfeita contemporaneidade: com 2 minutos e 7 segundos de duração, é uma canção breve, direta, à semelhança de um dardo veloz, com o estribilho repetido apenas uma vez, dando-lhe um caráter de urgência telegráfica: "Minha vida, meus mortos, / meus caminhos tortos. / Meu sangue latino. / Minh'alma cativa."

Em fevereiro de 2023, o YouTube registrava mais de duas dezenas de versões da canção. Duas delas — a reprodução simples da faixa e uma apresentação do trio em um programa televisivo no ano de 1973 — somam em torno de 10 milhões de visualizações. E uma terceira, apenas com Ney Matogrosso, cravava cerca de 7 milhões de reproduções. As regravações por outros artistas, de gerações mais recentes, como a banda carioca Nenhum de Nós, ou pelo baterista Charles Gavin, no segundo semestre de 2017, alcançaram ainda outras cifras expressivas de público. Números soberbos para uma canção lançada quase cinquenta anos antes.

As condições de gravação, com poucas diárias disponíveis, podiam ser consideradas não precárias, mas, sim, miseravelmente parcas. Com apenas quatro canais à mão, a produção comandada por Moracy e João Ricardo, mais o auxílio do experiente Willy, se apertou para superar as restrições técnicas.

Naquele instante, porém, nada disso parecia atrapalhar o entusiasmo da trupe. Havia uma alegria renitente e o sentimento urgente de criação, manifesto pela liberdade vigiada dada por João Ricardo, na condição de produtor musical e líder do grupo. Apesar de os músicos ainda hoje lembrarem de seu temperamento autoritário — "ele parecia se colocar como melhor do que nós", segundo Emilio e Willy. Os comandos ríspidos de João Ricardo iam sendo somados para explodir algum tempo depois. "Por ser filho de intelectual, e nós não, ele se colocava como sendo diferente", ainda no diagnóstico de Emilio.

As sessões tinham os seus percalços. Em certo momento, houve uma rusga séria entre João Ricardo e John Flavin, carinhosamente chamado de John-John. É possível que tenha sido por causa do jeito mais independente de Flavin, com 18 anos, o mais novo do grupo e nomeado como o mais avoado de todos. Vale lembrar seu rematado mutismo. Irritado, o guitarrista deixou o estúdio, batendo a porta. Mesmo sendo o caçula dos músicos, Flavin era talvez o mais habilidoso. Anos depois, estaria com Arnaldo Baptista no Patrulha do Espaço, celebrada experiência do rock progressivo brasileiro.

Diante da discussão, Willy tomou as dores do parceiro, e também deixou o estúdio, vivamente irritado com o líder do S&M. Então, todos os músicos, Emilio à frente, pediram a João Ricardo que saísse em busca dos dois — "sem Willy não dá para continuar", ameaçou o pianista. João, ao seu modo, ajeitou a situação. Willy e John-John logo no dia seguinte retomaram seus postos.

Aquele era o sonho de João Ricardo, havia anos, e tanto ele quanto Gérson Conrad se sentiam seguros com aqueles instrumentistas de muita estrada. Willy, Emilio e Marcelo Frias conheciam os meandros de uma gravação; nos últimos anos haviam passado lado a lado a maior parte de suas horas ou em um estúdio ou nos palcos de teatros e casas noturnas. Conviviam intimamente havia anos — e literalmente tocavam de ouvido. Todos tinham suas veleidades, só que à meia-luz. Diferentes em vários graus da soberba de João Ricardo, capaz de irritar a todos por comentários atravessados — por exemplo, criticar a roupas do despreocupado hippie Ney Matogrosso. Mas sua vontade ali era o motor daquela reunião. "Ele tinha tudo muito claro, a música, a melodia... O problema é que elas vinham todas desajustadas musicalmente e eles três cantavam. Faziam um vocal de três vozes que soava bonito. O Ney era a primeira voz e aquela voz aguda que naquela época chamava muita atenção e os outros dois faziam as vozes encostadas; então harmonizava de uma maneira original", conta Carrera. "Mas quando nós começamos a ensaiar, aí a coisa adquiriu uma forma mais profissional, vai. Aí o Willy chegou e fez 'bom dom powww... podo dom powww' no 'Sangue latino'. Hoje, você não consegue mais tirar isso do 'Sangue latino'. Então, foi por aí." Ele também se lamenta: "Uma pena não ter assinado os arranjos; hoje viveríamos de renda..."

E quis o acaso juntar no projeto várias origens, quase todas fáceis de perceber na audição do trabalho. João Ricardo era português de Arcozelo — embora tenha emigrado aos 14 anos para o Brasil, não perdera o chiado característico da língua; Willy Verdaguer e o baterista Marcelo Frias eram argentinos chegados ao Brasil havia menos de dez anos; o pianista Emilio Carrera, nascido no Brasil, crescera em uma família de imigrantes espanhóis, e ouvia ainda à época diariamente o flamenco cantado por sua tia. Havia ainda o soberbo guitarrista John Flavin, filho de mãe irlandesa e de pai brasileiro. O caldeirão de nacionalidades, e influências, além das diferentes experiências — de músicos de quarto e cama a obsessivos roqueiros — iria aos poucos dando ricos contornos às canções.

Havia o entusiasmo e havia a percepção de que produziam algo notável. Conforme avançavam as sessões, João Ricardo parecia se sentir cada vez mais receptivo às inovações trazidas pelos músicos. Tal integração resultaria mais tarde no convite para que todos fizessem parte do grupo. Muitos dos truques sonoros colocados no disco haviam sido experimentados no conjunto Music Machine — e essa história é bem emblemática de como funcionava a indústria fonográfica brasileira daqueles anos.

Pouco antes de se juntar ao Secos & Molhados, Willy, Marcelo Frias e Emilio, além dos outros membros do antigo Beat Boys, como o guitarrista

Tony Osanah, trabalhavam no Rio na banda de apoio da peça *Baby Stompanato*, com Marília Pêra à frente do elenco. Era 1972, a temporada carioca repetia o sucesso de São Paulo, e ao término das encenações os músicos saíam ainda para dar canjas em casas noturnas da Lagoa e de Copacabana. Foi quando surgiu a proposta da Phonogram, futura PolyGram, gravadora comandada pelo franco-sírio André Midani, para que fizessem um disco como se fossem uma banda americana.

Pode parecer estranho, mas era bastante comum na época. Vários brasileiros adotaram sotaque e nomes estrangeiros para buscar sucesso no Brasil. De todos, o mais bem-sucedido foi, e ainda hoje é, Morris Albert (pseudônimo do paulistano Maurício Alberto Kaisermann), cuja canção "Feelings" estourou em inglês em rádios brasileiras, ganhou as paradas mundiais e terminou na interpretação de ninguém menos do que Nina Simone.

A Phonogram propôs a ideia e assim Willy e companhia adotaram o nome artístico de Music Machine. Na mesma época, outro grupo brasileiro posava de americano no Brasil sob o nome de Pholhas; seu maior sucesso, "My Mistake", contava a história de um sujeito traído que matou a mulher: aí o seu erro. Sem muito esforço, a gravadora alçou o Music Machine a um sucesso radiofônico. As canções traziam experiências desenvolvidas pelos instrumentistas em diversos palcos de casas noturnas, como deitar o baixo e tocar suas cordas com baquetas *mallets* envolvidas em feltro ou usar garrafas vazias de água como recurso de percussão. Depois, muitas dessas práticas se tornariam commodities entre os músicos.

Em maio e junho de 1973, no Estúdio Prova, Willy, Emilio e Marcelo, remanescentes da aventura Music Machine, trataram de recuperar esse lúdico espírito sonoro. A canção "Assim assado", de João Ricardo, recebeu em forma de percussão alguns dos experimentos. É curioso o resultado. Registra a confluência da ideia inicial de João, quase um grupo de folk com vocais espelhados no quarteto Crosby, Stills, Nash & Young, e a chegada dos roqueiros Willy, Emilio e companhia. Os versos evocam o personagem Guarda Belo, do desenho animado americano *Mandachuva*, que quer um velho assado... e é para ser assim assado... Em 1973, sob os solos matadores de John-John na guitarra, o recado foi entendido pelas plateias:

São duas horas
da madrugada
de um dia assim

Um velho anda
de terno velho
assim assim

Quando aparece o Guarda Belo

E posto em cena
fazendo cena, um
treco assim

bem apontado
ao nariz chato
assim assim

Quando aparece a cor do velho

[...]

Em outra canção, "Mulher barriguda", as brincadeiras sonoras são escancaradas e as influências entregues de bandeja. O piano de Emilio não esconde o empréstimo ao balanço do primevo roqueiro americano Jerry Lee Lewis, em um quase bebop, com o teclado usado em suas regiões mais agudas.

Os dez meses de ensaio de João, Gérson e Ney haviam passado por testes ao longo das apresentações na Casa de Badalação e Tédio. Mas agora, no estúdio, eles sofriam outros tipos de ataques. A exigência do registro em vinil e o profissionalismo trazido pelos músicos e pela direção de produção de Moracy do Val punham o trio à prova a todo instante. Entre o que tinham imaginado, depois mostrado ao público nos shows e que agora buscavam

O DOCE E O AMARGO

deixar nos sulcos, experimentavam desafios constantes. É certo, havia um desequilíbrio técnico entre eles, jovens e assertivos, e os músicos, roqueiros de longa estrada, ou exímios, como John-John. Só que João, Ney e Gérson traziam uma verve nova, ansiosa e plenamente criativa. Compensavam assim os degraus. "Nós tínhamos, apesar de pouco recurso, uma perfeição em termos de respiração. Ensaiamos bastante, tínhamos exatamente todas as respirações, sabe, no tempo exato, e isso é fundamental para um vocal, esse tipo de coisa conseguimos fazer com maestria", conta Conrad.

Outra evidência sobressaiu naquelas sessões do estúdio. Entre os ensaios e as gravações do disco, a sonoridade havia se tornado mais roqueira, até experimental em vários dos registros. Willy Verdaguer se recorda dos preparativos na casa de Emilio Carrera, quando ainda construíam uma ideia de grupo, de entrosamento e de cumplicidade entre eles, os músicos, e o trio original, João Ricardo, Gérson e Ney. "Eles eram acústicos", recorda o baixista. "Nós levamos o rock."

No estúdio, além das possibilidades técnicas oferecidas pelos equipamentos, somou-se o espírito rebelde das gravações. "A gente queria experimentar tudo possível", conta Emilio. "Adorávamos tudo aquilo."

Naquele momento do disco, havia a possibilidade (ou desconfiança) de que os músicos viessem a integrar o grupo, juntando-se ao trio original. O baterista Marcelo Frias estaria, por exemplo, na capa do disco, como o quarto S&M. "A coisa estava em aberto", diz Emilio, embora Gérson não se recorde desse tipo de acerto e João Ricardo não reconheça o fato. Àquela hora, estão todos dedicados integralmente aos quinze dias de gravação. "A gente não pensava em outra coisa", diz Willy.

Amigo de todos os músicos, o pianista e multi-instrumentista Zé Rodrix chegou ao estúdio logo nas primeiras sessões. Convocado para reforçar nos teclados, tinha cabelos negros e longos, indóceis e indomáveis a um pente, conforme a moda da época, e óculos redondos. Dono de um vasto bigode, destacava-se com a aparência de um pistoleiro mexicano de fronteira e a simpatia de um vendedor de coco na praia. Em meio àqueles nerds sisudos das cordas e percussão, por certo era o mais engraçado de todos, sempre bem-humorado — e implicante. Trazia diariamente observações críticas acerca da política e dos costumes, quando suas tiradas ajudavam a desanuviar o clima das gravações. Chegava a interromper as tomadas musicais para contar alguma história.

Na época, Zé Rodrix dividia-se entre São Paulo e Rio, onde morava em Santa Teresa, claro. No início da década de 1970, integrou o lendário Som Imaginário, grupo formado em torno de Milton Nascimento (também morador do morro do bairro), espécie de posto avançado dos jovens artistas mineiros na música popular brasileira. Em maio de 1973, aos 25 anos, Zé Rodrix era um discreto sucesso de perfil cult. Mas quase popular. Elis Regina havia acabado de gravar sua canção "Casa no campo" (parceria com Tavito), um hit nas rádios e nos shows. E integrava o Sá, Rodrix & Guarabyra, curiosíssima experiência musical ao forjar um tal de rock-rural, mistura de rock tupiniquim e folk-sertanejo — e com uma alegria e descompromisso raros na música brasileira daqueles anos de chumbo.

Ao se debruçar sobre "O vira", Willy Verdaguer dissecou a canção, digamos, abrindo-a na mesa, em busca de possibilidades sonoras — e Zé Rodrix contribuiria para essas possibilidades. Na versão dos autores, era um rock simples, de poucas nuances. Willy quis aplicar outras camadas e aprofundar as diferenças dos andamentos musicais. Sugeriu a João Ricardo a colocação da sanfona no momento do estribilho, para tornar a música, por causa dessa passagem, um desatado vira português, com eira e beira.

— Sanfona? — quis saber em um primeiro momento João Ricardo.

— Sanfona sim. Vamos assumir o lado português — bancou Willy. Foi sorte.

As cascas sonoras encontradas no disco do S&M, servidas ao público como realce aos múltiplos sabores, que misturam doce e salgado, são alguns dos elementos capazes de distinguir o trabalho entre o que era feito no período. Por certo, ao lançar mão da sanfona, Willy e João Ricardo avançavam na pista das experimentações trazidas pelo melhor rock 'n' roll internacional. No Led Zeppelin, por exemplo, o guitarrista Jimmy Page se apropriava de cantares folclóricos escoceses, e Robert Plant punha nas letras mitos celtas sob um som robusto. No caso brasileiro, os tropicalistas davam o exemplo. Willy conhecia de perto a maneira de pensar de Caetano Veloso e de Gilberto Gil, dois dos líderes do movimento: ele esteve no nascedouro criativo de "Alegria, alegria", de Caetano, e de "Questão de ordem", de Gil. Ambas poderiam soar à semelhança de um manifesto musical, em que se destacam as colagens de ritmos, da convivência entre o urbano e o rural (ou o moderno e o arcaico) e da junção de tempos históricos.

Dito isso, ao final a sanfona em "O vira" soaria estranha e lúdica, tradicional e moderna. E coube a Zé Rodrix criar os fraseados rítmicos dentro do estribilho. Ao mesmo tempo é vira português e rock contemporâneo, quase um folk paulistano em certas passagens. Rodrix imprimiu ainda um puxado um tanto nordestino, de xaxado, a dança dos cangaceiros de Lampião: uma salada completa, de múltiplas referências. Quem conheceu Zé Rodrix sabe que ele deixava impresso no encadeamento das notas seu bom humor e uma vontade de forjar experimentações.

O resultado agradou a todos, menos a Gérson Conrad: "É uma composição fraca. Caiu no gosto da criançada, mas tem uma melodia apoiada no inconsciente do público." Não importa. Junto com "Sangue latino" e "Rosa de Hiroshima", "O vira" seria uma das canções de maior sucesso do grupo, com inúmeras regravações. A bonomia e a deliciosa ingenuidade tornaram a música um hit entre as crianças, e raras foram as festas infantis da época em que ela não fosse tocada, plasmada à imitação da dança de Ney Matogrosso aos saltos de um lado a outro com as pernas juntas sob o solo da sanfona em um frenético requebrado. Com aqueles dois olhos estalados.

Em "Fala", também de João Ricardo e Luhli, o papel de Zé Rodrix estará em outro extremo. Da sanfona tradicional pulará para o sintetizador Moog — instrumento considerado uma espécie de pai dos teclados eletrônicos atuais. Criado pelo engenheiro Robert Moog e popularizado pelos Beatles e Stones já em seus primeiros discos, o instrumento possuía aura de modernidade por emular sonoridades associadas à eletrônica, ao som espacial (embora o espaço seja reconhecidamente silencioso) e ainda ao universo dos robôs. O homem pisou na lua pela primeira vez em 1969, e a corrida espacial, que ainda estava em curso em 1973, preencheu muitos dos sonhos com suas espaçonaves a caminho de outros planetas.

Na gravação, "Fala" começava com toques no prato da bateria, logo sobrepujados pela voz de Ney Matogrosso, com um acompanhamento em que se destacava o piano suingado de Emilio Carrera. É na segunda parte, ali pelo um minuto e dois segundos de música, que entra o sintetizador pilotado por Zé Rodrix, soando uma espécie de zumbido, de ondas radiofônicas um pouco distantes, mega-hertz sem sintonia, depois encapsuladas pelas cordas.

Na mesa de som, ao lado do diretor artístico Júlio Nagib e do coordenador de produção Sidney Morais, Moracy do Val torceu o nariz. "Eu não gosto daquilo. Desde o primeiro momento", conta. "Acho exagerado, não precisava. A música já era boa sem aquilo." Mas ele foi voto vencido diante do entusiasmo de João Ricardo e dos músicos.

Ainda hoje, "Fala" é uma das canções do grupo mais regravadas por novos grupos e intérpretes. Ela encerra o lado B do disco de menos de 31 minutos de duração, com treze músicas.

Depois de quinze dias, com noventa horas de gravação, o disco estava concluído. Ao ouvir as faixas e decidir em quais posições seriam dispostas, João e Moracy, o mais experiente do grupo, decidiram por abrir o trabalho com "Sangue latino", cuja primeira sonoridade lançada aos ouvidos é o baixo oco e melódico de Willy Verdaguer. O arranjo criado por ele nunca mais deixaria de se associar à canção e mesmo ao grupo. A alegria com o trabalho finalizado marcaria o início do sucesso brutal e inesperado da banda, assim como as discórdias geradas pela montanha de dinheiro trazido, pela multidão de fãs e pelo ciúme provocado entre todos os integrantes. A data: 8 de junho de 1973. Era o início de tudo, e hoje pode ser visto como o fim de tudo.

9. FLORES ASTRAIS

Em 1973, a Continental destinou cerca de 100 reais (valor nos dias de hoje) para a produção da capa do primeiro disco do Secos & Molhados. Era uma quantia irrisória, insuficiente para a remuneração de um bom profissional.

Sem ser encarado como um problema por João Ricardo e Cia., nem chegaram a pensar em uma solução. Todo o processo estava acontecendo muito rápido — os primeiros espetáculos na Casa de Badalação e Tédio, com sucesso inesperado; Moracy do Val e sua proposta de ser empresário do grupo; a despeito de todos os prognósticos contrários, o contrato com a Continental; num prazo de quarenta dias, a montagem do repertório; a entrada no estúdio; e a gravação do disco em quinze sessões de seis horas cada. "E agora a capa, como era isso mesmo?", pensou João Ricardo, aturdido com a rapidez dos acontecimentos.

Em retrospecto, os dez meses de ensaio, de construção de uma identidade musical, durante 1972, podem ser vistos como uma planície calma e povoada de ventos leves e saborosos. Dali em diante, até o final do grupo, em agosto de 1974, jamais haveria semelhante tranquilidade.

O Secos & Molhados estava prestes a ser engolido por uma golfada de números e recordes ainda não superados em toda a sua extensão, passados mais de quarenta anos. Envolvidos por tormentas, ciúmes e desconfianças, além da fama repentina e desestabilizadora.

Em meados de maio de 1973, João Apolinário, pai de João Ricardo, montou uma grande festa para a entrega dos primeiros prêmios da APCA, da qual era presidente.

Por isso, quem estava no TUCA, o emblemático teatro paulistano ligado à PUC, no bairro de Perdizes, sabia que participava de uma noite especial, de forte significado político. Críticos e artistas davam apoio em peso à associação renovada e fortalecida. Compareciam os mais importantes da música, da televisão, do teatro, das artes plásticas e da dança brasileira. Entre os premiados, a atriz Dina Sfat por seu papel na novela *Selva de pedra*, escrita por Janete Clair; Paulo Gracindo por sua interpretação do bicheiro Tucão, em *Bandeira 2*, de Dias Gomes (marido de Janete Clair); Nélida Piñon pelo romance *A casa da paixão*; e o poeta Gerardo Mello Mourão por *Peripécia de Gerardo*.

Titular de uma coluna teatral no jornal *Última Hora*, o poeta e crítico teatral João Apolinário montou uma festa com várias apresentações musicais. Entre elas, um pequeno show do Secos & Molhados.

Logo na entrada do teatro, Apolinário, recepcionando premiados e convidados, deu um forte abraço em Antônio Carlos Rodrigues, seu antigo companheiro no *Última Hora*. Ele estava ali para receber o prêmio de Melhor Fotógrafo de 1972 por sua mostra no MASP. Apolinário tratou de puxá-lo para o lado, e cochichou em seu ouvido:

— Preciso que você me faça um favor. Sabe o João Ricardo? Ele está terminando de gravar um disco com a sua banda...

Nos tempos do *Última Hora*, João Ricardo havia se aproximado de Antônio Carlos, que tinha convidado João para trabalhar em seu curta-metragem *O desfile dos chapéus*, adaptado de um conto do escritor mineiro Aníbal Machado. Curiosamente, João participaria como ator, e não como músico. Apolinário aguardou alguns segundos para flagrar a reação de Antônio Carlos, e continuou:

— Gostaria que você fizesse a capa do disco deles.

O fotógrafo balançou a cabeça, em um movimento difícil de definir entre concordância ou hesitação, e Apolinário, sempre muito assertivo, o fulminou com uma convocatória:

— Você precisa ajudar o João Ricardo porque a gravadora não está dando dinheiro para nada. Não tem nem dinheiro para fazer a capa... — disse, com olhos fixos no interlocutor, para concluir: — Por isso quero que você o ajude — e arrematou com um carinho: — Você é muito talentoso, vai fazer uma coisa bonita.

— Faço sim — conseguiu responder Rodrigues. — Peça para ele me ligar.

— Obrigado, sabia que poderia contar com você. Eles vão se apresentar ao final dos prêmios. Assista e me conte mais tarde — disse Apolinário, afastando-se para abraçar outro convidado e dando como finalizada sua abordagem.

Rodrigues se recorda de João Ricardo subir ao palco do TUCA seguido por Ney Matogrosso, Gérson Conrad e Marcelo Frias, todos de jeans e camisetas, para apresentar algumas canções. Foi a primeira vez que assistiu ao Secos & Molhados. "Não foi nada marcante", relembra. Até gostou das músicas, "mas não me pareceu nada de diferente". Ao final o grupo foi aplaudido de forma protocolar, relembra.

Cerca de um mês mais tarde, João Ricardo, Ney, Gérson e Marcelo surgiram no estúdio de Rodrigues, uma casa charmosa na rua Groenlândia, no Jardim Europa. Haviam acabado de gravar o disco, estavam entusiasmados. João Ricardo e Gérson, dias antes, tinham visitado Rodrigues em seu sítio, em Diadema, para discutir a capa. Após os cumprimentos habituais, Rodrigues colocou na mão do quarteto um exemplar da revista *Fotoptica*. Foi direto:

— Queria que vocês dessem uma olhada nessas fotos. Poderíamos fazer uma coisa parecida, algo experimental. Se toparem, faço a foto.

E continuou depois de alguns instantes, após observar como folheavam a revista:

— Vocês não têm dinheiro, o.k., vamos fazer a foto, vocês ganham um pouco e depois voltam para me pagar — disse, loquaz, sorrindo levemente e observando o trio, em especial João Ricardo. Para ele não se tratava de ganhar dinheiro. Atendia ao apelo do amigo Apolinário, e, além disso, a capa seria um bom veículo na divulgação de seu nome e de seu trabalho.

Desde a inesquecível capa de *Sgt. Pepper's Lonely Hearts Club Band*, dos Beatles, o disco se mostrou um excelente meio para estampar a obra de artistas. Eram milhões de cópias circulando de mão em mão, entre todo tipo de gente. Quase sempre jovens. Ajudava a construir mitos e ícones. Um dos pais da Pop Art americana, Andy Warhol, mestre em descobrir oportunidades de fazer suas imagens circular a partir dos suportes mais inusitados, desde o final da década de 1950 desenvolveu trabalhos para artistas como os jazzistas Count Basie e Thelonious Monk, entre outros. Ele entraria definitivamente na história da música contemporânea, em 1967, ao fazer a capa do primeiro LP da banda nova-iorquina Velvet Underground com a cantora e modelo Nico. Uma imensa banana, estilizada em amarelo com manchas negras, ocupava o centro do desenho. Jamais houve tamanha ousadia, e Warhol, talvez o verdadeiro inventor do marketing, catapultou o grupo e seu próprio nome mundo afora. O Velvet ficou conhecido como a banda do Warhol. Mas isso não tinha a menor importância. Todos ali ficaram felizes.

Quem sabe, com o Secos & Molhados, poderia ocorrer algo semelhante. Rodrigues observava o interesse dos três ao folhear a revista.

— Você quer fazer igual? — perguntaram.

— Sim... Vou colocar a cabeça de vocês na mesa. Como o nome é Secos & Molhados, minha ideia é esparramar pela mesa algumas coisas de comida. Vamos assumir o conceito do nome, que é muito bom.

Eles seguravam o exemplar da revista e se entreolhavam, em silêncio. Nas páginas internas, uma matéria especial, em dez páginas, estampava as fotos da mostra individual de Antônio Carlos Rodrigues. Até aí, tudo bem. Mas a imagem principal, apontada pelo autor como ideia para a capa, trazia a cabeça de uma mulher posta sobre uma mesa. O rosto estava fortemente maquiado, em tons claros e escuros, com realce agravado nos olhos e nos lábios negros. Era um primeiro plano, com a expressão estalada em direção ao espectador. A cabeça separada do corpo era da modelo Ceni Câmara, mulher de Rodrigues à época; surgia apoiada em uma mesa com toalha branca, sem qualquer objeto à sua volta, só um lenço preso no cabelo. Provocava um impacto aquela cena. Como a banana de Warhol.

A foto integrou a mostra de Rodrigues no MAM Rio (Museu de Arte Moderna do Rio de Janeiro) em 1971 e ainda ocupou o mezanino do MASP, em 1972. Foi justamente por esse trabalho que Rodrigues ganhara o prêmio de fotografia da APCA. Em 1973, tinha pouco mais de 27 anos e era um profissional experiente. Filho do pintor Augusto Rodrigues, primo do dramaturgo Nelson Rodrigues, trabalhara em diversos veículos de São Paulo e Rio, e tinha acabado de chegar de uma temporada de alguns anos na Europa.

Estudara na Escola de Cinema da Polônia, em Lodz, por onde Roman Polanski também havia passado. Seu interesse pelo cinema tinha começado anos antes, quando chegou a trabalhar com o cineasta Rogério Sganzerla, diretor de *O bandido da luz vermelha*. Na Paris do início dos anos 1970, dedicou-se mais à fotografia e ao desenho. Logo estampou seu trabalho na *Vogue* francesa, vendeu suas fotografias na galeria Garnier Arnoul e se tornou amigo do diretor franco-argentino Victor García e do coreógrafo francês Maurice Béjart, para quem registrou muitos de seus espetáculos.

"Me lembro de Béjart me perguntando se eu já tinha visto um Cristo naquela posição, enquanto assistíamos à sua coreografia para *Nijinsky, clown de Dieu*. 'Não, nunca vi', eu repetia", relembra Rodrigues.

Foram bons aqueles anos. Com Victor García havia formado uma dupla inseparável; rodavam os bulevares parisienses, iam a festas intermináveis e, numa daquelas madrugadas de boêmia, chegaram a ouvir o trompetista Miles Davis, bêbado, tocar por um longo tempo no meio de uma praça, de pura farra. Só mesmo em Paris...

García, nome capital da vanguarda europeia nos palcos, havia se tornado seu amigo ainda no Brasil, na década de 1960, quando mudara a cena teatral brasileira. Estava dirigindo as históricas montagens de *Cemitério de automóveis*, de Fernando Arrabal, e *O balcão*, de Jean Genet, no Teatro Ruth Escobar. Como centenas de espectadores, ao ver os dois espetáculos, Rodrigues ficou boquiaberto.

De volta ao Brasil, depois de uma estadia na Europa, um tanto assustado com as prisões ordenadas pelo regime militar, Rodrigues se perguntava se tinha tomado a decisão certa ao trocar a liberdade parisiense pelo sufoco imposto pela ditadura do general Médici. Ia aguentar aquilo até quando? Mas naquele momento sentia que deveria ultrapassar sua angústia, e perguntou a João Ricardo:

— E aí? Vamos seguir essa ideia?

João Ricardo, Ney e Gérson, balançaram a cabeça em sinal positivo. Marcelo Frias não fez gesto algum. Mal sabiam, estavam dando o.k. para serem atores de uma das capas de disco mais chocantes do país.

Marcaram a sessão de fotos para dali a alguns dias. Era meio de junho, inverno pesado em São Paulo. Chegaram no início da noite: João Ricardo, Ney, Gérson e Marcelo. Marcelo não parecia muito confortável, quase um peixe fora d'água. Por trás de sua presença havia um enredo, então desconhecido por Rodrigues e ainda não finalizado, cujo desfecho só viria a ocorrer quase dois meses depois. O enredo guarda semelhança com grosseiros desentendimentos, uma pitada de drama (para quem ficou de fora) e, queiram ou não, algum preconceito.

Ao longo dos ensaios e da gravação do disco, com a afinação entre o trio original e os músicos contratados, Willy, Emilio, Marcelo, John e Gripa, havia um clima de que todos ali integrassem o grupo em um único corpo. Secos & Molhados contaria, então, com oito integrantes, deixaria de ser um trio — algo que se cogitava principalmente durante as sessões nos Estúdios Prova.

A ideia, oferecida por João Ricardo e discutida entre os músicos, bateu na trave. Colocadas na mesa, eram muitas as possibilidades para aqueles músicos — como trabalho solo, jingles em estúdio, discos de outros artistas etc. —, e nem todos desejavam se prender a um único projeto. Não houve consenso. Havia ainda uma velada má vontade no relacionamento com João Ricardo, dado o seu jeito arrogante — um adjetivo usado por muitos de seus colegas à época.

Sob tais escusas, ou discretas ressalvas, escondia-se uma linha tênue entre o preconceito e a recusa pura e simples. À época, mas ainda sem o escracho que os tornaria emblemáticos, o trio havia começado a fazer leve pintura no rosto — o figurino de pirilampos teatrais viria na sequência. Ney tinha começado — na verdade, àquela altura, somente com purpurina, espalhada pelo rosto, com um lápis preto em torno dos lábios. João Ricardo e Gérson, meio reticentes, lançavam mão do adereço com maior parcimônia. De seu lado, no entanto, os músicos haviam se recusado a aderir ao figurino. Não queriam se integrar àquela festa, e diziam não à proposta de colocar qualquer cor na cara. Ficavam mal-humorados com a tentativa de serem postos na mesma cena. "Aquilo não era para nós", relembra Carrera. "Nós éramos músicos."

Fica claro, mesmo num microcosmo, que o que se gestava a partir da postura de Ney Matogrosso — depois encampada por João Ricardo e Gérson — sofria uma forte clivagem, inclusive dentro do chamado mundo artístico, onde, reza a lenda, as ideias e experimentações circulam com mais liberdade. "Não queríamos pintar o rosto", volta a dizer Carrera, acrescentando: "Ficava legal neles, nós estávamos ali para tocar."

FLORES ASTRAIS

O elemento teatral ou performático, trazido por Ney, com sua liberdade de gênero, esbarrava nos seus colegas. "Não sou homossexual, gosto de mulher, sempre gostei. Não tenho nada contra, mas aquela não era minha trip — nem dos outros músicos...", diz Carrera. "A gente não tinha nenhum preconceito, só que aquilo não era nosso."

A purpurina era uma das questões. A outra, tão importante quanto, o acordo financeiro. Como parte do grupo, os músicos deixariam de ganhar cachês por sessões de gravação e por apresentações. No novo acordo, passariam a dividir as porcentagens de venda dos discos e do resultado dos shows.

Pesados os fatores — usar maquiagem; deixar de ganhar cachês; e ainda ficar só no risco —, era muita coisa posta na corda bamba. Cada qual ponderou à sua maneira, e optaram por continuar como músicos contratados. Nenhum deles — inclusive o trio original — imaginava o ciclone prestes a se formar em torno da cabeça, com recordes de vendas e público histérico em ginásios lotados. Ninguém acreditava que estariam nos próximos quinze meses dentro de uma barafunda jamais vista no mercado da música brasileira.

Óbvio que todos se arrependem da decisão. "Quem poderia imaginar que seria todo aquele sucesso?", lamenta Willy. O arrependimento de Carrera é ainda maior: "Não cobramos nada pelos arranjos, éramos muito ingênuos."

Apenas o baterista Marcelo Frias, argentino assim como Willy, do núcleo original do Beat Boys, concordou em fazer parte do grupo. Pelo desfecho, percebe-se que sua decisão foi tomada de rompante, sem muita reflexão. Naquele instante, integraria a banda, não mais um trio, agora um quarteto.

Quando entraram no estúdio fotográfico, João, Ney, Gérson e Marcelo encontraram Rodrigues entusiasmado. Ele logo mostrou o cenário montado. Ao centro, uma mesa coberta por toalha branca, cercada com potentes refletores de abas largas. Com dinheiro do próprio bolso, havia comprado os hoje famosos ingredientes da foto da capa — garrafas de vinho, pão, cebola, linguiça, barras de doce, grãos e azeites. E pratos de papelão laminado onde seriam postas as cabeças. "Não tinha grana para a produção", relembra. "Nem para me pagar", sorri.

175

Rodrigues, junto de sua assistente, contou como seria feita a foto, discutiu a posição deles na mesa. Depois de algumas conversas, ficou combinado: num primeiro plano, Ney à esquerda; levemente atrás, João à direita; ao fundo, à esquerda Gérson e à direita Marcelo. Rodrigues contou a eles que se inspiraria no seu último trabalho, possuía ligação com o clima político do Brasil, com a censura imposta pelos militares, a prisão de opositores do regime, os desaparecimentos de militantes políticos. "Eu vivia fora daqui. Voltei e esse clima me deixou muito deprimido, com medo, todos nós vivíamos com medo no Brasil", conta.

Na primeira foto, feita com sua mulher, Ceni Câmara, Rodrigues havia pedido um tipo de pintura bastante pesada ao cabeleireiro e maquiador Silvinho — famoso à época por sua exuberância nas produções de moda —, "para evidenciar o clima", estabeleceu. "Quero um trágico iluminado", encomendou.

Diante do quarteto, para aflição de todos, exceto Ney, o fotógrafo deu a eles uma bolsa com diversos tipos de maquiagem. Disse que gostaria que estivessem todos pintados. Pensando na foto, Ney levara colar, brincos e uma bandana com motivos geométricos, para colocar na cabeça. Logo começou a se maquiar. Rodrigues conta que sugeriu o recorte dos olhos mais marcados, em preto. Ney já havia pensado em algo semelhante, tendo os personagens do teatro Nô como inspiração. Ali, tratou de reforçar o contraste entre o preto e o branco — de acordo com o modelo japonês. "Eu fui orientando ele, dizendo como ficaria melhor. Ele também contribuiu bastante." E tinham como guia a foto feita para a revista *Fotoptica*. A diferença é que no primeiro registro havia apenas a maquiagem e a cabeça cortada na mesa, mas sem a comida, os pratos de alumínio. "Isso entrou por causa do nome do grupo", conta.

João Ricardo e Gérson foram com mais receio à bolsa de maquiagem. Ao final, Gérson trazia os olhos circulados por uma tinta branca; e João aplicou com parcimônia leve base branca ao lado direito do rosto. Em primeiro plano, Ney daria o tom ao grupo, além de introduzir a androginia: a sua imagem seria o ícone definidor da banda. Seu rosto todo pintado, em branco e preto, com feição séria, olhar fixo, além da bandana à cabeça, levaria ao público um ar de mistério e destemor. No momento em que os brasileiros pensantes tinham medo, sua feição corajosa destoava.

E Marcelo Frias? Bem, esse não teve jeito. Recusou-se a participar daquele tipo de festa. "Não sou palhaço para me apresentar com a cara pintada", protestou. "Não quero me pintar", disse, colocando o pé na porta. "Não conseguimos fazê-lo pintar o rosto. Não quis mesmo. Disse várias coisas, que não e não...", lembra Rodrigues.

Depois de várias discussões, com Marcelo protestando contra a maquiagem, para desagrado do fotógrafo, feitos os ajustes, aparadas as múltiplas questões, iniciaram a sessão. "Que pessoal problemático", lamentou Rodrigues. No fim, Marcelo trazia no rosto uns míseros pontos de tinta, quase imperceptíveis. Na capa, surgiu com uma cara fechada, como que contrariado. Puto estava — o que seus amigos iriam dizer?

A noite estava muito fria, e a sessão durou horas. Avançou pela madrugada, até que Rodrigues, após vários rolos e dezenas de chapas, deu o trabalho por encerrado. Sabia que tinha em mãos, ali naqueles registros, material excelente. "Senti na hora", conta. Sabia ainda que mudaria o curso do grupo ao introduzir outra nuance na identidade deles. "Antes eles não cantavam maquiados; isso aconteceu depois da sessão no meu estúdio. Pena que eles nunca me agradeceram", lamenta. "Está cheio de fotos deles cantando sem pintura no rosto. Foi antes de me conhecerem." De fato, uma rápida busca na internet traz muitas imagens da banda com o rosto ao natural, em apresentações públicas ou mesmo em fotos de divulgação de espetáculos.

As fotos para a contracapa seriam feitas dias depois no sítio de Rodrigues, à beira da represa Billings, em Diadema, na Grande São Paulo. Não haveria pintura, adereços ou acepipes jogados à mesa. Nem cabeças cortadas. Foram feitas ao ar livre, sob a luz natural. Rodrigues fotografou os quatro, separados, dando destaque aos rostos limpos, sem maquiagem. Todos são identificáveis: Ney olha numa lateral, em contraposição a Gérson; João Ricardo tem o rosto virado para o alto; e Marcelo, bem, Marcelo tem o rosto voltado para baixo, com os longos cabelos escondendo suas feições; é difícil identificá-lo. Parece vingança.

Com as fotos escolhidas na mão, Rodrigues procurou seu amigo Décio Ambrósio, diretor de arte ligado à publicidade, para desenhar o layout da capa. Por certa generosidade, a Continental permitiu que fizessem um álbum com duas folhas, abertas, o que implicaria mais custos para a gravadora. Vale dizer que a concessão demonstrava, se não uma aposta, ao menos uma deferência, em especial porque raros eram os lançamentos de estreantes em capa dupla. Também foi só. Não foi aplicado verniz na capa, não havia nenhuma sofisticação gráfica.

Os quatro surgiam logo em primeiro plano, com o rosto em destaque. Ambrósio aplicou uma letra arredondada em tons avermelhados, no alto, ao centro: Secos & Molhados. "Não queria que colocassem nada; só a imagem", diz Rodrigues. Abrindo, na parte interna, com fundo branco, vieram a ficha técnica e as letras das canções. De novo, o nome encimava todo o texto. Na parte de trás, sob um fundo negro, os quatro elementos, cada qual encaixado em um gomo de vidraça. É o único instante no qual eles surgem não como personagens, mas à paisana, dando o rosto às claras.

Já com o disco na prensa, o baterista Marcelo Frias quis deixar o grupo. Tal como os outros músicos, preferia continuar como contratado — e não mais no papel do quarto elemento do Secos & Molhados. João Ricardo, é claro, não gostou. E o motivo apresentado tornava o cenário ainda pior. Frias não suportou as gozações dos músicos, seus colegas: "Xi, vão dizer que você é veado." "Você também se maquia agora, Marcelo?" "Como a sua família vai reagir?" "Pintura de veado"...

Os músicos não se consideravam homofóbicos. No entanto, apesar de conviverem com gays, trabalharem com gays, serem amigos de gays, não queriam jamais ser confundidos com gays. Continuava sendo um momento delicado no universo de gêneros.

Com a nave em ponto de decolagem, Frias não aguentou a gozação dos colegas: não, não queria mais ser membro do grupo. Caso João Ricardo insistisse, preferia até ir embora de vez. Nem a interferência de Gérson Conrad, preocupado com o que a gravadora pudesse achar daquela bagunça, levou Frias a mudar de ideia. Moracy do Val, o mais experiente de todos, também o mais velho, ficou contrariado com a posição do baterista.

— O disco vai sair com você na capa… e você já não será um integrante do grupo… isso é muito chato — argumentou.

Frias, receoso e assustado com os futuros boatos sobre sua masculinidade argentina, colocou sua última carta à mesa: iria embora então.

Sua saída seria um desastre maior. Poderia ocorrer uma rebelião: talvez Willy e Emilio Carrera se mostrassem solidários, saindo juntos. Só de imaginar o caos, Moracy tratou de fumar dois cigarros seguidos.

— Não, não, não é para tanto — chegou a dizer.

Acertou-se o inevitável: Frias deixaria o primeiro plano. Mas permaneceria como baterista contratado — além do mais, pelo óbvio: não havia tantos bateristas de seu quilate disponíveis no mercado. O disco sairia com ele na capa: não havia mais tempo hábil para segurar a impressão na gráfica e ainda fazer novas fotos. Com o tempo, a história se tornou um folclore: o cara que pulou fora do maior fenômeno fonográfico da década com o trem já em movimento com medo de ser chamado de veado.

O imbróglio com Marcelo Frias levou João Ricardo e Moracy a rearranjar a divisão do butim. Antes da gravação do disco, ainda com o sonho de um dia estarem no mercado, haviam combinado uma divisão em quatro partes iguais, sendo elas: João Ricardo, Gérson Conrad, Ney Matogrosso e Moracy do Val. Por um tempo, o baterista ficou com a quinta parte. Com a sua saída, o acerto voltou ao termo anterior. Bem, mais ou menos, porque segundo Gérson o número de composições a figurar no disco deveria ser meio a meio. No fim, só ficaram duas dele: "Rosa de Hiroshima" e "El Rey", em parceria com João Ricardo.

E Ney Matogrosso? Como ele não compunha, apenas cantava, e, portanto, não teria ganho sobre os direitos autorais das canções, de início houve a ideia de que ficasse com um percentual maior pelos shows. Bem no espírito da época, chegou-se a um outro desenho: todo o butim seria dividido em quatro partes iguais. Inclusive o dinheiro arrecadado com a vendagem do disco.

Todos, com exceção de João Ricardo, corroboram essa versão. Segundo ele, o lucro dos shows seria dividido entre quatro partes iguais, como de fato ocorreu, mas jamais os direitos autorais das canções.

Em geral, acordos de parceria sempre ocorreram — obedecendo a uma lógica comercial e de cumplicidade. No rock, dois dos exemplos mais renomados envolvem John Lennon e Paul McCartney, nos Beatles, e Mick Jagger e Keith Richards, nos Stones. Eles sempre assinaram suas canções com o nome da dupla: Lennon-McCartney e Jagger-Richards. Embora muitas delas tenham sido compostas por apenas um deles. Como é o caso do clássico "Yesterday", creditado a Lennon e McCartney, quando se sabe publicamente que o autor foi apenas Paul.

Semelhante acordo, no Brasil, envolve a dupla Roberto e Erasmo Carlos, que assina conjuntamente centenas de canções. Mas o tempo e as revelações de Erasmo escancararam as paternidades reais, abrindo a caixa-preta da parceria.

A divisão do dinheiro, fosse da vendagem dos discos ou dos espetáculos, em quatro partes iguais quando discutida e acertada antes da decolagem da nave trazia impresso o espírito daqueles anos contaminados pela filosofia hippie do desapego às coisas materiais. Dividir também era uma forma de envolver todos no mesmo sonho.

O problema seria o sucesso descomunal a ser vivido por aqueles quatro cavalheiros — os três artistas e o empresário — depois do acerto em fio de bigode. Sim, porque houve entre eles apenas um contrato bastante genérico, de cláusulas vagas — confiava-se na palavra empenhada. Pode parecer um absurdo aos olhos do século XXI, no entanto era como as engrenagens funcionavam na época. Havia um desejo enorme de realizar as coisas, de colocar logo o carro na rua. A máquina cultural vinha calcada quase que exclusivamente na intuição — e na experiência. Sabe-se que a experiência nem sempre leva a algum lugar. O baterista Marcelo Frias tinha muito mais estrada do que seus jovens companheiros. Nem por isso captou o que estava por vir...

Embora João Ricardo não assine embaixo na versão de que colocara os direitos autorais do disco no bolo a ser dividido em quatro partes iguais, a história contada por Ney, Gérson e Moracy encontra eco na indústria fonográfica do período. Ainda não tinha havido uma explosão na vendagem de discos, como ocorreria em seguida. Em termos de grandes números, não se contava com cifras astronômicas levantadas no balcão das lojas. Tivesse aberto mão de parte de sua renda, o que ele nega, seu gesto de desprendimento não teria sido visto como um desatino. O maior vendedor de discos da época, Roberto Carlos, vinha se consolidando no posto, apesar de sobressaltos, desde o final da década anterior. Quando surgiu o Secos & Molhados, tudo engatinhava. Não havia a ideia de consumo ou sociedade de massas, no Brasil, um país que ainda era uma economia pequena, apesar de seus cerca de 100 milhões de habitantes.

A indústria fonográfica, assim como outros setores da sociedade brasileira, se profissionalizava vigorosamente. O Brasil se tornava urbano. E sua indústria passou a ser mais contemporânea, profissional. O país se conectava com a atualização tecnológica mundial, depois de viver por décadas com a cara enfiada na agricultura de baixa produtividade. O reflexo no cotidiano da população era visível, fosse na garagem (os carros nacionais) ou nas salas e cozinhas, agora mobiliadas com televisão, aparelho de som e geladeiras: notava-se uma produção robusta.

A área de entretenimento também foi beneficiada pelo novo fluxo industrial. No ano de 1967, quando Caetano Veloso subiu ao palco do III Festival da Record para cantar "Alegria, alegria" e para notar a modernidade brasileira nascente, a indústria nacional havia vendido 725 mil rádios transistorizados e cerca de 425 mil aparelhos de televisão. Seis anos depois, no início da saga Secos & Molhados, o salto é brutal: haviam sido comercializados mais de 3,2 milhões de rádios, perto de 1,4 milhão de televisores em branco e preto e, novidade tecnológica de 1973, a população havia comprado 152 mil televisões em cores. No ano seguinte, o número dobraria: seriam vendidas 330 mil TVs em cores.

Rádio e televisão se firmavam na década de 1970 como veículos de massa e de união dos brasileiros. As novelas da Rede Globo alcançavam recordes estupendos de audiência, caso de *Irmãos coragem*, de Janete Clair, com o casal Tarcísio Meira e Glória Menezes; costumes do Sudeste, onde está a emissora, se espalham por todo o país, como a autonomia feminina e a consolidação do divórcio.

A música pegou carona com os dois veículos. A indústria fonográfica foi obrigada a se atualizar profissional e tecnologicamente. A qualidade de gravação, assim como as estradas e os aeroportos do país, era arcaica, resultado de baixo investimento.

As modernizações na indústria do disco acompanharam o crescente consumo dos brasileiros por bens culturais. Nos Estados Unidos e na Europa as vendagens bateram recordes seguidos. Por aqui o mercado possuía pouca musculatura, embora os números fossem crescentes. Em 1968, quando Chico Buarque lançou "Roda viva", obra-prima em que flagra a rapidez das mudanças, haviam sido comercializados perto de 9,5 milhões de discos. Em 1973, ano do primeiro álbum do Secos & Molhados, entre os cinquenta discos mais vendidos, dezessete eram de artistas brasileiros, e foram vendidas 22 milhões de cópias de LPs e compactos simples e duplos. Destas, cerca de 1 milhão de LPs trazia o nome Secos & Molhados na capa. De fato, um fenômeno.

São números vistos em perspectiva. À época, na área cultural, os parâmetros de avaliação e de julgamento pouco se ancoravam em tendências econômicas. Apenas os executivos das gravadoras internacionais se viam acossados pela cobrança de suas matrizes. Em geral, valia mais a intuição e o voluntarismo. "Nós queríamos tocar sem parar", comenta Willy Verdaguer.

O profissionalismo improvisado e caboclo pode ser medido por uma cena logo nos primeiros shows do Secos & Molhados contada por Emilio Carrera. "Estava tomando um café na padaria e surgiu o Moracy com um papel pra eu assinar. Devia ser alguma autorização de espetáculo por causa da censura. Assinei ali, ao lado do pãozinho. Aliás, cansei de assinar esses papéis sem ler."

Então, o baterista Marcelo Frias deve ser perdoado por seu desatino em abandonar a banda e optar por ser músico contratado. Ninguém imaginava o que se anunciava para os próximos meses.

10. O HIEROFANTE

Logo após o término das gravações, enquanto os técnicos finalizavam a mixagem das faixas, Moracy do Val acionou seus amigos na imprensa. Pediu a eles algumas notinhas sobre o grupo. Foi rapidamente atendido. Na *Pop*, à época a revista mais lida entre os jovens interessados em música, algumas linhas dão conta do lançamento do "primeiro LP do Secos & Molhados, grupo formado por João Ricardo, Ney Matogrosso, Gérson Conrad e Marcelo Frias". Na foto, Zé Rodrix, João Ricardo e Gérson, sob o título "Zé Rodrix com eles". A nota finalizava: "Zé Rodrix entra em três faixas." Nada a estranhar. Zé Rodrix, naquele momento, já com uma carreira em ascensão, emprestava seu prestígio ao grupo — e estaria, em pouco tempo, no centro de um episódio folclórico na história do rock internacional.

Além de alimentar a imprensa, Moracy, antes de o disco chegar às lojas, decidiu levar aos palcos a sonoridade esculpida em horas de estúdio. Funcionaria como um esquenta — ou como um laboratório de testes.

Uma coisa poderia ajudar outra, isto é, os espetáculos serviriam para testar o que já tinham elaborado nas sessões de gravação. Um verdadeiro rio Amazonas sonoro separava o que o grupo havia apresentado meses antes na Casa de Badalação e Tédio, sob arranjos magros e tímidos, bastante acústicos, e o que fora forjado com a chegada dos músicos, Willy Verdaguer à frente. Houve um tremendo salto. O grupo saíra de um som plasmado ao Crosby, Stills, Nash & Young para uma identidade particular, urbana, com influências escancaradas de várias fontes. Roqueiras, acima de tudo.

Moracy sentiu o sangue nos olhos de todos, sentiu que havia fôlego a ser canalizado fora do estúdio, e ofereceu algumas apresentações antes do show de lançamento. A reação de alegria de todos à ideia foi unânime. De fato, eles estavam com os cascos afiados, loucos para correr trecho.

Em meados de 1973, o ator e empresário Altair Lima dirigia o Teatro Aquarius. Ele era um tipo de fala grossa e sorriso fácil, encantava a todos com seu jeito galante de contar histórias. Instalado na rua Rui Barbosa, miolo do

Bixiga paulistano, apresentava espetáculos de profunda identificação com a garotada mais antenada da época. Foi em seu palco que estreou a montagem brasileira de *Hair*, dirigida por Ademar Guerra, em outubro de 1969, poderoso libelo pacifista contra a Guerra do Vietnã. O teatro, inclusive, procurava se identificar com o período, a chamada "Era de Aquarius" — conforme a música mais conhecida do espetáculo, "Aquarius", de James Rado e Gerome Ragni, autores ainda das letras para as canções de Galt MacDermot.

No elenco da peça, entre outros, os jovens Antônio Fagundes, Ney Latorraca e Sônia Braga. Willy Verdaguer e Marcelo Frias também integraram a banda de apoio da montagem — grande sucesso do período ao narrar por meio de um rock musical as utopias de um grupo de amigos desafiando o establishment: um dos personagens vê sua vida de desapego às coisas materiais e de harmonia com a natureza se esboroar ao ser convocado pelas Forças Armadas para lutar na Guerra do Vietnã.

Hair ficou meses em cartaz, com casa lotada, atraindo ao Bixiga jovens de bata, chinelo de couro, com cabelo longo e perfumado com patchuli. Após o sucesso da montagem, Altair Lima, sintonizado com a ebulição contestadora do período, abrira o leque de suas atrações ao abrigar na programação os novos nomes surgidos no cenário musical. Ali os grupos de rock, de variados estilos, do progressivo ao experimental, encontraram palco e público sedentos. Fizeram dali sua casa. De repente São Paulo se tornaria um ninho produtor de bandas roqueiras, como Som Nosso de Cada Dia, Patrulha do Espaço, O Terço e Joelho de Porco, entre várias outras expressões. Ou de artistas solo como o contundente Walter Franco.

Nada a estranhar. O ano de 1973 marcou o surgimento de uma folhagem explosiva na música brasileira. Além dos já citados, deram as caras no período Luiz Melodia, Raul Seixas, João Bosco, Sérgio Sampaio, e ainda se reafirmava Jards Macalé em parceria com o poeta Waly Salomão num movimento ironicamente chamado de "morbeza romântica". Depois da Bossa Nova, na década de 1950, e do Tropicalismo, nos anos 1960, o Brasil parecia de fato caminhar para se tornar urbano, aberto a um diálogo cultural com tendências internacionais.

A oposição à guitarra, em 1973, parecia sepultada por conta de seu anacronismo. Ao menos assim soava aos ouvidos e longos cabelos daquela

O HIEROFANTE

imensa garotada reunida freneticamente em frente aos palcos dos teatros Aquarius e Treze de Maio — outro reduto da juventude contestadora no Bixiga.

Moracy reservou duas datas no Aquarius em meados de julho. Tratou de conseguir mais notinhas nos jornais. Desde as apresentações anteriores, em janeiro, como o empresário havia imaginado, o interesse pelo grupo só crescera. O fato de logo terem sido contratados para fazer um disco dera a eles um destaque dentro da jovem música paulistana. Afinal, quais artistas ganham um contrato com uma gravadora depois de apenas alguns espetáculos underground? Ainda mais um LP inteiro. A isso acrescentem-se os comentários surgidos naturalmente a partir dos espectadores dos primeiros shows. Quem não esteve presente no Ruth Escobar acabou sendo tocado pelo burburinho e agora aguardava a próxima chance.

As duas apresentações vieram com toda a força reunida nos dois meses anteriores durante as sessões de estúdio. Além do trio original, somavam-se Willy, Emilio, John Flavin, Marcelo e Gripa. A mesma formação do disco chegava ao palco, o que daria aos espetáculos um tônus de frescor e pulsação.

As notinhas em jornal, somadas ao boca a boca, levaram ao Aquarius um público capaz de encher a cada dia pelo menos meia casa, talvez um pouco mais. Não foi um sucesso estrondoso, mas já era um início de empatia.

Cerca de quinze dias depois, Moracy deu a sugestão de outra apresentação, também no Teatro Aquarius. Na visão do empresário, o grupo aproveitaria a rebarba dos shows anteriores, além de familiarizar o público com as canções, antes da chegada do disco às lojas, na sequência.

No dia 6 de agosto, uma segunda, a capa do LP surgia no roteiro da Ilustrada, da *Folha de S.Paulo*, com chamada para o espetáculo daquela noite.

Depois das apresentações no Aquarius, acalentado pelos aplausos de uma casa quase lotada, Moracy começou a cultivar uma certeza. Sentou-se na bilheteria, acendeu o milionésimo cigarro do dia e contou a renda arrecadada na apresentação. Depois de tirar o aluguel da sala, pago ali em espécie aos proprietários do espaço, e de separar os valores dos músicos e de outras despesas como aluguel de equipamento, diárias dos técnicos de som e do pessoal de apoio, Moracy repartiu em quatro partes iguais a sobra. Sim, houve sobra, daí o início de sua certeza: aquilo começava a decolar.

Ele avaliava como animadoras as apresentações no Aquarius. Apenas com algumas notas em jornais, uma ou outra inserção na rádio, o grupo havia reunido um bom público. Entre as duas apresentações, identificou pessoas que tinham voltado para assistir ao show mais uma vez. Era o momento de arriscar, ensinavam seus anos de estrada.

De posse da máster do disco e da arte da capa, a Continental produziu 1.500 cópias. Era uma prensagem-padrão, destinada aos lançamentos de baixa expectativa. Mesmo os novos artistas caipiras, nicho principal da empresa, chegavam ao mercado ancorados nessa cifra cautelosa. Se a coisa vingasse, dobravam as apostas. Até lá, a sorte estaria lançada.

A gravadora podia ser pequena, como era, porém possuía notável capacidade de distribuição, descentralizada e eficiente. As lojas receberam o disco no final de agosto e, embora sem qualquer esforço do departamento de marketing da Continental, logo começaram a destacar o produto nas vitrines ou no alto dos balcões, em um movimento espontâneo.

O motivo? A capa de Antônio Carlos Rodrigues. Entre tantas outras, ela se destacava, gerava curiosidade: quem eram aqueles tipos mascarados? Assim como houve um quinto Beatle — o produtor musical George Martin —, Rodrigues poderia ser o quinto Seco & Molhado. Quem se confrontava com a imagem era tomado por um estranhamento. Até então, muitas das capas de disco no Brasil (como as do selo Elenco na Bossa Nova ou as de Rubens Gerchman e Rogério Duarte para os tropicalistas) possuíam sua excelência gráfica, sua beleza. Eram elegantes, mas com pouca eficiência de marketing. Nenhuma delas, no entanto, tinha força para despertar aquilo que o pensador francês Roland Barthes pregava: a arte vale quando incomoda — para o bem ou para o mal; vale se gera certo desconforto, ou aquela comichão na espinha.

A repercussão da capa teve ao menos dois efeitos imediatos no percurso do grupo. Atraídos pela curiosidade da imagem, os lojistas passaram a tocar as principais faixas do disco. Àquela época, dado o número de lojas nos corredores comerciais de São Paulo e do Rio, em especial a execução constante das músicas em alto volume, saindo das caixas acústicas plantadas à frente dos estabelecimentos, atraía os ouvidos de quem passava pela rua. Era uma trilha sonora deliciosa. Tinha efeito igual ao dos alto-falantes nas praças centrais das cidades do Norte e Nordeste, que reproduziam a programação das rádios no espaço público: em poucos minutos, se a canção fosse fácil e agradável, bonita, enfim, rapidamente grudava no ouvido popular, e passava a ser assobiada, sendo levada para casa, para o ônibus ou para o escritório. Era tudo de que um artista precisava: o ouvinte se tornava seu divulgador, espontâneo, refém de sua obra.

O segundo efeito da capa marcou o grupo para sempre: a imagem. A fotografia de Rodrigues aprisionou a banda a um código visual — e não apenas visual, porque trouxe ainda um condicionante de comportamento —, de identificação com questões latentes da juventude internacional. Em poucas palavras: a capa introduziu a questão de gênero no vocabulário comportamental do Secos & Molhados.

Em algum momento daquele inverno de 1973, as palavras assertivas de Rodrigues devem ter soado na cabeça dos integrantes do grupo. Ao apresentar a ideia da capa, diante da indecisão inicial deles em pintar pesadamente seus rostos, o fotógrafo profetizou: "Eles me perguntaram como é que fariam uma capa onde ninguém seria capaz de ver a cara deles. Eu virei e falei assim: não só vocês devem fazer a capa assim, como devem se apresentar dessa maneira."

Assim, a imagem deixaria de ser apenas a foto de quatro rapazes pintados para se transformar em uma referência. De repente, quase por acaso, tudo viria a se juntar em único quadro: as cabeças cortadas na capa, os rostos sérios escondidos sob a pintura, a voz de tom atípico de Ney e sua dança provocativa.

Por certo, o conteúdo de gênero não era algo que permeava as intenções de João Ricardo quando compôs suas melhores canções ou no momento em que perseguia a ideia de criar um grupo. Muito menos de Gérson Conrad. Nenhum dos dois trazia esse tema na cabeça. Com certeza estava na postura e na vida pessoal de Ney Matogrosso — mas ele jamais quis fazer disso uma bandeira, nem um movimento de quadris, nem mesmo depois de se tornarem sucesso onipresente na vida brasileira. A imagem projetada por Rodrigues, escandida por Ney, colocou no caldeirão do Secos & Molhados ingredientes atômicos, à semelhança de pólvora espalhada pelo chão. Seria a primeira vez que a questão de gênero surgiria no Brasil de forma tão explícita, e ilustrada.

De repente e de forma não intencional, o Secos & Molhados passaria a encarnar questões além da temática musical. No Brasil, era pouco comum artistas levarem ao palco ou à mídia assuntos alheios ao universo das canções; quando muito, coisas comezinhas, como quando seus casamentos ou namoros desfeitos chegavam aos ouvidos do público. Opiniões políticas ou discussões comportamentais vieram ocupar a cena de fato com os compositores revelados nos festivais da década de 1960, como Geraldo Vandré ou Caetano Veloso. Mesmo assim, viam-se àquela época circunscritos a uma plateia mais reduzida, sem muita repercussão popular. O cabelão encaracolado de Caetano e até suas batas indianas não ocupavam corações e mentes além dos da classe universitária.

Com os comportados Beatles já separados na década de 1970, e o rock em busca de outras nuances (ou novos produtos...), o inglês David Bowie despontou como um dos maiores gênios da música e, vale dizer, do marketing. De todos os artistas daquele rico período, foi Bowie quem captou o *mood* da juventude e sua necessidade por novos vocabulários e ícones. Se estavam sedentos por histórias fantásticas, até mesmo charmosas, ele tratou de forjá-las sem pudor. Não se furtaria em disseminar inverdades inocentes. A começar pelo seu sobrenome: sua entourage (sempre bem paga) espalhou o boato de que ainda jovem teve um olho cortado em uma briga por uma faca da marca Bowie — daí suas pupilas serem de cor diferentes —, sendo um deles de vidro. Lenda urbana, pura. Parece baboseira, mas provocava o maior embalo nos magazines especializados, como as revistas *Melody Maker* e *Rolling Stone*. Bowie e seu empresário Tony Defries intuíram que o público adorava bobagens — e que os veículos de mídia brigavam pelas bobagens. Ninguém reclamava. Afinal, tudo era show. Até se fazer de mau.

Inspirado por seu empresário, Bowie deu um passo mais ousado: a criação pública de sua bissexualidade. Com a chamada androginia. Numa

O HIEROFANTE

única tacada, duas ações: a imagem e a causa (a mensagem). Na Inglaterra, a prática homossexual havia deixado de ser considerada crime havia pouco, em 1967 (na Escócia só em 1980), e Defries percebeu que essa seria uma causa de forte apelo para envolver seu produto. Tratou de financiar viagens de comparsas do compositor às cidades onde ele se apresentaria em poucos dias, com a tarefa de dar entrevistas à imprensa sobre a bissexualidade de Bowie. Entre um uísque e uma fileira de pó, declaravam aos jornalistas sedentos por fofocas e segredos de alcova como haviam surpreendido Bowie dias antes na cama com esse ou aquele garoto, até mesmo em cenas de ménage à trois, o que rendeu cada manchete... E cada manchete provocou alvoroço e cada alvoroço tornava Bowie ainda mais conhecido e seus shows ainda mais lotados. Ao contrário de um ídolo da década de 1950, como o ator Rock Hudson, que passou a vida escondendo do público sua homossexualidade, naquele início dos anos 1970, o assunto não atrapalhava a carreira de ninguém. Pelo contrário: gerava mais rebuliço.

No palco, Bowie representava sua androginia sem desmentidos, com a imagem ricamente recriada a cada nova temporada. Sempre com maquiagem elaborada. Era uma época boa, todos viviam felizes por acreditar em "Ziggy Stardust" no Natal.

Logo a coragem de Bowie incentivaria outros artistas a assumir a estética andrógina. Ele saía em busca de ascendências e pontes. Em Nova York, tem um encontro hilário com Andy Warhol ("gostei da cor do sapatinho dele", confidenciou o artista plástico), embora sua intenção maior fosse a de estar com o pupilo de Warhol, Lou Reed. Bowie, influenciado pelas gravações do Velvet Underground, de onde havia surgido Reed, emprestaria seu prestígio e sua força comercial à produção do novo álbum do cantor. Tendo como coprodutor e guitarrista o lendário Mick Ronson, braço esquerdo e direito de Bowie, o segundo disco de Reed, gravado em agosto e lançado em novembro de 1972, se chama sintomaticamente *Transformer*.

Um Reed andrógino estampava a capa, com olhos pintados em grossa maquiagem, rosto branco estourado, um personagem enigmático. A foto produzida por Mick Rock projetava a imagem do compositor mundo afora apoiado em canções hoje clássicas como "Perfect Day", "Vicious" e

"Walk on the Wild Side", cuja emblemática letra faz referência à barra pesada de Nova York da época e às drag queens da turma de Andy Warhol, como Candy Darling, Holly Woodlawn e Jackie Curtis. As roupas e a maquiagem delas acabam inspirando as performances do New York Dolls, outro ícone da androginia e do chamado glam rock. Em uma declaração, o vocalista do Dolls, o magnético David Johansen, dizia que não usava vestidos de mulher, e, sim, vestidos de homem. Estava forjado o ambíguo.

Na primavera de 1973, Ney Matogrosso retrucava àqueles que viam nele uma imagem gay por sua maquiagem e performance: "Eu quero ser algo indefinido, nem homem, nem mulher, talvez um bicho." Tal como Nova York, guardadas as proporções, a São Paulo da época ecoava como uma caixa de ressonância de modernidade e ousadia. À semelhança do que havia ocorrido com seus êmulos internacionais, a capa de Rodrigues para o S&M elevou o grupo a um inusitado estrelato. Foram as cabeças cortadas na mesa, maquiadas, que abriram espaço à música.

Numa casa ampla e ensolarada da Estrada do Joá, no Rio, em um fim de tarde nos primeiros dias de setembro, o showman e roteirista Luís Carlos Miele entrou um tanto esbaforido para encontrar com o letrista Ronaldo Bôscoli, um dos idealizadores da Bossa Nova. Estava atrasado. O dono da casa o recepcionava já com um copo de uísque à mão. Sobre a mesa da sala havia um pacote com vários LPs recém-lançados. "São estes que precisamos ouvir?", pergunta Miele. "É o da semana", diz Bôscoli. "Bacana esta capa", comenta Miele ao ver o álbum do Secos & Molhados, enviado por Moracy do Val, também amigo de Bôscoli.

Amigos desde meados da década de 1950, Bôscoli e Miele haviam criado diversos espetáculos com artistas da Bossa Nova em diferentes espeluncas no lendário beco das Garrafas, em Copacabana. Entre outros, ali havia surgido Elis Regina, casada até 1972 com Bôscoli, autor da letra de "O barquinho", musicada por seu parceiro Roberto Menescal, um dos primeiros clássicos do movimento.

Terminada a Bossa Nova, Bôscoli e Miele, entre várias outras atividades, continuaram concebendo espetáculos. Foi assinado pela dupla o modelo de show estrelado por Roberto Carlos na cervejaria Canecão, no Rio, ainda na década de 1970, com a mistura de canções e textos semi-humorísticos, com leve calor sensual. Um sucesso retumbante entre a classe média por vários anos. E agora eles eram os responsáveis pelos números musicais do recém-lançado *Fantástico*, espécie de revista cultural da Rede Globo nas noites de domingo. Posto no ar no início de agosto daquele ano, já alcançava altíssimos índices de audiência.

Na manhã seguinte, Bôscoli e Miele teriam logo cedo uma reunião com Augusto César Vannucci, um dos diretores do programa. Deveriam indicar quais artistas ocupariam a faixa musical no domingo seguinte. Em geral, tratavam de sugerir as canções e ainda o espírito do clipe a ser produzido. Com poucas edições, aquele modelo havia se tornado um dos mais queridos quadros do *Fantástico*.

A noite estava agradável, a conversa também, e Bôscoli e Miele beberam inúmeros uísques. "Foi um porre danado", contaria Miele depois. E esqueceram o motivo de estarem ali reunidos. No dia seguinte, a caminho do Jardim Botânico, sede da Rede Globo, entreolharam-se atônitos quando um deles perguntou o que afinal indicariam como número musical a Augusto César Vannucci. "Ah, vamos sugerir esse da capa com as cabeças", disse Bôscoli, em um rápido improviso.

"Quais músicas?", quis saber o diretor, enquanto, em sua sala na Globo, colocavam o disco na vitrola. Rápidos, treinados e eficientes, malandros e poéticos, responderam: "As duas primeiras do lado A." Parece piada, mas é a pura verdade. Ao ouvirem o baixo de Willy Verdaguer no início de "Sangue latino", os três trocaram olhares. E ao escutarem os primeiros versos cantados por Ney Matogrosso, em seu timbre radiante, Miele e Bôscoli suspiraram discretamente: ufa, não é que haviam acertado? A coisa era boa mesmo: Vannucci balançou a cabeça em aprovação. Já tinham número musical para o próximo programa.

Alguns registros começaram a aparecer na mídia. No dia 12 de setembro, uma pequena nota na seção "Divirta-se" do *Jornal da Tarde* informava sobre o lançamento do disco do Secos & Molhados, no Teatro Itália. Falava das canções roqueiras apoiadas em poemas de autores como Vinicius de Moraes e Manuel Bandeira. Na imprensa paulista da época, o segmento "Divirta-se", editado pelo jornalista Maurício Kubrusly, e a página de rock na "Ilustrada", da *Folha de S.Paulo*, assinada pelo jornalista Carlinhos Gouveia, eram os dois espaços de maior ressonância entre os leitores sintonizados com a cultura universal. A notícia no *Jornal da Tarde*, então, soava como uma convocação.

No primeiro show do Teatro Itália, no subsolo do premiado edifício de mesmo nome, na esquina das avenidas São Luís e Ipiranga, no centro paulistano, o público deixou poucas cadeiras vagas. Pelo roteiro combinado, primeiro entraram os músicos: Willy, Emilio, Marcelo, John e Gripa. De imediato, a introdução instrumental já agitou as pernas de todos. Era um rock melodioso, executado com a perícia dos grandes instrumentistas. Terminada a música, as luzes se apagaram.

Quando a escuridão se rompeu, lá estavam os três S&M, Ney à frente, com o pé esquerdo apoiado apenas na ponta, o direito totalmente plantado no chão, peito nu, rosto pintado de branco e preto nos olhos, pulseiras no braço. Mais umas penas no alto da cabeça. Sua pose estática e desafiadora enchia o teatro. Não sorriu, não disse nenhuma palavra, apenas cantou. Dançava, secundado por João Ricardo no violão de doze cordas e Gérson no de seis. No canto direito, brilhava a cabeleira longa e loira de Willy. Na outra ponta, o piano de Emilio e seu discreto bigode de Charles Bronson. A figura heráldica de John só se destacava por seus solos precisos e candentes. O show não durou mais de uma hora e já foi o suficiente para tirar o fôlego. Quase não houve respiro entre as canções, uma alta performance encadeada na outra. Em pouco mais de 55 minutos o repertório do disco foi repassado. Ao final, a plateia urrava e pedia bis. Frias começou a tocar algumas notas, quando João Ricardo o corrigiu:

— Não, Marcelo, vamos de novo com "Sangue latino".

O baterista estancou e deu uma olhada para Willy, de cujo baixo saltava a lendária abertura logo evidenciada pela batida seca do bumbo e seguida pelos acordes no violão de doze cordas de João Ricardo.

Mesmo sem a cobertura intensa da imprensa, o Secos & Molhados já desfrutava de um sucesso localizado no miolo paulistano. Havia um murmúrio entre o público capaz de girar o interesse pela performance do grupo. Várias pessoas voltaram no dia seguinte, algumas delas levando amigos. "Quem são esses malucos de cara pintada?", Moracy se lembra de ouvir na porta do teatro.

Entusiasmados com a recepção, João Ricardo e Moracy apostaram em mais cinco espetáculos no Teatro Itália. Durante aqueles dias tinham ido ao Rio para a gravação no Teatro Fênix do quadro para o *Fantástico*. Com o disco colocado nas lojas e a capa provocando comentários, já havia uma vendagem em estágio inicial despertando interesse nos executivos da gravadora. Na sexta, a casa lotou pela primeira vez. No sábado, Gérson Conrad se lembra, houve uma surpresa: eram oito da noite e uma fila começava a se formar e logo dobrou a avenida Ipiranga em direção à avenida São Luís. Mais de uma centena de pessoas voltou para casa sem assistir ao show. No domingo, outra surpresa: dobrara o número de espectadores, agora a fila saía do teatro, entrava na avenida Ipiranga e quase se aproximava da rua da Consolação. Os cerca de trezentos lugares da casa não comportaram tamanha audiência, e novamente muitos ficaram sem ingresso.

No palco, o Secos & Molhados decantava sua apresentação, cada vez mais teatral e cinética. A essa altura já haviam se rendido sem restrições à pintura no rosto, e vestiam roupas de seda em cores fortes. Também dançavam mais descompromissados, assumiam o ritmo iconoclasta — meio bicho, meio homem — ditado por Ney. Todo aquele público, reunido por um boca a boca e por pequenas notas nos jornais, impulsionava o grupo a construir sua imagem do que logo seria identificado como Secos & Molhados. Por intuição e talento, a banda oferecia à plateia o mergulho em uma espécie de ficção, de irrealidade. Não oferecia apenas música, excelente música, mas, sim, uma narrativa aberta a outros universos. O público estava acostumado à tradicional MPB, com shows competentes e de pouco movimento. O S&M colocava no palco um espetáculo musical plasmado no teatro, sem reprodução da realidade, mas de outra camada, a do sonho. Em um momento brasileiro de tanto pé no chão e discussões políticas atadas à realidade imediata, pela primeira vez um grupo de música nacional contagiava as plateias com algo semelhante a um enredo onírico. Alguns chamavam a isso de desbunde. Era um delírio.

Às oito da noite do domingo, as manchetes iniciais do *Fantástico*, nas vozes de Miele e de Sandra Bréa, chamavam a atenção para o clipe de um grupo surgido havia pouco em São Paulo e que já provocava comentários pela performance. Minutos depois, o Secos & Molhados, no figurino da capa, com as cabeças destacadas na mesa, rodeados de acepipes, interpretaria "Sangue latino" e "O vira".

O S&M assistiu ao clipe em uma televisão colocada nos camarins do teatro, antes do início do show. Ao final, Moracy, diante dos sorrisos orgulhosos de todos os membros do grupo, disse um "preparem-se", mas sem ele mesmo ter ideia do que poderia aparecer pela frente. No momento precisavam extasiar uma casa lotada já ansiosa.

A partir daquele instante, sem saber, estariam no centro de um furacão em escala máxima. Foram lançados do anonimato à celebridade em pouco menos de 6 minutos — tempo exato das duas canções atingirem o Brasil.

A audiência do programa em mais de cinquenta pontos colocou a imagem andrógina daqueles quatro cavaleiros nas salas de milhares de famílias. Logo na manhã da segunda-feira as lojas seriam invadidas por pessoas atrás do disco "das cabeças cortadas", ainda não familiarizadas com o nome que nos próximos doze meses se tornaria uma coqueluche brasileira: Secos & Molhados.

1. Jorge Omar, Regina Oreiro, Renata e João Ricardo. À frente: dona Marina, Ney, Maria Alice e Gérson Conrad.

2. Márcio Pantera, Vicente Pereira, Ney e dona Marina. À frente: Maria Alice com Rodrigo Mendonça no colo e Jorge Omar.

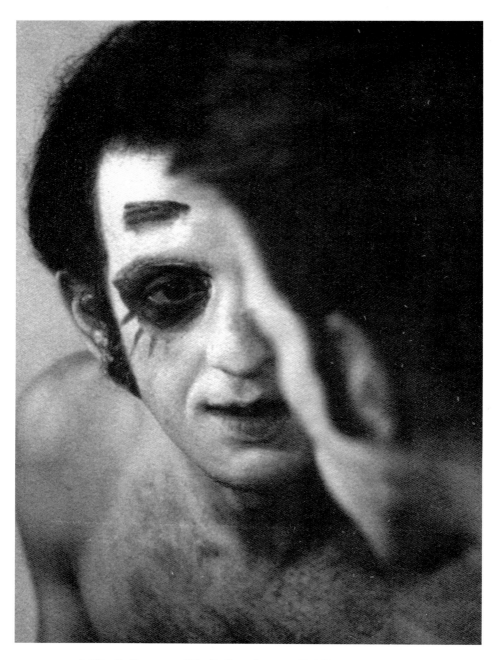

3. Cláudio Tovar com Cláudio Gaya de costas: Dzi Croquettes em cena.

4. Integrantes da turma do Jardim de Alah: Tovar, André Adler, Reginaldo Faria e Paulo Mendonça. Dança, cinema, música e poesia.

5. Cláudio Tovar criou figurinos para Gérson Conrad e João Ricardo.

6. Gérson Conrad no apartamento do Jardim de Alah.

7. João Ricardo no apartamento do Jardim de Alah, onde compôs "Sangue latino".

8. Ney à época em que o Secos & Molhados começou a fazer sucesso: até então, queria ser apenas ator.

9. Ney e Tovar, um Seco & Molhado e outro Dzi Croquette, as duas revoluções de gênero da década de 1970.

10. Paulo Mendonça, André Adler e Maria Alice Langoni.

11. Ney ficou escondido no Jardim de Alah após o fim do grupo.

12. Paulo Mendonça, que batizou Ney como Ney Matogrosso, e André Adler, que sugeriu que Cláudio Tovar doasse seu nome ao cantor — viagens de ácido.

13. João Ricardo e Paulo Mendonça, autores de "Sangue latino", nos bastidores do lendário show do S&M no Maracanãzinho.

14. Luiz Carlos Buruca e Paulo Mendonça, longas tardes de poesia e música.

15. Reginaldo Faria e Tovar, parceiros no cinema.

16. Reginaldo compôs com Paulo Mendonça a primeira música gravada por Ney Matogrosso.

17. Luhli, o anjo que indicou Ney para o S&M.

18. A cantora e compositora Lucina, dupla com Luhli.

19. O fotógrafo Luiz Fernando Borges da Fonseca.

20. Ricardo Bica e Paulo Mendonça.

21. Ney vendeu um despertador para comprar a passagem de ônibus até São Paulo e integrar o S&M.

22. Vicente Pereira, um dos criadores do Teatro Besteirol: Ney viria a produzir *Ladies na madrugada*, de Mauro Rasi, com Vicente no elenco.

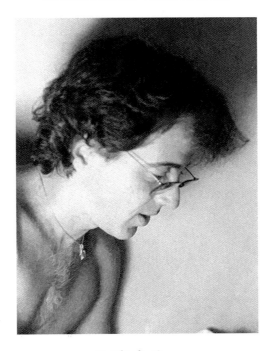

23. Cláudio Gaya.

24. André Adler.

25. Américo Issa, um dos criadores do Dzi Croquettes.

26. Vicente Pereira, integrante da turma do Jardim de Alah.

27. Ney deixou o teatro e o artesanato para integrar o Secos & Molhados.

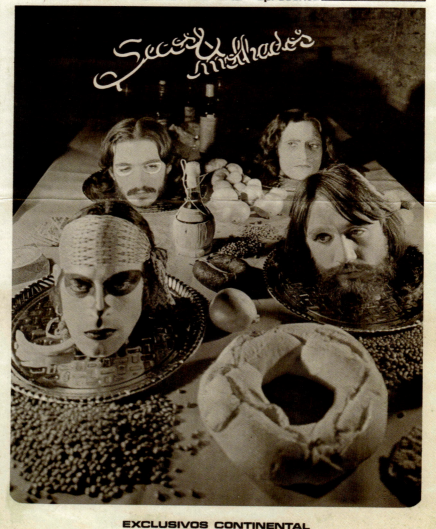

28. Início da expedição: no Teatro Itália, lançamento do primeiro disco. Sucesso desde a primeira noite.

29. Ney quis criar uma persona no palco.

30. Gérson Conrad, autor de "Rosa de Hiroshima", a música mais pedida nos espetáculos do grupo.

31. João Ricardo, o líder criativo da banda.

32. Ney — nem homem nem mulher, um bicho.

33. Cláudio Tovar, do Dzi Croquettes, desenhou figurinos para Gérson Conrad.

34. Ney se inspirou no teatro japonês para pintar o rosto.

35. S&M em performance: pela primeira vez, o espetáculo musical no Brasil mesclava teatro e cinema, mergulhando o público no irreal.

36. Depois do término do grupo, Ney construiu sua trajetória como um dos mais respeitados intérpretes da música brasileira.

37. Na década de 1970, Ney colocou a questão de gênero na macarronada de domingo do brasileiro.

11. VOO

As 1.500 cópias prensadas pela Continental não duraram duas semanas nas lojas. Diante da inesperada procura, a gravadora percebeu ter nas mãos um provável fenômeno. Até para os experientes vendedores da empresa se tratava de algo um tanto incomum — milagres existem, mas não ocorrem com frequência. A tiragem inicial havia sido consumida num prazo recorde — menos de dez dias — por um público informado no boca a boca e nos espetáculos do grupo.

Antes da veiculação do clipe no dominical *Fantástico*, o ritmo de venda do disco indicava uma performance inicial acima da média e localizada. Já era um bom sinal. Parecia limitada à turma jovem, roqueiros desgarrados do cenário internacional, órfãos da cena contemporânea não atendidos pela MPB de caráter tradicional. Depois do programa, a onda cresceu para todas as idades.

O roqueiro e compositor Kid Vinil assistiu a vários espetáculos do Secos & Molhados, antes e depois do lançamento do disco. Ficou impressionado com a recepção da plateia, em especial do público feminino. Uma catarse, na sua expressão. O erotismo da apresentação, com luz sobre Ney, jogava o grupo em outra categoria. "E não tinha nada de gay, não. Eu via como algo... talvez... como se falava?... andrógino. Isso não existia na época no Brasil", contava Kid Vinil. "Era demais."

Kid Vinil não estava sozinho em sua surpresa. A transformação do Secos & Molhados em coqueluche aconteceu sob demasiada voragem — em uma escala então inusitada na cultura brasileira. Cativou homens, mulheres, adultos, velhos, crianças. Cada fatia enxergava no conjunto um ponto de identificação. Se o público feminino se extasiava com a coreografia sensual de Ney, a plateia infantil enxergava nele um bicho, algo indefinido. De repente os pais tinham que tocar nas festas infantis canções como "O vira" — e presenciavam seus filhos imitarem o rebolado do cantor, quando não pintavam o rosto de branco e preto.

PRIMAVERA NOS DENTES

Em pouco mais de três meses, já em novembro, o Secos & Molhados, surpreendentemente, havia se transformado no grupo musical da família brasileira.

A explosão de vendas ocorreu fora do compasso para profissionais experientes, como os executivos da gravadora, e ecoou rapidamente no cotidiano do grupo. Se o sucesso foi veloz, o esgarçamento das relações também. Ninguém estava preparado para tal voracidade. Nem a banda, nem os músicos de apoio, nem os familiares, nem o empresário, tampouco a gravadora.

Depois de a primeira tiragem ser devorada em pouco menos de duas semanas, a Continental tratou de prensar novos exemplares. Primeiro foram 30 mil discos — rapidamente engolidos pelo público; depois, outros 30 mil, logo desaparecidos das prateleiras em horas contadas nos dedos. Em sessenta dias, o Secos & Molhados já havia vendido cerca de 250 mil discos. Em noventa dias, a cifra tinha atingido novo recorde extraordinário — mais de 350 mil cópias. Nunca o mercado de discos brasileiro havia presenciado semelhante venda em um espaço de tempo tão reduzido.

Os problemas começaram a aparecer com os recordes de vendagem, a lotação dos shows e a falta de logística para suportar tamanha velocidade. Em uma metáfora simples, seria como se um desavisado catamarã se visse às voltas com uma tormenta numa improvável travessia transoceânica. Ele seria tragado ou pelas águas ou pelo vento. Sucumbiria em instantes.

Empresa de porte médio, a Continental se valeu de sua experiente rede de distribuição para artistas de apelo popular, e tão logo captou os sinais de um estouro de vendas, procurou levar o disco inclusive às mais distantes paragens. Para um grupo onipresente nas rádios e nas televisões, deixar o lançamento à mão, fácil de ser adquirido no impulso, fazia uma diferença brutal. É bem provável que o Secos & Molhados tenha batido recordes explícitos de vendagem também graças ao canal popular de distribuição da gravadora.

Os radares da Continental logo registraram a movimentação vinda das lojas, cujo maior termômetro se dava entre os balconistas entusiasmados com o grupo — o disco não saía de suas vitrolas, em um caso de looping: não

200

apenas "Sangue latino" e "O vira" eram tocados insistentemente, também "Rosa de Hiroshima" e "Fala" tinham seus instantes de glória.

E ainda havia as rádios. Das mais jovens às mais populares, as emissoras cruzavam dias e noites do final do semestre de 1973 com as canções do grupo na agulha de seus toca-discos. Programas eram dedicados a esclarecer dúvidas dos ouvintes ou a soltar fofocas sobre o trio. De onde havia surgido o cantor com voz feminina? Quem ali era casado? Tinham namoradas? Onde moravam? Nenhum deles se furtava às entrevistas, e abasteciam sem percalços as curiosidades provocadas por fãs e jornalistas — nem sempre nessa ordem. Ney, então, conseguia defender a ideia de Mato Grosso ser o centro da América Latina.

Com as seguidas fornadas de discos encomendadas pelas lojas, a Continental havia se deparado com um sucesso jamais visto em seus corredores, mais uma montanha de problemas. Seus departamentos, em especial os de marketing, vendas e logística, se dedicavam 24 horas seguidas para cumprir as encomendas. Sem dar conta. Mal conseguiam responder à demanda por mais cópias e reposição de material publicitário, como cartazes ou pôsteres da capa — esse, sim, um ícone absoluto.

Se os problemas internos de organização se repetiam na proporção dos minutos, a conjuntura internacional se fez presente. No bojo da Guerra do Yom Kippur, conflito envolvendo Síria e Egito, entre outros, contra Israel, explodiu o que ficou conhecido como a Crise do Petróleo. Em protesto contra o apoio dos Estados Unidos a Israel, os países árabes produtores de petróleo elevaram seus preços em até 400%, a partir de outubro de 1973: o barril pulou de 3 dólares para 11,60. A disparada na cotação provocou uma crise econômica internacional, com retração imediata na compra de qualquer insumo relacionado ao produto.

E outubro de 1973 foi o exato instante no qual o Secos & Molhados se configurava como fenômeno. Diante do boicote montado pelos países árabes, a gravadora, para atender aos milhares de pedidos, tomou uma atitude radical. Decidiu derreter a maior parte de seu estoque, transformando em matéria bruta os títulos de média vendagem ou os encalhados, e depois prensando-os novamente — agora como Secos & Molhados.

Só assim conseguiu colocar na loja o disco e ainda aumentar seu faturamento. O estoque já estava pago, em cotação de meses atrás, portanto, ainda antes da eclosão do conflito. Ao chegar às prateleiras, o preço aumentou com a Crise do Petróleo.

No andar dos comuns, os fãs mortais não reclamaram do sobrepreço. Pelo contrário. A dificuldade inicial, dada a privação do insumo para a prensagem, de início tornou o disco raro nas lojas, e ele passou a ser visto como um prêmio, se conquistado. A ausência e depois seu reaparecimento criaram a inércia por uma procura maior. De fato, o vento estava a favor do grupo: mesmo os obstáculos se transformavam em vitórias.

A indústria fonográfica mundial, à época, já instituíra como prêmio de marketing uma espécie de certificação de vendagem dada aos maiores destaques. De país a país, variava o número de cópias, conforme o tamanho de cada mercado. No Brasil, 50 mil cópias vendidas resultavam no Disco de Ouro; 100 mil, no Disco de Platina, e 500 mil, Diamante.

O estouro do Secos & Molhados no segundo semestre de 1973 e primeiro do ano seguinte causou alvoroço na indústria. Os executivos das maiores gravadoras, todas estrangeiras, foram cobrados por suas chefias internacionais: queriam entender como é que deixaram escapar uma pepita dessas? E ainda para uma empresa brasileira sem nenhuma tradição no mercado formador de opinião. O diretor da Phonogram, André Midani, uma lenda no setor, ao testemunhar a movimentação, tratou de ralhar com seus diretores: como vocês perderam uma coisa como essa? Resposta: não sabiam. Chegaram a dizer que não haviam sido procurados antes pelo grupo — o que era mentira, dado que João Ricardo, antes da chegada de Moracy do Val, havia oferecido uma fita (mambembe, vale dizer) com algumas canções da banda às principais gravadoras.

De olho nos recordes de vendagem, as maiores gravadoras, todas estrangeiras, levariam a cabo nos meses seguintes diversos estratagemas para fisgar aquele colosso da Continental. Os sinais eram claros.

O babélico apresentador Chacrinha tinha imensa audiência, charme incessante, e seu programa na Rede Globo era o palco preferido das grandes novidades musicais. Lá, só sucesso. Ou o que viria a ser sucesso amanhã.

VOO

Ele tinha faro. Na década de 1970, não havia artista capaz de recusar seus convites: estar diante dele significava a entrada no mundo maravilhoso da popularidade. Das mãos de Chacrinha, diante de seu auditório caótico, o público acompanhava a entrega dos prêmios concedidos a quem alcançasse grandes vendagens. E lá estavam eles.

Em poucos meses, entre um desacato e uma ironia, o apresentador, eternizado na canção "Aquele abraço", de Gilberto Gil, deu seguidamente ao trio os troféus de Disco de Ouro, de Platina e de Diamante. Cansado de apresentar o grupo, em algo que já se assemelhava a uma rotina, disse à produção e à gravadora que não os receberia por um bom tempo. Não queria mais vê-los por perto. "Ele enjoou da gente...", ri Conrad. "Ele disse que se aparecêssemos de novo não subiríamos mais ao palco." Acostumado a jogar banana no público e a grunhir quando não gostava das canções de seus convidados, Chacrinha teria de fato cumprido sua ameaça.

Aos olhos do público, e também aos seus ouvidos, pouco chegava dos distúrbios de bastidores. Nem crise do petróleo, briga de egos, movimentos de discórdia, nada. Quando surgisse, seria um só: a notícia do término do Secos & Molhados.

Dentro do grupo, a velocidade do sucesso foi sentida aos poucos. Os números da gravadora chegavam a eles em ondas. Causavam entusiasmo e começavam a despertar vaidades. Mas eram dados de vendagem, algo frio, ainda abstrato. A mudança na rotina, de anônimos a ídolos, de horas vagas a agenda lotada, logo se materializou na quantidade de shows, nas inúmeras entrevistas à imprensa, em centenas de gravações de programa de rádio e televisão e na infindável quantidade de viagens Brasil afora.

Depois da temporada inicial no Teatro Itália, após a exibição no *Fantástico*, logo outras apresentações foram acertadas. Havia pressa. Moracy não teve sequer tempo de pensar em uma estratégia, porque, mesmo com sua experiência, se viu engolfado por um turbilhão de convites, pressionado pelos empresários que compravam shows para revendê-los a outras praças, pelas demandas da gravadora e ainda obrigado a solucionar os problemas triviais de uma produção capenga — amadora de fato. Era como se um tsunami houvesse tragado o grupo — e ninguém ali estava preparado para aquela situação feérica e descontrolada. Vale dizer que começaram a fazer espetáculos sem descanso pelo interior paulista — uma região sempre vista como conservadora quanto aos costumes. Não importava. Todos queriam a banda. Já em dezembro, serão a atração "sensacional", dizia o anúncio na *Folha de S.Paulo*, no aniversário do Clube Hebraica.

Diante do sucesso repentino, depois de viajar por diversas cidades, Moracy resolveu apostar numa temporada mais longa em São Paulo. E num espaço maior. Escolheu o Teatro Treze de Maio, na rua de mesmo nome no Bixiga. O proprietário, o produtor Benê Mendes, amigo do empresário, emprestara ao grupo a aparelhagem de som para as apresentações no Teatro Itália. Com cerca de quatrocentos lugares, o Treze de Maio havia recebido e consagrado anteriormente ao longo de vários meses os espetáculos do Dzi Croquettes. Em trajes sumários (sungas antecipando o fio dental feminino), com os corpos purpurinados, o Dzi levava aos teatros da classe média espetáculo de dança, humor e música comparável, em São Paulo e no Rio, apenas às performances iniciais de travestis em boates estritamente gays.

Os rostos pintados e a purpurina estavam na mesma sintonia das performances do Secos & Molhados. Com algumas nuances, por certo. O tom trazido por Ney Matogrosso e Cia. não poderia ser classificado como gay, mas andrógino. Ao contrário do Dzi, não havia escracho ou humor nas canções do grupo, e, sim, lirismo e contundência poética. Mas não havia dúvida de que a cunha introduzida no comportamento da cultura brasileira pelo Dzi Croquettes beneficiava o Secos & Molhados, alçado a um patamar além por estar ancorado em uma linguagem mais acessível, a música. O Dzi nunca deixou de ser cult — uma forma discreta de classificar qualquer manifestação, ao menos no Brasil da época, como de empatia restrita, tolerada —, apesar de seu imenso sucesso, nacional e internacional. Mesmo após ter sido adotado pela cantora Liza Minnelli nos palcos estrangeiros, no Brasil não alcançou o grande público.

A temporada do Dzi Croquettes, em São Paulo, seguia-se a uma série consagradora de apresentações, no Rio, onde surgiram em 1972. Naquele

VOO

momento, o grupo de bailarinos destacava-se como uma janela e uma ponte em direção aos temas e à estética da produção internacional. Em palcos de Nova York e de Londres, a gestação da androginia havia explodido sob os trabalhos de Andy Warhol, David Bowie, Lou Reed e Iggy Pop. Além do sucesso popular de Alice Cooper, sempre entrelaçado com suas cobras.

O Dzi estampava essa nova sintonia. Quase nus, travestidos, purpurinados, debochados, excelentes dançarinos e ironicamente críticos. Era um pedaço de Brasil ainda desconhecido para a maioria dos brasileiros.

Não à toa, a performance do grupo, num primeiro momento, foi deixada à margem pelos mais politizados de viés conservador. Na luta contra a ditadura, era comum usar um discurso padrão em que questões de liberdade sexual e de linguagem de caráter zombeteira não encontravam eco.

E o Dzi, aí sim, não abordava a realidade política e social brasileira, ao menos como reverberavam nas palavras de ordem da oposição da esquerda mais conservadora, tradicionalmente refratária à discussão de assuntos relativos às liberdades de escolha individuais. O sexo, por exemplo, não era bem-vindo naquelas discussões.

O Secos & Molhados pegou o bastão e avançou muitas casas no confronto com preconceitos. Logo ultrapassou a categoria cult ao se tornar um fenômeno de massa. Por causa de sua popularidade exagerada, curiosamente, não foi importunado por essa mesma opinião conservadora.

Para uma temporada de duas semanas, inclusive às segundas, além de duas sessões nos sábados, ao subir ao palco do Teatro Treze de Maio em 1º de dezembro, com os quatrocentos lugares tomados, o grupo ofereceu ao público paulistano sua imagem cristalizada, como emblema. De fato, ali naquele espaço, ocorreu de vez a consagração e absorção irremediável de suas personalidades artísticas. A pintura de Ney Matogrosso era um elemento definitivo de sua performance. Sempre de peito nu, o olhar desafiador, sua figura calada em cena só tornava maior o enigma sobre um cantor de tom inusual e intrigante.

Na mesma época, nos Estados Unidos, o vocalista do The Stooges, Iggy Pop, também cantava sem camisa, só que enlouquecido e de cara limpa. Seus olhos assustavam pela intensidade. Como os de Ney Matogrosso, que jamais havia visto alguma performance de Iggy. Tratava-se apenas da sintonia do tempo, companheiros de consciência: as espeluncas do *bas-fond* do SoHo nova-iorquino se aproximavam da sensibilidade do Bixiga.

Se o início do sucesso foi lúdico, poucos meses depois surgiram as rachaduras. O trio não tinha experiência no show business e Moracy não possuía estrutura para responder a tamanha requisição. Até então era um jornalista experiente, produtor de espetáculos, porém contava apenas com sua mão direita e sua mão esquerda. Nada mais. A explosão do S&M pegou todo mundo de surpresa — ao menos naquela proporção. Controlar agenda, fechar shows, levar seus artistas, montar e desmontar palco, alugar equipamentos, fechar o borderô, conferir venda de ingressos, realizar pagamentos — por trás de um grupo de artistas o funcionamento não difere de qualquer outro tipo de empresa. Há uma parte financeira, burocrática, que precisa ser tocada por número grande de pessoas.

Como Moracy não tinha um escritório capacitado a arcar com as demandas de um sucesso brutal, tudo ocorria muito improvisadamente, resultado de bastante voluntariedade de todos. Ao ponto de os músicos da banda fazerem o papel de motorista. Ao final dos espetáculos, Moracy e um ajudante verificavam o borderô (ingressos vendidos, devolvidos, cortesias etc.), pagavam as despesas de aluguel de espaço, de equipamento, o cachê dos músicos e outros acertos. O que sobrava era dividido em quatro partes iguais, entre Ney, João Ricardo, Gérson e o próprio Moracy: 25% para cada um.

Os ingressos eram vendidos nas bilheterias em dinheiro vivo. Procuravam evitar cheques, e o cartão de crédito, para a maioria dos brasileiros, ainda era uma ficção científica. Feita a divisão, Moracy colocava a parte de cada um dentro de sacos de papel — em geral, sacos de supermercado. É difícil imaginar Ney Matogrosso carregando uma montanha de notas miúdas debaixo do braço. "Era exatamente assim que acontecia", lembra ele.

Depois dos espetáculos, a cena se repetia: Moracy contava, pagava, dividia e cada qual guardava sua parte na bolsa a tiracolo.

VOO

Entre setembro e dezembro de 1973, Ney permanecia o mesmo hippie de antes. Continuava com suas poucas calças, chinelo de dedo, algumas camisetas.

Depois que algum amigo o aconselhou a não deixar tanto dinheiro em casa, foi com vários sacos dentro de sua bolsa até uma agência bancária. Sentou-se na frente do gerente, disse que gostaria de abrir uma conta. Assinou os papéis de praxe e começou a colocar as notas sobre a mesa do funcionário. Uma nota, cem notas, duzentas notas. "Ele pulou da mesa!", conta Ney. O gerente ficou com medo de todas aquelas notas brotando da bolsa de couro amarfanhada e bastante modesta de seu novo correntista.

— Como você conseguiu esse dinheiro todo?

— Trabalhando, né? — respondeu Ney. — Ou você acha que eu roubei?

Ney ficou olhando fixo para o gerente, logo incomodado com aquela lança sobre seu peito:

— Você tem como provar?

— Provar como, moço? Eu faço parte de um grupo de música. O dinheiro veio dos nossos shows.

— Mas você tem como provar? Tem algum recibo?

— Recibo? Claro que não. Como eu vou ter recibo de show? Como comprovo que subi no palco e cantei?

Então, Ney Matogrosso pegou de volta todas aquelas notas, não sem mostrar adequada incompreensão com a burocracia bancária, colocou-as dentro de sua bolsa e voltou para casa. Mas não estava nem revoltado nem chateado. Achou tudo só uma chatice imensa. Imagine, ir até um banco, pegar fila, conversar com o gerente. Para nada.

E o dinheiro? Continuou nos sacos de papel encostados em um canto da sala, na casa da rua Fernando de Albuquerque, no bairro da Consolação, que agora dividia com os dramaturgos Mauro Rasi e Vicente Pereira.

— Quando eu precisava, ia lá e pegava. Dava também aos amigos que queriam comprar comida. Fomos gastando ao longo do tempo.

As questões burocráticas não atingiam apenas Ney. No final de novembro, a agenda de espetáculos já ocupava quase todos os dias, com shows de terça a domingo, e os músicos viviam sem tempo. Em um sábado chegaram a fazer duas apresentações em cidades diferentes. Foi a única vez, pois Ney disse que não repetiria a dose. Passavam boa parte do tempo em locomoção, em um entra e sai do carro, na estrada, chegando e saindo de palcos montados às pressas. Vida dura. Por sorte, cada show tinha a duração de 55 minutos, 60 no máximo, quando por insistência desesperada do público davam dois bis.

Viajavam num Galaxie Landau, o maior e mais luxuoso carro da época. Folga só às segundas. Aproveitavam o dia para dormir, descansar ou ir ao banco. Menos Ney.

***

No mesmo período, Zé Rodrix, que tocara em algumas faixas do disco, recebeu em sua casa paulistana a visita de Lennie Dale, bailarino americano, coreógrafo das danças de Elis Regina, seu parceiro em shows e célebre naquele período como idealizador do Dzi Croquettes. Zé e Lennie eram amigos do Rio, de seus tempos no beco das Garrafas, cantinho no meio de Copacabana forrado de pequenas casas noturnas.

A visita iria se transformar em um dos maiores folclores do rock brasileiro, com repercussões na cena americana. Lennie estava acompanhado de dois amigos, também americanos. Logo se esparramaram pelas almofadas e pelos pufes jogados na sala. Era um início de noite, meio do inverno de 1973. Zé Rodrix havia acabado de gravar seu disco-solo — *I Acto* — e pouco antes saíra *Terra*, clássico do trio Sá, Rodrix & Guarabyra. Multi-instrumentista, cantor e depois escritor, o animado Zé Rodrix trafegava como embaixador entre Rio e São Paulo, e entre a música e o teatro. É dele a trilha sonora nacional da montagem de *Rocky Horror Show*, espécie de ópera rock tardia. Anos mais tarde, Zé Rodrix faria parte do Joelho de Porco, grupo protopunk paulistano criado por Tico Terpins, também integrado pelo fotógrafo americano David Drew Zingg.

Naquela noite, ao receber seu amigo Lennie Dale, a vitrola rodava o disco recém-lançado do Secos & Molhados. Zé contou do que se tratava — havia gravado algumas canções em participação especial. Lennie pegou a capa

VOO

e foi despertado por aquelas cabeças cortadas, maquiadas, postas sobre a mesa recheada de acepipes diversos. O tom andrógino chamou sua atenção.

— Quem são? — quis saber, com aquele seu inconfundível sotaque carioca-americano.

— É um pessoal daqui de São Paulo — informou Zé Rodrix. — Mas o vocalista é o Ney, o Neyzinho.

Lennie e Ney se conheciam pouco, ainda dos tempos de Rio de Janeiro. Ney estivera próximo quando o Dzi Croquettes nasceu e assistira às primeiras apresentações da trupe. Cláudio Tovar, figurinista e bailarino do grupo, era seu velho amigo, outro integrante dos fila-boia na casa de Paulinho Mendonça e Maria Alice.

Ney chegou também a fazer algumas aulas de dança com Lennie, já em São Paulo, durante a primeira temporada do Dzi na cidade. Mas desistiu: era uma sala grande, com muitos participantes, e não tinha gostado. Não se harmonizou com as orientações do severo professor. "Queria alguma coisa mais livre, solta", diz. "Também não ia virar bailarino."

Lennie havia se tornado famoso pelo talento, pelo bom humor e pela capacidade de exigir o sangue, os ossos, a alma e ainda um pouco mais de quem estivesse sob seu comando. Dava broncas em várias línguas quando seus parceiros se atrasavam para os ensaios. Sem ele, no entanto, não haveria Dzi Croquettes, e a exuberância de Elis Regina teria ficado tão somente na voz, estática, sem movimento.

Quem eram os dois americanos a tiracolo de Lennie Dale? Zé Rodrix sempre jurou que fossem o contrabaixista Gene Simmons e o guitarrista e cantor Paul Stanley, integrantes do catártico Kiss. Lennie, morto em agosto de 1994, jamais comentou a respeito. Zé falou inúmeras vezes sobre a visita. Gene Simmons, quando questionado, negou.

O fato é que o primeiro disco do Secos & Molhados chegou às lojas brasileiras no final de agosto de 1973, e a misteriosa visita noturna de três americanos à casa paulistana de Zé Rodrix teria ocorrido ainda antes disso. Os visitantes identificados como Gene e Paul pegaram o disco, babaram diante da capa (assim como Lennie), ouviram as canções, beberam, fumaram e conversaram sobre diversos assuntos, principalmente sobre a

209

maquiagem da banda brasileira — segundo Zé Rodrix. Tão misteriosamente quanto chegaram, partiram.

A partir daí começaram a surgir as coincidências. *Kiss*, nome do primeiro disco e também da banda de rock 'n' roll americana, foi lançado no mercado dos Estados Unidos em 18 de fevereiro de 1974. Na capa, os quatro integrantes com o rosto pintado em branco e preto. A maquiagem de Gene Simmons e Paul Stanley, então, se aproxima muito do estilo utilizado por Ney Matogrosso. A base é totalmente branca, com olhos circundados (ou estrelados) em preto. Na simbologia vendida pela banda, a pintura de Simmons encarnaria o demônio, e a de Paul Stanley, em outro extremo, a *starchild*, representação icônica de quem veio ao mundo para ajudar as pessoas. Ao contrário dos brasileiros, há uma nuance lúdica: um dos integrantes do Kiss, o baterista Peter Criss, emula os bigodes de um gatinho, como o Homem-Gato.

Entre o lançamento do S&M e o do Kiss, cerca de seis meses.

Anteriormente, de 1970 a 1973, Gene Simmons e Paul Stanley, integravam outra banda, Wicked Lester, fundada em 1970 como Rainbow, cujo trabalho havia sido rejeitado por diferentes gravadoras. Os registros apontam que o Wicked desenvolvia uma sonoridade entre o rock e o folk rock — mas nada, porém, capaz de fazer os produtores pularem da cadeira. Ao longo de 1973, em busca de reconhecimento e repercussão, a talentosa dupla decide criar outro grupo, então com a mão mais pesada, calcado no hard rock. Seleciona outros integrantes, inclusive com anúncios publicados no jornal underground nova-iorquino *The Village Voice*.

Em 22 de dezembro de 1973, no Coventry, casa noturna do Queens, em Nova York, o Kiss se apresentou pela primeira vez. Em registro do show disponibilizado no YouTube, embora com uma qualidade de imagem bastante rarefeita, os membros estão maquiados.

O primeiro álbum da banda trazia material composto por Simmons e Stanley ao tempo do Wicked Lester. Segundo Gene Simmons, o LP, registrado no Bell Sounds Studio, em Nova York, entre gravação e mixagem, consumiu quase três semanas. Nas contas do coprodutor Richie Wise, bem menos: não mais do que treze dias. Estavam com pressa.

VOO

Entre a visita misteriosa de dois americanos a Zé Rodrix, em São Paulo, em agosto de 1973, e a primeira apresentação com registro dos integrantes do Kiss maquiados, no final de dezembro de 1973, quatro meses. Tempo mais do que suficiente para acertar a cor do rímel...

Até sua morte, em maio de 2009, Zé Rodrix sustentou serem Gene e Paul os cavalheiros que acompanhavam Lennie Dale na visita à sua casa. Gene nunca reconheceu a influência, além de negar ter vindo ao Brasil naquele período.

Vale lembrar que o Dzi Croquettes, de Lennie Dale, fazia uso de pesada maquiagem, em um estilo capaz de remeter ao grupo americano The Coquettes e ainda ao New York Dolls, todos do mesmo período.

Maquiagem não era incomum no cenário do rock 'n' roll internacional. Havia uma onda, logo batizada como androginia. Os personagens de David Bowie, a começar pela capa de *Aladdin Sane*, de 1973, caprichavam na pintura. O grupo britânico Genesis, também. Lou Reed, no aveludado underground de Nova York, pintava o rosto. Nascido em Detroit, em Michigan, o roqueiro Alice Cooper, com os olhos borrados de preto, era estrondoso sucesso no início dos 1970, e chegou a fazer em São Paulo, no dia 30 de março de 1974, uma apresentação vista por mais de 80 mil pessoas — um marco de público no Brasil. Nessa noite, guilhotinou bonecas, foi guilhotinado, arremessou ovíparos. Alice trazia o rosto devidamente maquiado. Tudo era música, tudo era teatro. A música havia atingido o estágio onírico, distanciava-se da realidade corrente.

A repercussão e o sucesso do Secos & Molhados ocuparam todos os espaços sonoros e televisivos no segundo semestre de 1973. Dos programas para jovens ao noticiário, das paradas musicais às entrevistas, rara foi a emissora ou a estação de rádio em que o grupo não tenha feito ao menos uma apresentação, participado de algum quadro, exibido um de seus hits. Quando cantavam, vinham apoiados sempre no playback.

O sucesso nos programas populares impulsionava a venda dos discos — e, como consequência, o número de fãs nos shows, que os levava de volta à televisão. Dos espetáculos é que vinha o dinheiro vivo, imediato, sem recibo.

PRIMAVERA NOS DENTES

Em 1973, havia o que se chamava circuito universitário — artistas como Chico Buarque, Vinicius e Toquinho, Nara Leão e outros circulavam pelos tímidos e às vezes improvisados palcos das universidades brasileiras. O roteiro surgira por acaso, bastante inspirado pelo papel intenso dos estudantes na vida cultural e política brasileira. A União Nacional dos Estudantes (UNE), incentivadora do Centro Popular de Cultura (CPC), desde a década de 1960, possuía forte presença na música e no teatro.

O sucesso de público do Secos & Molhados não cabia nos palcos do circuito universitário. Logo Moracy abandonou também os teatros tradicionais, como o Itália e o Aquarius, em São Paulo, ou o Tereza Rachel, no Rio. Buscou alternativas e, como já tinha musculatura, ancorou as apresentações em ginásios esportivos. Foi uma solução importante nas cidades do interior, com seus clubes e arenas com maior capacidade de público.

No início, os shows cobriram as mais ricas cidades paulistas — Ribeirão Preto, Campinas, São José do Rio Preto, Santos e o circuito do ABC: Santo André, São Bernardo e São Caetano. Nos primeiros meses de 1974, Moracy ampliou seu mapa e incluiu Brasília, Recife, Salvador e Rio. Os números de espectadores estavam, então, sempre na casa dos milhares: 2 mil, 3 mil, 5 mil, 6 mil. Um recorde. O Brasil jamais tinha visto coqueluche semelhante.

A histeria do público era acompanhada por reações estranhas e por vezes descontroladas. Ocorriam em alguns momentos embates. Na chegada aos estúdios da TV Record, em São Paulo, um aglomerado com centenas de fãs aguardava o grupo. Na entrada, a segurança da emissora ainda conseguiu conter o assédio dos mais entusiasmados. Terminada a apresentação, brotaram outras centenas de pessoas. Entre empurrões, cotoveladas, assobios e apertos, o trio precisou passar por uma espécie de corredor polonês, mais ou menos protegidos por guardas improvisados. Houve feridos.

Colarinhos foram puxados, mangas arrancadas. Gérson Conrad, no fim do conflito, já dentro do carro em fuga, se mostrou o mais abatido: sua camisa rasgada exibia nos ombros a marca ensanguentada de unha de três dedos carentes. "Lembro até hoje. Era um cara. Senti a dor na hora, reagi com um tapa, a pessoa se desculpou, mas já estava sangrando."

212

VOO

Em uma cidade do interior paulista, o grupo foi recepcionado com um jantar oferecido pelo prefeito, família e correligionários. Ossos do ofício: aperto de mão de autoridades locais, beijo nas esposas e filhas e rodízio acompanhado de maionese. Entra esquerda, entra direita, o cardápio e o protocolo são sempre idênticos. Mas naquela noite, após o espetáculo, o ritual se alterou. Ao subir para o quarto do hotel, onde no saguão ocorria o rega-bofe, Conrad viu sair de debaixo da sua cama uma Miss da cidade. Linda, morena, sedenta e oferecida. Conrad, um tipo gentil, risonho e quase formal, agradeceu a surpresa. Sempre calmo, de voz baixa e palavras com sílabas bem espaçadas, se manteve no controle. Pediu que ela aguardasse alguns minutos, não, não fosse embora. Virou-se e desceu para entregar ao prefeito um mimo qualquer. Logo retornou ao quarto. Para agradecer a surpresa.

Além de não conseguirem se aproximar da cama, os S&M enfrentavam outro tipo de cerco. Literal. No final do show em Ribeirão Preto, cidade do interior de São Paulo conhecida como a Califórnia brasileira, o público trancou o Galaxie Landau. Não permitiam a saída do carro. No início, os três acharam graça. Até que os fãs passaram a bater nos vidros, a amassar a lataria. Houve um princípio de pânico entre os músicos. Uma multidão enlouquecida é uma multidão enlouquecida, capaz de tudo. Mais do que arranhar ou rasgar colarinhos. A pedido deles, o motorista começou a avançar lentamente com a mão na buzina. Apreensão no interior do veículo... Quanto mais o carro andava, mais as pessoas batiam nos vidros — uma fã mais afoita pulou sobre o capô. Após minutos de gritos, com o auxílio de alguns seguranças despreparados, escaparam do estacionamento.

Dos três, Ney Matogrosso surgia como o mais aberto ao mundo. O mais dionisíaco. As fãs farejavam sua voluptuosidade, e se faziam presentes. Raras eram as noites em que ia sozinho pra cama. Depois de sua performance no palco, quando sempre dançava sem descanso, arrastava ao quarto seu namorado do momento e alguma garota local. "Sempre gostei de bagunça", diz, sem qualquer ironia.

Gérson e João Ricardo também faziam sucesso. Eram mais discretos e comedidos. Naquela época, sempre de muitas trocas e descobertas, João Ricardo teve um rápido, mas intenso, namoro com Rita Lee. Ainda hoje ele não fala sobre o assunto. Em um disco feito com a banda Tutti Frutti, *Atrás do porto tem uma cidade*, lançado em 1974, Rita incluiu de sua autoria a canção "Menino bonito", sabidamente inspirada no romance com o compositor do S&M. Revela a letra da canção:

Lindo!

E eu me sinto enfeitiçada
Correndo perigo
Seu olhar
É simplesmente
Lindo!...
Mas também não diz mais nada
Menino bonito
E então quero olhar você
Depois ir embora
Ah! Ah!
Sem dizer o porquê
Eu sou cigana
Ah! Ah!
Basta olhar pra você...

E eu me sinto enfeitiçada

Correndo perigo
Seu olhar
É simplesmente
Lindo!...

A volúpia crescia — e as autoridades se mostravam atentas ao que poderia ser uma sedição ao estilo tupiniquim, porque feita a partir dos quadris, não de armas. Nem todas as autoridades se deixavam entreter ou seduzir pelo sucesso imediato da banda. Como no Brasil o arcaico convive em paredes finas com o moderno, o que parecia ser tolerado em um dia, até aplaudido, no outro era motivo de perseguição. A repercussão popular do grupo logo iria despertar o fundamentalismo por meio de tentativas de censura.

Após alguns dias da nova temporada no Teatro Tereza Rachel, no Rio, sempre com a casa cheia, em fevereiro de 1974, Moracy do Val, que andava entusiasmado com o sólido sucesso da banda, surgiu com a proposta mais ousada de toda a sua carreira:

— Vamos fazer um espetáculo no Maracanãzinho.

Poderia soar aos integrantes do Secos & Molhados uma imensa loucura. E soou, claro. Entre incrédulos e confiantes, como se o show fosse mesmo possível, reagiram ressabiados ao longo de dez segundos. Moracy argumentou que o sucesso do grupo já era maduro — imagine: eles haviam chegado ao público pouco menos de sete meses antes —, saberiam bancar a ousadia e, caso conseguissem lotar o ginásio, estabeleceriam um recorde difícil de ser superado na música brasileira. Até então, jamais um artista ou grupo havia se apresentado sozinho no Maracanãzinho. O ginásio costumeiramente abrigava finais de festivais, com diversas atrações — e sempre sob a cobertura ostensiva da televisão, além da presença de nomes internacionais como receita para atrair mais espectadores.

A lotação do ginásio era de 30 mil lugares. Em fevereiro de 1974, nenhum artista brasileiro havia conseguido reunir em um único espaço tamanha plateia. Poderia ser um fiasco cujo resultado impactaria a popularidade ascendente do grupo — e se esperassem mais um pouco? Moracy se negou a considerar qualquer fracasso ou a possibilidade de adiar a jogada. Enxergava a apresentação antes como um golpe de marketing: a repercussão traria benefícios como reportagens na mídia impressa e televisiva — ao final, uma publicidade gratuita e extensa, de preço incalculável. Mesmo se desse errado, imaginava, o fato de toda a mídia ter noticiado o evento, antes e depois, deixaria a banda em um patamar de reconhecimento e alcance de grau internacional.

Moracy pensava desde aquele momento em apresentações no exterior. O Brasil ficara pequeno para o Secos & Molhados. O Maracanãzinho, lotado, seria uma espécie de trampolim em direção ao resto do mundo.

De seu lado, João Ricardo moveu as pedras. Sabia que, sem o impulso pesado da Globo, corriam sérios riscos. Conseguiu ser recebido por José Bonifácio de Oliveira Sobrinho, o Boni, diretor-geral da emissora. Ao ouvir os planos de João e Moracy do Val, Boni sorriu, um tanto em dúvida. Chegou a dizer que jamais enchera o Maracanãzinho — nem com jogo de basquete gratuito... Ao final, acertou de promover a empreitada em troca da gravação do espetáculo — estava diante do maior fenômeno da música brasileira de todos os tempos.

Anunciado, o show passou a ser comentado por toda a imprensa. E logo começou uma espécie de torcida silenciosa pelo sucesso da empreitada. Notas e entrevistas com o S&M passaram a ser publicadas nos jornais, as rádios foram acionadas por Moracy — e assim a execução de hits como "O vira", "Sangue latino" e "Rosa de Hiroshima" chegou à exaustão.

Na véspera do espetáculo, o *Jornal Hoje*, da Rede Globo, colocou no ar uma longa matéria feita pelo jornalista musical Nelson Motta. Os três, sem maquiagem e animados, foram apresentados como o grande fenômeno da música popular brasileira do período: comentaram as plateias lotadas Brasil afora, e o recorde que seria o Maracanãzinho repleto no dia seguinte.

Com a máquina de divulgação na rua, diante do público aguardado, Moracy se debateu com os problemas básicos de uma superprodução, desde o equipamento de som, a montagem do cenário e a questão de segurança. Os bombeiros se mostraram assustados com a expectativa de público: acompanhavam o noticiário, os programas matinais das rádios, sabiam sobre o burburinho armado em torno da apresentação. Com o palco montado (colocaram um caminhão de som ao fundo), a administração do ginásio contabilizava espaço para recepcionar 30 mil pessoas. Vale dizer que a ousadia se digladiava com o ineditismo da empreitada: equalizar o som, ordenar a acústica, equilibrar as especificidades sonoras de cada instrumento, entre outros acertos técnicos, eram feitos com uma tecnologia ainda primitiva.

VOO

Antes o Maracanãzinho tinha sido usado para abrigar espetáculos montados para a televisão — e o público presente surgia ali mais como cenário do que como ouvinte exclusivo. Agora, não: tratava-se de inaugurar os shows para enormes plateias no Brasil. Por isso, todos se mostravam nervosos.

Os bombeiros refizeram o traçado das grades de proteção, exigiram maior distância entre o palco e a área inicial da pista central, criaram mais saídas de emergência. Moracy ainda tentou amenizar tanta redução — achou despropositado —, sem sucesso. Ao final, foi autorizado a vender um máximo de 20 mil ingressos. A ação da segurança havia diminuído a plateia em 10 mil lugares. E aqueles 10 mil lugares fariam falta na noite seguinte.

Por volta das oito e meia da noite do domingo, o Maracanãzinho estava cercado por uma multidão. Desde a hora do almoço as bilheterias exibiam filas quilométricas. A polícia lutava para organizar o fluxo de entrada e, diante da quantidade de pessoas, o comando se mostrava preocupado: não parava de chegar gente. Havia um certo estresse entre a tropa, pois o contingente parecia subestimado diante da multidão ali aglomerada. Logo os ingressos se esgotaram.

Pouco mais de nove da noite, o Maracanãzinho já se inseria em um novo recorde: 20 mil pessoas aguardavam o início do show do Secos & Molhados. E uma multidão estimada ao menos em outras 20 mil se batia no lado de fora: eram os sem-ingresso.

Moracy chegou ao camarim improvisado, com um sorriso de orelha a orelha e um cigarro aceso. Com os cabelos despenteados, entrou na sala temporária onde o trio, cada qual diante de um espelho, dava os retoques finais na maquiagem. Já estavam vestidos de Secos & Molhados.

O empresário se sentou atrás de João Ricardo e avisou:

— Tá lotado já, 20 mil pessoas. Arquibancadas, cadeiras, tudo ocupado. Dizem que tem lá fora mais 20 mil. Se nós usássemos o centro do ginásio em vez de ter feito aqui o palco, colocaríamos mais 5, 6 mil.

João Ricardo, com o lápis acertando uma linha em torno do olho, pescoço esticado:

— É isso mesmo que nós queremos. Há muito tempo que nós queremos isso.

Ney e Gérson, ao lado de João Ricardo, concordaram. A estrutura precária do camarim, montado provisoriamente sobre o palco, deixava vazar o som da plateia. Vozes, assobios, gritos, palmas — toda a algaravia típica de multidões entusiasmadas deixou Gérson um tanto nervoso: era muita gente. Ney e João Ricardo se mostravam mais tranquilos.

Ao subirem ao palco, sob os assobios intensos do público, logo perceberam a mão pesada das autoridades. À frente do palco, um cordão com dezenas de policiais não permitia a aproximação da plateia. Da coxia, o responsável pela operação, coronel Ardovino Barbosa, ordenava que os membros do grupo não se intrometessem nas suas ordens. Apenas que fizessem o show. Até que Ney, logo no início da apresentação, incomodado com o desespero das pessoas sufocadas no empurra-empurra, parou de cantar. De imediato, a interrupção foi seguida por todos os outros músicos. Quando Ney estancou, o Maracanãzinho veio abaixo, em gritos. A tensão só se dissolveu após a retirada dos guardas, em capitulação do coronel. Foi uma das vitórias do S&M no Maracanãzinho.

O espetáculo que colocou a banda como a maior bilheteria da música popular brasileira durou pouco mais de uma hora, e teve dois bis: "Mulher barriguda" e "Sangue latino". Da noite, sobraram algumas poucas cenas registradas por cinegrafistas amadores e ainda uma gravação, depois transformada em disco, sob direção de Gérson Conrad. Percebe-se como o som era raquítico, oco, aquém do espaço do ginásio — em 1974 ainda faltava tecnologia de som para ocupar grandes espaços. No entanto, todos ali saíram satisfeitos: o que testemunharam era inédito. Nos pequenos vídeos gastos de registros do espetáculo, são flagrados os três S&M no apogeu de suas jovens carreiras. Inscritos na história da música popular brasileira, com apenas sete meses de estrada desde o lançamento de seu primeiro disco.

Ao final do segundo bis, correram até o camarim sob fortes aplausos. Com a rapidez clássica das grandes debandadas, logo trocaram de roupa, tiraram a maquiagem e deixaram o local. A maioria do público ainda se encontrava sob o impacto do espetáculo, e o trio mergulhava — anônimo — na noite carioca. Antes de deixarem o camarim, receberam das mãos de Moracy e de seus auxiliares sacos de papel. Dentro, dinheiro. Centenas de notas. Era a divisão do butim.

No carro, rumo ao silêncio da noite, levavam dentro de suas bolsas, em forma de dinheiro, a maior consagração dada pelo público brasileiro a um único artista. No início de fevereiro de 1974, apoiado em um disco com sete meses de presença no cenário, com uma vendagem já próxima das 800 mil cópias, e agora com um recorde de público de 20 mil pessoas no Maracanãzinho (sem contar igual número fora dos portões do ginásio), o grupo começou a pensar na real possibilidade de uma carreira internacional. Moracy fazia planos: alugaria um teatro em Nova York. A repercussão no Brasil impulsionaria a chegada ao mercado americano.

No entanto, por trás das cortinas, aprofundavam-se as rachaduras. A consagração de 10 de fevereiro elevou rapidamente a pressão.

A montanha de dinheiro nos sacos de papel era um troféu e também um símbolo. Em uma mão, o sucesso palpável; em outra, a evidência de falta de organização. Aos olhos de João Apolinário, pai de João Ricardo, significava que a consagração havia atingido um nível que pedia uma administração mais profissional — porque certamente o descontrole levava à perda de dinheiro. Já havia um desconforto quanto à forma de prestação de contas: as notas para justificar os gastos, às vezes em altos valores, eram simples recibos, nem sempre da empresa ou do profissional responsável pela execução do trabalho. Assim como havia uma lassidão nos contratos dos shows com os músicos, semelhante descompromisso ocorria no fechamento do balanço financeiro.

Enquanto o grupo se apresentava em uma sessão inicial na Casa de Badalação e Tédio para cem gatos pingados — era uma coisa. Se a musculatura do sucesso atingisse 20 mil pessoas em uma única noite, era outra diferente.

Pouco antes do show no Maracanãzinho, a figura austera de João Apolinário havia começado a ganhar contornos. Saíra da sombra do filho e passara a atuar em linhas precisas. Por um tempo, seus palpites foram tolerados. Mas a sua interferência em decisões de agenda, nas concepções e nas estratégias de percurso de carreira passaram a causar atritos na banda.

Sua presença começou a incomodar não apenas Moracy (um tipo avesso a confrontos), o responsável pela organização da empreitada, mas também Ney e Gérson. Não era algo banal, de fácil superação — afinal, Apolinário não tinha papel naquele script, estava ali só por ser pai de João Ricardo. Portanto, alertou Ney Matogrosso já na época a diferentes interlocutores, ele tinha começado a agir a pedido do filho ou, no mínimo, com a sua anuência. "Percebi que aquilo não ia acabar bem", recorda o cantor. E chegou a dizer a João Ricardo: "Abre o olho, veja o que seu pai anda fazendo aqui." A impressão de Paulinho Mendonça, naquele momento diretor cênico dos espetáculos, era a de que Apolinário, diante do dinheiro arrecadado pelo grupo e assustado com as falhas de administração cometidas por Moracy, havia resolvido proteger o filho. "Ele tinha uma grande ascendência sobre o João Ricardo."

Um exemplo da autoridade do pai sobre o filho se revelou quando João comprou um Porsche amarelo. João Ricardo escolheu um automóvel esporte para agradar Apolinário, que gostava desse tipo de modelo. Mas o pai torceu o nariz para aquele desperdício — era caríssimo. Por certo, aos olhos de um poeta de esquerda, o deslumbre do filho não se justificava — e João Ricardo, com 25 anos na época, talvez cedendo ao pai, logo se desfez do carro. Como houvera uma sobretaxa em automóveis importados, João Ricardo, embora não reconheça a pressão do pai, terminou ganhando dinheiro com a venda do Porsche.

Os sacos de papel com a féria do Maracanãzinho, mais o clima um tanto pesado com a presença de João Apolinário nos bastidores levaram Ney Matogrosso a cobrar ainda nos dias seguintes o cumprimento total do acordo feito logo em sua entrada na banda. Pelo acertado, ele receberia participação de 25% dos shows e semelhante cifra nos direitos autorais das canções, recolhidos principalmente com a vendagem do disco. Era a forma de compensar o fato de ele ser apenas cantor, enquanto

VOO

João Ricardo e Gérson, como autores das músicas, teriam duas fontes de renda — espetáculos e disco. João Ricardo nega tal acordo.

À cobrança de Ney seguiu-se um silêncio profundo. Ele sentiu que os tempos de ingenuidade e de companheirismo haviam ficado para trás. O dinheiro e o sucesso modificaram de vez a harmonia dentro do grupo.

12. GUARDA BELO

Em outro canto dos bastidores, os embates eram surdos. Tensos também, em graus elevados. Nem mesmo o sucesso arrebatador do grupo era capaz de transformar as autoridades em pessoas mais sensatas. Pelo contrário, elas estavam ainda mais atentas e receosas. Ao longo daqueles meses de intensa exposição surgiram vários enfrentamentos entre a banda e a polícia, a mando de prefeitos, de governadores e até de ministros. Ou com os agentes da Censura Federal. Daí a conflagração.

As apresentações em Brasília, em março de 1974, elevariam o confronto entre o grupo e as autoridades à beira da desobediência civil. Em vários níveis, havia o perigo real de uma combustão.

Na noite de estreia, no Ginásio Nilson Nelson, inaugurado um ano antes com o nome de Ginásio de Esportes de Brasília, com 15 mil lugares tomados, sob forte algazarra da plateia, Moracy foi procurado pelo delegado responsável pela segurança. Queria conversar em particular. Foram até uma pequena sala.

Lá, ouviu a ordem dada em tom peremptório: Ney Matogrosso não poderia subir ao palco sem camisa. O empresário do Secos & Molhados suou frio, logo puxou um cigarro. Em sua cabeça se passou a cena: Ney não admitiria aquela exigência. Certamente se recusaria a cantar paramentado que não fosse de peito nu. Era afinal a sua identidade. Não haveria espetáculo. Como ele faria com todo aquele público?

Moracy tentou argumentar: o show já havia sido encenado para a censura, portanto possuía autorização, tanto para as canções listadas como para a performance do grupo. O delegado: sim, é verdade. Só que no meio do público estavam presentes a esposa e a sogra do ministro de Minas e Energia, Shigeaki Ueki. O empresário engoliu em seco.

O delegado informou que a senhora gostava do grupo, sim, muito, mas se incomodava com o peito nu do cantor. E era isso: se não estivesse vestido, ao menos com os pelos cobertos, não haveria apresentação. Não tinha conversa.

Mais não disse. Ficou olhando fixo para Moracy, já então no terceiro cigarro. Era a estreia em Brasília; no dia seguinte haveria outra apresentação com mais 15 mil ingressos já vendidos. Milhares de pessoas — e apenas uma sogra e uma esposa incomodadas com o peito nu de Ney Matogrosso. Decerto já usava óculos, estaria a bons metros do palco, mal conseguiria distinguir o mamilo direito do cotovelo esquerdo. E para Ney o show tinha um gosto especial, porque marcava sua volta triunfal à cidade.

Moracy escutou a ordem, logo a repassou a Ney e aos outros dois membros do grupo. "Não vamos mudar nada", foi a decisão do trio. Era o confronto. Pensaram em comunicar ao público, logo no início, a ameaça ditada pela sogra. Seria o mesmo que jogar fogo no poço de petróleo. Acharam melhor não. Mas peitariam a sogra e a esposa. E o delegado.

Subiram ao palco no figurino de sempre, Ney com sua calça de pirilampo, maquiado e obviamente sem camisa — com os pelos ao vento. Os dois outros, sob o mesmo guarda-roupa habitual. A primeira canção, "Mulher barriguda", já colocou a plateia na voltagem máxima. Entre os espectadores, de mães a avós, de filhos a pais, o público heterogêneo do grupo.

Ao final da canção, os membros da banda olharam em direção à coxia, onde se encontrava, cigarro à mão, Moracy. Não observaram qualquer alteração ou sinal estranho vindos do empresário — com exceção é claro de seus olhos ainda mais arregalados.

Os músicos deram os acordes da segunda canção da noite, "Assim assado". Entraram os toques do atabaque, depois o surdo da bateria, a flauta, a guitarra. Ney à frente, peito desnudo, com sua coreografia de passos curtos, olhar fixo em direção ao público. E começou a cantar:

> São duas horas
> da madrugada
> de um dia assim
>
> Um velho anda
> de terno velho
> assim, assim
>
> [...]

GUARDA BELO

Na canção, letra e música de João Ricardo, o velho de terno encontra com o prosaico guarda belo e morre em circunstância não explicitada. Para um período em que ocorriam desaparecimentos e mortes de adversários políticos do regime militar, estranhamente a narrativa não perturbava os censores. Talvez a sogra do ministro até cantasse sem atinar com o esdrúxulo do episódio: um velho desaparece assim, assim... João Ricardo se escudara no personagem do desenho animado para despistar as autoridades da época, sempre dispostas a sumir com os adversários políticos. Os desavisados cantavam sem se dar conta do recado subliminar, lúdico, enfim.

Naquela noite Ney não havia ainda chegado ao verso da morte do guarda quando a luz do ginásio se apagou. De repente, a eletricidade cedeu, tudo ficou completamente escuro. Quinze mil pessoas na penumbra. Silêncio de início, depois burburinhos, isqueiros foram acesos, assobios vindos da plateia.

Os primeiros instantes foram de surpresa, depois de pânico, com 15 mil pessoas no escuro, e por fim de incompreensão. Os técnicos correram para verificar o motivo da queda, até que logo se materializou na coxia a figura asneira do delegado, que arrotou à queima-roupa: sim, ele havia ordenado desligar a luz. De peito nu não haveria show — avisou.

Moracy, depois os membros do grupo, ainda tentaram uma solução negociada, mas o delegado bateu o pé. Então Ney, João Ricardo e Gérson Conrad, respectivamente 52, 54 e 53 quilos, anunciaram que comunicariam à plateia o motivo da falta de luz e que, portanto, não haveria espetáculo.

Aí o guarda belo tremeu. Viu-se pendurado na brocha. Pela cabeça dele deve ter passado a gritaria e o quebra-quebra tomando conta do ginásio. Quinze mil pessoas revoltadas... "Nós não voltaríamos ao palco, ameaçamos o delegado", conta Gérson. Então ele cedeu. O show foi retomado. Naquela noite a sogra do ministro dormiu com o peito nu e peludo de um homem em sua memória. Traumático.

De outro lado, havia a esquizofrenia do regime militar. Como num filme, havia o policial bom e o policial mau. Também em Brasília, na tarde

227

do primeiro espetáculo, o grupo cumpriu a exigência de repassar o show para os agentes da Censura Federal.

Só que em Brasília, a agente, certamente uma fã, levou junto diversos familiares (filhos, genros etc.) na sessão do grupo para a Censura. Ao final de cada canção, eram aplaudidos entusiasticamente pela censora e por seus parentes. Uma festa. Chegaram a cantar juntos. Nenhum dos músicos suportava aquela tutela militar: nessa tarde, em especial, Ney Matogrosso estava com um bico imenso. Cantou parado, sem mexer um músculo, para deixar evidente seu mau humor com a situação.

O grupo não costumava ter problemas com a autorização para os shows. Era antes um aborrecimento. Diante da costumeira distração dos funcionários da censura, quase sempre cantavam "Voo", música que havia sido vetada para registro em disco e, por consequência, também nos espetáculos. O que eles viram neste poema para censurá-lo?

Ao chegar no Recife, haviam se assustado com o urro das plateias, sentiram-se pela primeira vez realmente ameaçados pelo descontrole emocional de uma multidão de fãs. Já tinham sido arranhados, agarrados, quase estrangulados em beijos e abraços roubados e até quase violentados. Além de estar constantemente sob o olhar desconfiado das autoridades. No espetáculo de Recife, no entanto, foram salvos pelas forças policiais. O Ginásio de Esportes Geraldo Magalhães, o Geraldão, com suas galerias preenchidas por um público diverso, como sempre, da avó ao netinho, parecia estar com a lotação acima de sua capacidade. Ainda antes do início do espetáculo, a polícia havia tido problemas para conter o entusiasmo dos fãs, que insistiam em avançar sobre as áreas deixadas vazias para o escape. Soava tenso, mas ainda sob controle.

Foi ao longo do show que os problemas se apresentaram. Não havia de fato uma estrutura adequada, só mais tarde descobririam. Tudo era de improviso: o palco eram dois praticáveis postos lado a lado. Sobre eles, o grupo deveria cantar.

Os músicos só notaram o amadorismo da estrutura lá pela quinta canção — ninguém havia feito uma inspeção, porque não houvera tempo,

GUARDA BELO

do aeroporto correram para o ginásio, com rápida passagem pelo hotel. Conforme se movimentavam, o palco balançava, inseguro. Parecia um problema contornável, até que, sob o piano de Emilio Carrera, os praticáveis se separaram, criando um vão entre eles, dando ao músico a sensação de que em breve seria engolido pela cratera. Aquilo assustou a todos e, claro, limitou os movimentos da coreografia.

O público avançou, rompeu o cordão de isolamento montado pelos policiais, e o palco ficou balançando. A todo custo queriam se aproximar dos músicos, tocá-los. A tensão se agravou ainda mais após o término do espetáculo. O delegado responsável rapidamente informou aos integrantes do grupo que todos ali corriam risco, a turba estava fora de controle. Ele aconselhou, de maneira sôfrega, que não fossem aos camarins — certamente seriam invadidos pelos fãs. Se isso ocorresse, algo grave poderia acontecer. Deveriam sair dali de imediato. "Ouvi que não garantiriam nossa integridade física", Ney conta. Ensandecida, a multidão avançou mais e derrubou algumas paredes. Precisavam abandonar o local, era urgente — gritaram os policiais.

Para escapar, Ney Matogrosso se viu dentro de um camburão da polícia. Ainda com o figurino do show — maquiado, descalço, calção com franjas, pena na cabeça, colares e de peito nu. Ele estava com medo, agravado ainda pelo nervosismo dos guardas. Com as sirenes ligadas, não sem atropelo, deixaram o Geraldão.

Mas a perseguição continuou. Chegando no hotel, todos foram surpreendidos por outro imenso grupo de fãs que correu em direção à viatura ao perceber, em seu interior, de olhos estalados e pintura borrada, a figura de Ney Matogrosso. Ao cruzar as portas do hall, fugindo da turba, as mangas de seu figurino ficaram presas na maçaneta. Foi quando o cantor sentiu o outro lado da fama. Aflito, desvencilhou-se rapidamente do enrosco e escapou ileso. "Foi horrível, tive muito medo", conta.

Na manhã seguinte, outro sufoco. Os aeroportos brasileiros, em 1974, não tinham *finger*, de modo que os passageiros eram obrigados a caminhar pela pista até o avião. A caminho do embarque, o grupo passou às pressas por um corredor polonês canhestramente feito por policiais. De repente, o humor havia mudado. Não se sabem os motivos, mas ali os guardas deixaram de protegê-los para xingá-los com muitos palavrões. "O melhor deles", diz Ney, "falou 'olha só, isso aí que é homem lá no Sul?' Todos riam. Foi um filme de terror."

Desde o início do grupo, embora estivessem mergulhados na década de 1970, e todos fossem jovens, não havia consumo de drogas entre eles. Ao menos de forma, digamos, institucional, às claras. Havia sim álcool, mas dentro de um padrão social.

Em Santo André, na região metropolitana de São Paulo, resolveram pela primeira vez fumar maconha antes da apresentação. Até então, se tanto, um ou outro músico da banda costumava oferecer aos demais a famosa bagana. Nunca sequer deram um trago. Naquela noite, Ney, Gérson e João Ricardo aceitaram a oferta.

Antes dos espetáculos, havia uma espécie de ritual de aquecimento. Brincadeiras, palavras ao vento, abraços apertados entre eles. Nos camarins do ginásio em Santo André, já fumados, alguém pegou uma cadeira e jogou para um, que jogou para outro, e a cadeira ficou pulando de mão em mão, arremessada por eles.

Felizes, tranquilos, subiram ao palco e fizeram um show péssimo. Desencontrados, desafinados, atravessados, lentos, apressados, nada batia, tudo escapava. Por sorte o público pareceu não perceber, ao menos não se manifestou em apupos. E, por sorte, o espetáculo durava apenas 55 minutos. Longos 55 minutos, portanto. No dia seguinte, assustado, João Ricardo convocou uma reunião. A pauta: drogas. Todos juntos, Ney, Gérson e os músicos, então deu a ordem: não subiriam mais ao palco, nunca mais, sob efeito de drogas ou de bebida. O show da noite anterior havia sido horrível, um sucesso muito grande — inusitado no Brasil — estava em jogo, não poderia permitir que brincadeiras afundassem o barco. Todos concordaram.

Dias depois, em São Caetano, também ao lado de São Paulo, outro susto. Ainda no início do show, um dos *roadies* avisou Emilio Carrera: os homens estão aí. Sentado em seu piano, o músico deu de ombros. Não tinha entendido direito. Enquanto o grupo era aplaudido ao final de uma canção, o pianista correu até a beira do palco. De novo o *roadie*: os policiais estão nos camarins, atrás de drogas. Emilio engoliu em seco.

E voltou ao instrumento porque começariam a próxima música do *setlist*. Uma característica dos espetáculos do S&M era ligar uma canção à outra, dando pouco espaço para o respiro da plateia. Enquanto tocava, sob os acordes, Emilio conseguiu gritar para Willy:

— A cana está aí. Nos camarins. Atrás de drogas.

O baixista fez o gesto de que estava limpo. Com o baixo nas mãos, Willy estava mais livre e saiu no palco fazendo sua enquete. Voltou até Emilio com os olhos arregalados, aqueles seus olhos azuis: sim, havia droga no camarim. Não podiam fazer nada. Estavam presos (não literalmente ainda, pensaram) ao palco, tocando.

Apenas Emilio e Willy sabiam o que se passava atrás das cortinas. Ao final do espetáculo, nas coxias, Moracy contou o que estava acontecendo, e confirmou que os policiais de fato haviam apreendido drogas.

E agora?, quis saber Emilio. O embate entre o corpo policial e os artistas, em especial naquele período de exceção, se dava na censura às manifestações artísticas e na vigilância ao uso de drogas. Entre vários casos da época, Gilberto Gil e Rita Lee foram presos por portar maconha. E a legislação não fazia distinção entre traficante e modesto usuário — caso de Gil e Rita, que amargaram na cadeia. Ele passou doze dias num hospital psiquiátrico, enquanto a ela coube um ano em prisão domiciliar.

E agora?, perguntaram de novo os músicos. Não se sabia ao certo de quem era a maconha encontrada nos camarins — sim, pertencia aos músicos, mas a polícia prenderia todos eles? Em meio às conversas nervosas, já se via o escândalo nos jornais, as manchetes dos programas populares, enfim, uma boa complicação. Minutos depois, Moracy voltou e deu a ordem para que todos fossem embora. Estavam liberados. Ele ficaria para conversar, sozinho, mais demoradamente com o chefe da operação. Moracy se expressou bem: não se lavrou qualquer flagrante.

13. PRIMAVERA NOS DENTES

Passados mais de quarenta anos dos acontecimentos, com João Apolinário já morto, em 1988, alguns fatos se embaralham na cronologia, além dos motivos da separação, até hoje latentes. A partir de agora haverá sempre duas versões da história, às vezes três: de um lado, Ney, Gérson e Moracy; de outro, João Ricardo. Ney, Gérson e Moracy também divergem da ordem dos acontecimentos. Em alguns momentos, João Ricardo protege o pai das acusações; em outros, mostra dúvidas.

Não importa: o sucesso repentino trouxe a glória, mas principalmente o esgarçamento das relações e a costura de conspirações. Aí, então, todos podem soar como vítimas ou como algozes inconscientes.

Desde antes do Maracanãzinho, as apresentações do grupo, nas capitais e nas cidades do interior, já seguiam trajetória ascendente, com recordes de público. Nenhum artista, até então, voara tão alto, em vendas de discos ou número de espectadores nos shows. Passo seguinte, era visto como natural a busca por uma carreira internacional. Nomes da Bossa Nova, na década de 1960 — Antônio Carlos Jobim, Sérgio Mendes e João Gilberto, entre outros —, alcançaram projeção no exterior, principalmente nos Estados Unidos, a maior praça do mundo.

Só que no cotidiano do grupo, sob uma agenda extenuante de compromissos, havia um clima pesado entre as canções. Vivia-se uma silenciosa briga de poder. Tomava-se a desorganização operacional e financeira de Moracy como motivo para interferências e tentativas de mudanças na estrutura. Junto vinha a insatisfação de acordos não cumpridos: Ney, principal referência do grupo, reclamava por receber a menor quantia no trio. Aventada anteriormente — uma porcentagem maior na divisão do butim dos espetáculos —, a compensação por não ganhar direitos autorais como compositor demorava a se concretizar. No fim, ficou de fato apenas na intenção.

Enquanto tentava resolver as deficiências na estrutura, Moracy apresentou uma solução pelo menos para aliviar a insatisfação de Ney, cada vez mais evidente. Ele tinha receio de que o cantor se cansasse do que já julgava como um passa-moleque.

Foi quando surgiu a ideia da abertura de uma editora musical e de um selo, ambas as iniciativas sob o nome de Secos & Molhados. Pelo desenho oferecido, o trio mais Moracy ficariam sócios em partes iguais — 25% cada.

Parecia um ovo de Colombo: até então as músicas do grupo, compostas por João Ricardo e Gérson, estavam registradas em uma editora de terceiros. De cada pagamento feito, a título de registro, 33% do total era retido. Uma montanha de dinheiro para uma empresa com papel passivo na operação: receber de um lado, pagar de outro. A nova editora, portanto, iria centralizar o recolhimento de todos os direitos autorais do grupo.

De outro lado, o selo Secos & Molhados aproveitaria a força popular do grupo para lançar seus futuros trabalhos — à semelhança dos Beatles com o selo Apple — e ainda colocar no mercado discos de outros artistas. A Continental abençoou a ideia. No acordo, seria responsável por todo o processo comercial e financeiro. A direção artística traria a assinatura dos integrantes do grupo.

Ney sugeriu, para estar com a editora e o selo, o nome de Paulinho Mendonça, seu velho amigo e que assinava a direção cênica dos espetáculos da banda. De todos, era o único que possuía alguma experiência administrativa mais reconhecida. Logo foram convidados alguns nomes para estrear os futuros lançamentos em disco — Eduardo Dussek, Luhli, Ronaldo Resedá, Jorge Omar, entre outros.

Recorde de público nos shows, maiores vendedores de discos do país, editora musical e selo — bem, tudo isso merecia um escritório à altura. Precisavam sair do estado mambembe em que estavam. Trataram de alugar uma casa ampla na alameda Itu, número 434, nos Jardins, em São Paulo. Após longa reforma e pesado investimento, seria o palco das desavenças finais da banda.

No momento da assinatura do contrato, tudo azedou. De novo, o que havia sido combinado não apareceu em letra de forma. Pelo contrário. Até aquele momento, os integrantes do grupo possuíam apenas um contrato assinado entre eles — a SPPS Produções Artísticas recolhia os cachês dos espetáculos. Outro documento, o acordo com a Continental Discos, trazia apenas a assinatura de João Ricardo. Se Ney ou Gérson resolvessem deixar o barco, nada os prendia formalmente ao grupo. Foram feitos outros combinados, só que verbais, e apenas uma vez rascunharam uma minuta mais ampla — nunca assinada, porém.

A S&M Produções Artísticas traria pela primeira vez segurança jurídica a todos os membros da banda. Com a minuta da empresa em discussão, surgiu a presença do cabelo grisalho e do sotaque carregado de João Apolinário. O dinheiro dos shows, pertencente aos quatro, passou a ser investido na reforma, decoração e montagem do escritório. Também na contratação de funcionários. Ações coordenadas por Apolinário, com pouca participação de Moracy. Aos poucos, e não de maneira velada, o empresário era posto de lado. Daí um dos motivos da irritação de Ney: quem dava esse poder a Apolinário? Ele e Gérson vinham insatisfeitos com a bagunça da organização, porém não eram consultados por João Ricardo para delegar poder ao seu pai na gerência dos negócios. O rompimento público demoraria ainda alguns meses, porém os pés já estavam na porta, em retirada.

Como havia acontecido logo após o show do Maracanãzinho, mais uma vez Ney voltou a dar pistas a João Ricardo sobre seu descontentamento. Estavam os dois no carro. Ney falou:

— Estou vendo o que o seu pai está fazendo, abre o olho!

Ao volante do carro, João Ricardo começou a chorar. Ney imaginava duas possibilidades: ou Apolinário tomava decisões à revelia do filho ou tinha a sua conivência, mesmo que a contragosto, dado o temperamento irascível do pai.

Eram duas as possibilidades, mas Ney não tolerava nenhuma delas. Uma ou outra soavam imperdoáveis. Depois do choro, João Ricardo estendeu a bandeira branca. Propôs uma viagem de seis meses para a Europa logo após a gravação do novo disco. Seriam dias de reciclagem e descanso. Assistiriam a dezenas de shows, flanariam pelas ruas de Londres e de Paris, sem compromisso. Ney foi mordaz:

— Uma lua de mel tardia? Só eu e você? Não tem jeito, João Ricardo.

Ambos ficaram mudos a partir daí, embora na versão de João Ricardo só tenha havido a sugestão de uma temporada no exterior.

João Apolinário se transformara na Yoko Ono do Secos & Molhados. À semelhança da mulher de John Lennon — a série *Get Back*, dirigida por Peter Jackson, de 2022, escande o conflito —, o pai de João Ricardo dava palpites em regiões cativas de Ney, Gérson e Moracy. As broncas, interferências, alterações e desavenças provocadas por ele haviam saído da margem de tolerância, e as decisões de Moracy eram confrontadas, muitas vezes em tom ríspido. Cordato, o empresário parecia resignado com a perda de poder. Atitude diferente teria Paulo Mendonça.

Apolinário quis invadir sua área, não com sugestões, mas com ordens, logo vistas como tentativas de menosprezo. Do tipo (relembra Paulinho): "Vá buscar água para mim" ou "Me traga rápido uma cadeira". Diante da recusa em abaixar a cabeça, os dois começaram a discutir. Sem paciência, Paulinho lançou:

— Vá à merda, Apolinário — e foi embora, deixando suas funções.

Aquilo foi alerta geral.

Contrariado, Ney Matogrosso marcou uma reunião com a direção da Continental. No encontro, comunicou que abandonaria o grupo. Sua paciência com João Ricardo havia se esgotado, se esvaído de vez. Não haveria retorno. Os executivos tentaram acalmá-lo, sem sucesso.

No fim, diante de sua insistente negativa, propuseram que gravasse o segundo disco, já planejado e previsto no contrato, e segurasse sua decisão até o trabalho ser lançado. Haveria ainda uma viagem ao México, para lançamento do disco no mercado em língua espanhola. Depois, comunicaria sua saída. Ficou acertado ainda o interesse deles em tê-lo na companhia como artista em sua carreira solo.

De seu lado, Gérson conta de uma reunião na Continental, convocada pela direção da gravadora, diante dos boatos do final do grupo. Os executivos lembraram que a banda era o maior sucesso já visto no Brasil, o novo trabalho a ser gravado na volta da viagem ao México tinha força para repetir o desempenho do anterior e havia ainda uma agenda de divulgação montada.

Então, que se comportassem em suas desavenças porque muita coisa estava em jogo — começando por muito dinheiro. Os boatos se intensificavam. Começaram a surgir notas na imprensa. A concorrência discretamente se movimentava, mantinha os passos do grupo sob vigilância.

Depois de receber um telegrama da RCA, Ney viajou ao Rio, e foi direto à casa de Paulinho Mendonça. Disse ao amigo que havia sido convidado para uma reunião na gravadora e queria sua presença junto dele. O autor do convite, Vitor Martins, diretor artístico do selo e depois parceiro de Ivan Lins, foi direto ao assunto: ouvira rumores sobre a separação da banda e propunha a Ney, em excelentes bases financeiras, o início imediato de sua carreira solo na RCA. "Era um dinheirão", conta Paulinho.

"Ele me disse que ainda tinha contrato com a Continental, para mais um disco", conta Vitor. "Fiquei encantado com sua transparência e honestidade."

Outra reunião havia sido marcada na RCA, mas agora com toda a direção da gravadora, dessa vez convocada pelo diretor-geral. Ney achou estranho e ligou para Vitor Martins. "Contei a ele que tinham me colocado para fora", diz o letrista.

Ao chegar para a reunião na gravadora, Ney logo perguntou sobre Vitor. Ouviu do presidente da gravadora que ele havia ficado preso em São Paulo, em um outro compromisso. Era mentira. O cantor escutou a proposta, cheia de números e outras promessas. Deixou a sala sem muitas palavras. "Nunca que eu iria trabalhar com aquele pessoal", conta Ney. Nem se lembra como respondeu aos pedidos de outras reuniões. Paulinho lembra: "Eu disse a ele que era cedo para deixar o grupo, poderia ser precipitado. Ainda tinha muita coisa pela frente."

André Midani, presidente da Phonogram na época, jura que jamais deixaria a banda chegar a esse ponto de ruptura. Em sua avaliação, faltou pulso ao pessoal da Continental, e ação: sua receita seria a de trancá-los em uma sala até que resolvessem seus problemas, mesmo que corresse sangue, e depois enviaria os três para uma viagem longa de descanso ao exterior. Voltariam sem ódios. Mas isso não aconteceu. Logo correria sangue.

PRIMAVERA NOS DENTES

Na manhã de 24 de maio de 1974, uma sexta-feira, Ney Matogrosso, João Ricardo e Gérson Conrad embarcaram em um voo rumo à Cidade do México. Estavam marcadas duas apresentações, em playback, nas emissoras locais, entrevistas aos jornais e ainda participação em programas de rádios.

Dias antes, como ficariam ausentes por cerca de três semanas, haviam assinado alguns documentos levados por um portador. Entre os papéis, uma procuração dando poderes a João Apolinário para tocar a empresa deles, a SPPS, e o escritório, durante a viagem.

Ao pé do avião, Ney Matogrosso e Gérson Conrad foram surpreendidos com a inesperada notícia de que Moracy do Val não seguiria viagem. Acharam estranho o fato: por que o empresário e maior entusiasta da internacionalização ficaria no Brasil? Outra informação dizia que talvez ele seguisse mais tarde, depois de acertar alguns papéis. Pelo roteiro, ficariam cerca de 22 dias no México: até poderia, sim, encontrá-los no meio dos compromissos.

Mas… Diante da ausência de Moracy, Ney apertou os dentes e pensou que sua reunião com a diretoria da Continental ocorrera no momento certo. A cobra ia fumar.

A partir da estratégia montada por Moracy, o México funcionaria como base de lançamento para a internacionalização do grupo, por causa da língua espanhola (miravam-se os países latino-americanos) e da vizinhança com os Estados Unidos. Estavam nos planos encontros com agentes americanos para fechar uma apresentação em Nova York. Já pensavam em um disco com músicas sobre poemas de autores de língua inglesa, chegou a anunciar João Ricardo ao jornal *O Globo*. Moracy, entusiasmado, planejava uma turnê mundial com show de encerramento, apoteótico por certo, em Hiroshima. No itinerário, uma aterrissagem em Portugal, terra natal de João Ricardo, para colher a repercussão de "O vira", ancorado, então, em primeiro lugar nas paradas de sucesso.

Daí que a agenda de compromissos soasse semelhante a um cartão de apresentação. Foram escolhidos programas de rádio e de televisão bastante populares, capazes de atingir um público variado. A intenção era a mesma de sempre: nomeados como o maior fenômeno já visto na música popular brasileira, buscava-se despertar interesse por meio da personalidade de seus integrantes e da música.

As duas apresentações nas emissoras mexicanas atingiram um público estimado em 30 milhões de telespectadores. Logo, "Sangue latino" e "O vira" se tornaram hits martelados nas rádios. Em apenas cinco dias, *Secos y Mojados*, o disco em espanhol, vendeu cerca de 10 mil cópias. José Ángel Rota, diretor da Orfeon-VideoVox, a gravadora responsável pelo lançamento do LP, mandou prensar outras 30 mil — registrou despacho do jornalista Nelson Motta, n'*O Globo*, no dia 9 de junho de 1974. O público se dividiu entre entusiasmado e assombrado diante da performance do grupo. A maquiagem no rosto levou os integrantes a serem abordados nas ruas e questionados a respeito de sua masculinidade.

Já se programava o segundo trabalho, e uma música em espanhol havia sido posta no radar. Metrificado por Paulinho Mendonça, a partir de fragmento de *Prosa do observatório*, de Julio Cortázar, com autorização dada diretamente pelo autor para a versão, "Tercer mundo" ganhara delicada melodia de João Ricardo. A canção trazia o ânimo da época, de afirmação da identidade latino-americana. Nos versos, Cortázar flagra o paradoxo do arcaico da região em contato com o mundo globalizado:

> ahí, no lejos,
> las anguilas laten
> su inmenso pulso,
> su planetario giro,
> todo espera el ingreso
> en una danza
> que ninguna Isadora danzó
> nunca de este lado del mundo,
> tercer mundo global
> del hombre sin orillas
> chapoteador de historia
> víspera de sí mismo.
>
> [...]

PRIMAVERA NOS DENTES

Na Cidade do México, os três se instalaram nos quartos da suíte presidencial do Sheraton. Embora a agenda estivesse recheada de compromissos com a mídia mexicana, ainda assim o período de cerca de vinte dias serviu para passeios e momentos de descanso na capital.

Desde agosto do ano anterior, portanto havia nove meses, nenhum deles tinha conseguido retornar ao estilo de vida de antes do inusitado sucesso. No Brasil, mesmo sem o rosto pintado, em trajes civis, acabavam importunados por fãs mais obsessivos. Finalmente podiam caminhar pelas ruas, mesmo quando eram reconhecidos, e ainda discutir o que havia acontecido com a vida deles desde o lançamento do disco. Menos João Ricardo.

Enquanto Ney e Gérson saíam quase todas as noites para jantar em diferentes restaurantes e voltavam a pé para o hotel, João Ricardo tinha cismas com a segurança do grupo. Os dois outros debochavam do companheiro.

Em uma das tardes quentes da temporada mexicana, receberam a visita de dois empresários americanos. Tinham vários assuntos em pauta. Estavam informados da trajetória do grupo, haviam assistido a trechos de suas apresentações nos canais de TV e mostravam-se principalmente impressionados com os números de vendagem alcançados no Brasil — ainda mais para um primeiro trabalho feito com tão baixos recursos.

A confusa conversa daria origem a um dos muitos folclores que ligam o Secos & Molhados à banda americana Kiss. Gérson se recorda de um deles se chamar David Ruffino. O outro nome se perdeu na memória do tempo, embora o nome David Ruffino também não traga registros em pesquisa sobre o show business americano.

Os dois empresários vendiam os Estados Unidos como o Nirvana de frente para o mar: um mercado riquíssimo, sedento por novidades. Chegaram a citar o percurso dos Beatles entre os americanos: antes uma banda de sucesso meramente regional; a partir dali, a conquista de uma projeção mundial. E se referiram à mudança de status do grupo chamando-os de American Beatles, que poderia ser a possessão americana sobre o conjunto britânico. E, de maneira matreira, colocavam na mesa o que ocorrera nos Estados Unidos: a criação de diversos êmulos. Um sucesso logo é seguido por imitadores em busca de algumas migalhas.

No Brasil, a popularidade do Secos & Molhados inspirou tentativas de imitação; entre outras, a mais célebre atendia pelo nome de Achados & Perdidos.

Ao exibir o sucesso mundial dos Beatles, a partir da chegada do grupo aos Estados Unidos, os dois empresários fizeram algumas propostas para colocar o Secos & Molhados em terras americanas. O show de estreia poderia ser no Madison Square Garden, em Nova York. Mas seria melhor se cantassem em inglês — o que eles recusaram, de pronto. Depois, queriam transformar a marca do grupo em produtos como camisetas, buttons etc.; e por fim discutiram os royalties destinados a eles, depois de comissões, impostos e intermediações. Ao final, o trio preferiu deixar em aberto: outros empresários talvez tivessem propostas melhores.

A referência aos imitadores americanos dos Beatles, e o surgimento do Kiss meses depois, levou Ney a juntar os fatos e a comentar várias vezes ser um troco ao Secos & Molhados, por eles terem recusado as condições oferecidas pelos empresários. É uma boa história. Tantos anos depois, Gérson Conrad acha que Ney fez confusão: "Não foi nada disso. Eles falavam em inglês, Ney não entendeu direito."

As datas também não favorecem a teoria conspiratória. No fim de maio de 1974, período de viagem do Secos & Molhados ao México, o lançamento do primeiro trabalho do Kiss nos Estados Unidos (em 18 de fevereiro) já tinha completado dois meses.

Além disso, por trás do Kiss não havia nenhum David Ruffino, mas, sim, Bill Aucoin, do selo Casablanca Records, que descobriu e bancou o grupo até 1975, quando, após dois discos sem repercussão, finalmente explodiu mundo afora com "Rock and Roll all Nite", do álbum *Dressed to Kill*.

Sem Moracy na expedição mexicana, Ney e Gérson passaram a observar mais de perto os movimentos de João Ricardo. A súbita ausência do empresário não havia sido absorvida pelos dois. Assim, mantinham os passos do colega sob severa atenção. Ambos especulavam sobre uma provável conspiração em marcha. João Ricardo e o pai, sob essa lógica, eram vistos como possíveis adversários. Precisavam se proteger, portanto. Ney se sentia mais tranquilo após sua conversa na Continental e sua resolução de pular fora do grupo. Como combinado, mantinha silêncio. À exceção de Paulinho Mendonça, ninguém sabia de seus próximos passos.

A movimentação de João Ricardo apenas corroborava a decisão de Ney. Por vários gestos e movimentos, João chamou a atenção de Gérson. Repetidamente deixava a suíte presidencial e descia ao térreo. Gérson se perguntava: por que saía a toda hora? Já desconfiado, vendo o parceiro num entra e sai constante, um dia o viu na cabine de telefone no hall do hotel. Quando passou por perto, ouviu a conversa — achou que João estava falando com o pai. Ao vê-lo se aproximar, João teria ficado incomodado.

De volta à suíte, Gérson relatou a Ney o que vira, e o que mais ou menos ouvira, além de expor suas suspeitas. Os dois concluíram que havia algo em andamento, e eles eram mantidos a distância. Aos olhos deles, a corda vinha sendo esticada.

Quando retornaram a São Paulo, em meados de junho, a corda esticou um pouco mais. Ney e Gérson souberam que Moracy do Val havia sido expulso do Secos & Molhados. Tinha deixado de ser o empresário do grupo.

Com a procuração para gerir o escritório assinada por Ney e Gérson em mãos, João Apolinário destituíra Moracy à revelia de ambos e sem avisá-los. Ainda hoje os dois alegam que a procuração não dava tais poderes a Apolinário, tampouco concordavam com o afastamento do empresário. Percebiam a desorganização da estrutura, em especial a financeira, porém se sentiam bem representados por seu trabalho. Não estava claro o motivo para tirá-lo do cargo. Sentiam-se traídos por João Ricardo, e não apenas por Apolinário. A interlocução e o trato de ambos eram com João. O pai dele era visto ou como seu representante ou como seu interventor. Numa mão ou outra, enxergavam traição e conspiração contra eles.

Além de Moracy, agora afastado, Ney e Gérson também se viam na linha de tiro. Confrontados pelos dois, no novo escritório da alameda Itu, João Ricardo e Apolinário se defenderam dizendo que o documento assinado dava, sim, poderes para afastar Moracy. E que isso havia sido feito porque o empresário não tinha conseguido prestar contas de maneira satisfatória. Faltavam notas, os valores não batiam, suspeitavam de superfaturamento, eram apresentadas notas pertencentes a outros fornecedores etc.

O caso fora parar na delegacia. Apolinário prestara uma queixa contra a gestão do empresário. Delegacia? Ney e Gérson ficaram chocados com a gravidade dos atos de Apolinário. Segundo eles, Moracy poderia ser um tipo atrapalhado na prestação de contas, na organização da infraestrutura, mas nunca seria capaz de trapaceá-los. Disso tinham certeza.

Pouco depois, convocado a depor, Moracy esclareceu todas as dúvidas, com a apresentação de comprovantes e com uma contabilidade mais ordenada. Tudo se esclareceu.

No meio da discussão, Ney se lembrou de sua reunião na Continental — e de sua promessa em segurar os ânimos. A lembrança apenas o fez levantar bruscamente e deixar a sala. E abortar o murro que daria no "Cachopa" — como desdenhosamente chamava João Ricardo.

Àquela altura, o desenlace se dera de maneira irremediável. Talvez pai e filho não acreditassem na possibilidade de Ney abandonar a banda. Afinal, voavam no sucesso de milhares de cópias vendidas, na quebra de recordes nos shows, na cobertura intensiva da mídia brasileira. E já miravam o mercado internacional. Eles eram um fenômeno. Quem jogaria fora tamanho sucesso, dinheiro, reconhecimento e exposição?

Se apostou, João Ricardo apostou errado. Ney Matogrosso continuava um hippie. Com 800 mil cópias vendidas, lotando o Maracanãzinho, sendo imitado nas festas de criança, ele continuava sem conta bancária — o dinheiro ainda era deixado na sala de sua casa, na rua Fernando de Albuquerque. Tinha um único bem adquirido depois da fama: uma Brasília bege que ele não sabia dirigir.

14. O DIA DE VERMELHO

No final de junho de 1974, o Secos & Molhados entrou no Estúdio Sonima, na rua Aurora, no centro de São Paulo, para a gravação do segundo disco. O clima não tinha melhorado. Emilio Carrera e Willy Verdaguer se recordam do mau humor entre os integrantes do grupo. Não sabiam dos confrontos nos bastidores, mas calculavam que algo inevitável ocorreria depois de encerradas as sessões.

Do final de junho até meados de julho, o trio e os músicos, novamente Emilio, Willy, John Flavin e Gripa, acrescidos de Norival D'Angelo, que participou na bateria, Jorge Omar no violão e Triana Romero, tia de Emilio que tocou castanholas, quase não deixaram o estúdio. As instalações ofereciam quartos, e lá eles descansavam dia ou noite quando batia o cansaço. Era ano de Copa do Mundo e, numa tentativa de desanuviar, chegaram algumas vezes a jogar futebol dentro do estúdio.

O caso Moracy do Val não havia sido esquecido por Ney. Estava apenas adormecido em sua mente. Isso se refletia no clima das gravações. Para amainar o ambiente, ele acendia velas nos cantos do estúdio. "Precisava melhorar a energia", conta.

Com os relacionamentos fragilizados, logo surgiu um impasse. Ao contrário do previsto, o repertório do grupo contemplava somente canções escritas por João Ricardo, não traria qualquer autoria de Conrad. Tratava-se de uma decisão de João Ricardo, que também era produtor do disco. Gérson se mostrou contrariado, sentimento que Ney também manifestou: tudo aquilo soava um tanto arbitrário.

Até que o destino bateu na rua Aurora. A Censura Federal proibiu o registro da canção "Tem gente com fome", parte de um poema maior de Solano Trindade musicado por João Ricardo. A composição só seria gravada anos depois, por Ney, já em carreira solo. Ao prestar atenção a um trecho da letra é possível perceber o pavor dos censores:

Trem sujo da Leopoldina
Correndo, correndo, parece dizer
Tem gente com fome, tem gente com fome
Tem gente com fome, tem gente com fome
Tem gente com fome, tem gente com fome
Tem gente com fome

[...]

Ninguém contava com a tesoura da censura. Muito menos João Ricardo: ele não tinha mais composições para integrar o disco. Quando pediu a Conrad uma das dele, este sorriu e Ney sorriu junto:

— Se vira, Cachopa...

Conrad tinha outras canções, mas se recusou a oferecer ao produtor João Ricardo. Àquela altura, ele conta, já desenhava seu primeiro disco solo. Também dera por perdido o Secos & Molhados.

Enquanto persistia o impasse, outras canções foram gravadas. Willy e Emilio, depois de tantos meses em convivência diária, montavam com facilidade os arranjos para a banda.

Como precisavam fechar o disco, Paulinho Mendonça, que acompanhava as gravações, ofereceu a Gérson um novo poema, escrito ali mesmo no estúdio. Era uma tentativa de melhorar o clima entre os integrantes da banda. Gérson se isolou durante a madrugada e perpetrou outra pérola, "Delírio...". Um trecho:

Não vou buscar
A esperança
Na linha do horizonte
Nem saciar
A sede do futuro
Da fonte do passado
Nada espero
E tudo quero

O DIA DE VERMELHO

Sou quem toca
Sou quem dança
Quem na orquestra
Desafina

[...]

Alguns versos poderiam ser lidos como um retrato amargo do que viviam os integrantes do grupo naquele início de segundo semestre de 1974. Gérson mostrou a nova composição a Ney, sem muito entusiasmo, considerou-a fraquinha. Pelo contrário, disse Ney, é muito bonita. "Delírio..." seria uma das derradeiras músicas a serem registradas no segundo álbum da banda. Com 2m39s, está no lado B.

O clima pesado entre os integrantes do trio não encontrava eco entre os músicos — à luz daquele mau humor, eles se isolavam para criar com liberdade. Aproveitavam as escaramuças até. No momento de gravar "Flores astrais", música de João Ricardo sobre poema de João Apolinário, Emilio e Willy sugeriram uma abertura numa levada de bebop, meio rock clássico. João Ricardo aquiesceu. Emilio se sentou ao piano, e apenas incríveis 15 minutos depois apresentou uma introdução logo tornada emblema do novo disco da banda, à semelhança do que ocorrera com "Sangue latino" sob o desenho do baixo de Willy. Emilio, assim como Willy, criou o arranjo e por ele nunca recebeu os direitos autorais a que teria direito caso houvesse assinado algum documento. Ficou pelo entusiasmo e espontaneidade do momento. "Flores astrais" é a primeira faixa do novo álbum, e foi a canção escolhida pela gravadora para divulgar o trabalho.

Em "Tercer mundo", de João Ricardo e Julio Cortázar, de novo surgiu o voluntarismo dos músicos. A partir de arranjo desenhado por Willy, Emilio mobilizou sua tia Triana Romero para tocar castanholas. Ney chegou a tomar algumas aulas do instrumento com a cantora de origem espanhola.

Apesar dos muitos esgares, o disco foi concluído dentro do prazo combinado, em meados de julho. No total, são 28m37s somadas as treze canções. Exceto "Delírio…", todas trazem a assinatura de João Ricardo, sobre poemas de Oswald de Andrade, Fernando Pessoa, Luhli, João Apolinário e Paulo Mendonça. A capa, de novo assinada por Antônio Carlos Rodrigues, é sisuda, enigmática e descortina o clima pesado reinante: o rosto maquiado dos três membros do grupo surgia sobre um fundo negro, com tramas de tecido. Rodrigues, dessa vez, conseguiu cobrar um bom preço pelo trabalho.

É uma bela peça de Rodrigues, com um design e fotos em estilo *noir*, enigmáticas, estampando o clima de desconforto entre seus integrantes. Mas com a dissolução do grupo, logo em seguida, passou despercebida. Ao contrário da primeira capa, com as cabeças cortadas, vista como um clássico, e eleita em 2001 pela *Folha de S.Paulo* como a melhor capa de LP na história da música popular brasileira.

Terminadas as gravações e a mixagem, a Continental correu para preparar a prensagem do disco já mirando outros recordes de vendagem. Os executivos não queriam ser capturados de novo no contrapé, de modo que a empresa inteira foi mobilizada nos preparativos do lançamento. Os departamentos comercial, de distribuição e divulgação respiravam o Secos & Molhados II, e com razão: só das lojas, já havia chegado o pedido de 300 mil cópias. A expectativa criada pelo novo trabalho vinha acompanhada de boatos insistentes e surdos sobre o final do grupo, embora os desmentidos fossem constantes. A Continental defendia a integridade de seu produto: não queria colocar na praça o trabalho de uma banda já desfeita. O impacto da novidade perderia a força.

Nos escaninhos silenciosos do trio, as suspeitas se avolumavam em ritmo feérico. João Apolinário reinava no escritório da alameda Itu, de onde havia começado a marcar novas apresentações para depois do término das gravações. João Ricardo e o pai convocaram uma reunião com Ney e Gérson.

Passados quarenta anos, os dois ainda espumam de raiva ao rememorar o encontro. Ao chegar, encontraram João Ricardo refestelado numa poltrona com os pés sobre a mesa. Ele não se mexeu quando chegaram lá. Ney fechou a cara. Poderia ser nada, como poderia ser tudo — no caso, havia um passado de haveres entre eles, e Ney imaginou que o encontro trouxesse um desenrolar por conta da saída de Moracy. Sua percepção não falhou.

O DIA DE VERMELHO

Apolinário apresentou a eles uma minuta de sociedade. Pelo documento, a nova empresa S&M Produções Artísticas trazia os direitos da marca Secos & Molhados em nome de João Ricardo, com 100% das ações, e Ney e Gérson seriam membros contratados da banda, com direitos à divisão de lucros dos shows. Dessa vez, Ney leu o documento letra por letra, linha por linha, acompanhado de Gérson, também atento. Claro, vinham escaldados. Ao final, Ney disse que não assinaria aquele contrato.

— Do jeito que está vou ser empregado do grupo que ajudei a criar — afirmou.

Gérson aquiesceu. Apolinário interveio em defesa do teor do documento.

— Essa merda eu não assino — disse Ney.

Dito isso, rasgou os papéis e saiu da sala.

Foi seguido instantes depois por Gérson, um tanto aturdido com a surpresa do novo documento e com a reação brusca do intérprete. Ney considerou a oferta da nova minuta uma declaração de guerra.

Pensava no compromisso assumido em reunião com a Continental de não pular fora antes do lançamento do disco, mas se perguntava o que devia fazer. Foi para casa. De lá ligou para Paulinho Mendonça, no Rio. Contou sobre a reunião, sobre a minuta, e concluiu:

— Não aguento mais, vou sair logo.

E deu um prazo: seria em seguida à gravação do clipe para o *Fantástico*, no Rio. Emendou:

— Posso ficar uns dias na sua casa?

O intérprete de um verdadeiro fenômeno da música popular brasileira, o ídolo de mães, avós e netas, estava duro. Sem dinheiro. Depois da vendagem de quase 1 milhão de discos e do recorde de público em várias capitais brasileiras, bem, havia amealhado somente uma Brasília bege — e continuava com o mesmo guarda-roupa reduzido de quando havia chegado em São Paulo: algumas calças, camisetas e uma bolsa de couro feita por ele. Vale lembrar que ganhava somente o lucro final dos espetáculos, então dividido em quatro partes (os três S&M, mais o empresário), depois de apurados os pagamentos de todas as despesas com infraestrutura de som, músicos, aluguel de espaços, entre outros gastos. Ney não recebia direitos

253

autorais na vendagem dos discos, ao contrário dos dois outros integrantes, ambos compositores.

Conrad, naquela tarde de julho de 1974, parecia em situação um pouco melhor: recebera os direitos autorais por suas duas canções do primeiro disco — "Rosa de Hiroshima" e "El Rey" (em parceria com João Ricardo) — e, juntando os lucros dos shows, comprara um apartamento de 130 m², hoje em nome de suas filhas. Mesmo assim, também estava sem dinheiro à mão.

Os próximos três espetáculos, já vendidos por João Apolinário, seriam bem-vindos para os dois enquanto esperavam a prensagem do disco e a gravação do *Fantástico*, marco de desembarque de Ney Matogrosso. Ao menos teriam um pouco de dinheiro em breve.

Os shows em Uberaba e Uberlândia repetiram a dose de sucesso das apresentações anteriores. Ginásios lotados, público feminino histérico, e a imprensa noticiando o novo disco — e especulando sobre o final do grupo. Durante uma das viagens de volta a São Paulo, João Ricardo abordou Ney. Perguntou a ele o que faria se deixasse o Secos & Molhados. Voltaria a Mato Grosso para criar galinhas? João refuta essa abordagem.

No último show do Secos & Molhados, Ney e Gérson sentiram a corda esticar pela derradeira vez. O espetáculo agendado por João Apolinário, em um clube de Osasco, na Grande São Paulo, estava lotado. Logo na chegada, os dois descobriram que Apolinário, agora como gestor e empresário do grupo, obrigara a bilheteria a vender os ingressos a preços irrisórios, quase de graça. O motivo? Segundo Gérson, levar o Secos & Molhados ao povo mais carente, mais simples. Ney completa: era um show para os amigos comunistas de Apolinário, dado que o clube era ligado a um sindicato.

A plateia de Osasco não viu Ney em pé no derradeiro show do Secos & Molhados. Em protesto contra João Apolinário, ele cantou em posição inesperada: de quatro. "Imaginar que Moracy queria nos levar para cantar em uma concha no meio do Xingu. E estávamos ali cantando num clubinho de Osasco", relembra Ney. Pior ainda: ele nunca viu o dinheiro dos três últimos shows do grupo. Ao final das apresentações, recebeu vales — jamais descontados. Gérson não se recorda desse fato.

O DIA DE VERMELHO

Na manhã de sexta, 2 de agosto, Ney embarcou sozinho em um avião rumo ao Rio de Janeiro. Levava uma pequena mochila com poucas roupas. Seria seu último compromisso com o Secos & Molhados. Estava decidido a abandonar o grupo. Nem Gérson, tampouco João Ricardo ou João Apolinário sabiam de sua decisão. Apenas seu amigo Paulinho Mendonça, que já o aguardava nos camarins do Teatro Fênix, onde seria gravado o clipe da canção "Flores astrais" para o *Fantástico*.

João Ricardo e Gérson também seguiram ao Rio em voos separados. A camaradagem entre os dois, amigos desde a adolescência, havia evaporado nos últimos meses. Era então cada um por si.

Embora não soubessem, João Ricardo e seu pai deviam desconfiar do que poderia acontecer no final da gravação. Ao chegar no teatro, Ney deu de cara com o cunhado de João Ricardo. Achou estranho num primeiro momento e teve a certeza de que algo suspeito ocorria às suas costas: segundo ele, passou a ser observado ostensivamente por toda a tarde pelo cunhado.

Ao entrar no camarim e perceber que estava sendo seguido, pegou uma garrafa e a apontou para o suposto espião:

— Você pare de andar atrás de mim — gritou. — Saia do meu camarim.

O cunhado saiu.

Entre a preparação do grupo, com maquiagem, colocação da vestimenta e a gravação do clipe, passaram-se pouco menos de quatro horas. Com o peito coberto por uma pequena malha, Ney trazia o rosto escondido por uma máscara, emulando o bico de um pássaro. Suas mãos e antebraços estavam ornados por garras de metal. No peito, ostentava uma mandala prateada. Sob dezenas de fios prateados à semelhança de uma calça, usava um tapa-sexo. Estava à frente, com João Ricardo à esquerda e Gérson à direita. De Ney só se veem os olhos e a boca pintada em preto. João Ricardo tinha a metade do rosto pintado de branco e vestia uma calça de tom fúcsia com lantejoulas brilhantes e um colete felpudo no mesmo tom. Gérson, com uma calça de cetim azulada e uma camisa xadrez, surgia com uma pintura em prata e preto em torno dos olhos. Foi a última imagem dos três juntos.

Ao final da gravação, Ney subiu depressa para o camarim. Tirou a roupa, limpou a pintura do rosto, vestiu jeans, camiseta, calçou sandálias e pegou a bolsa de couro com seus poucos pertences. À porta, Paulinho Mendonça o esperava. Os dois saíram apressados. Ney não conversou com os jornalistas que acompanharam a gravação do clipe e o aguardavam com perguntas, em especial, sobre o final do grupo.

Terminado seu último compromisso no Secos & Molhados, escapou para o apartamento de Paulinho e Maria Alice na avenida Epitácio Pessoa. Ficaria escondido ali pelos próximos vinte dias.

Na noite de 11 de agosto de 1974, no programa *Fantástico*, onde haviam sido lançados no ano anterior, ao anunciar a canção "Flores astrais", a voz em off comunicou: o conjunto Secos & Molhados havia chegado ao fim. O clipe a ser exibido marcaria a última apresentação do grupo.

15. CAIXINHA DE MÚSICA DO JOÃO

As poucas palavras do apresentador sobre o final do Secos & Molhados, na abertura do programa, deixaram João Ricardo ainda mais irritado. Não esperava escutar daquela forma a confirmação do término do seu grupo.

Em seu apartamento, em São Paulo, havia se sentado na sala para assistir ao novo clipe. Embora avisado, jamais tinha previsto descobrir sobre a liquidação de seu sonho de adolescência por meio de um comentário lacônico transmitido pela televisão.

Passados mais de quarenta anos, ele tem outra visão sobre os últimos dias do grupo. Em sua concepção, os acontecimentos tiveram outra ordem, motivos e tonalidades.

Terminadas as gravações do clipe, no dia 9 de agosto, João Ricardo correu para a casa de sua namorada, Renata, no Leblon. E lá passou a noite. Estava tenso, nervoso e desconfiado. Não gostou da movimentação nos bastidores do Teatro Fênix.

Havia semanas estava angustiado, e os acontecimentos no teatro agravavam suas desconfianças. Em certo momento, nos camarins, um rapaz entrou e deu rapidamente um aviso a ele:

— As pessoas já chegaram para falar com você.

— Que pessoas?

— Desculpe, você não é o Ney Matogrosso?

— Ney é ele — e apontou para o cantor, ao seu lado, que, como ele, já trazia o rosto pintado.

Que pessoas? Eram jornalistas, logo soube. Para falar com Ney? Por que apenas com Ney? Quem havia combinado? No momento, João Ricardo não se ateve ao detalhe. Não deu importância à informação levada pelo mensageiro. Porém, manteve-se atento. Depois, fecharia o enredo.

Ele permaneceu no local após as gravações para conversar com a produção do programa e com o pessoal da Continental. Os jornalistas presentes haviam assistido ao registro do clipe, mas ele preferiu não dar nenhuma entrevista. Logo perdeu de vista Ney e Gérson. Cada qual havia tomado seu rumo. Sem despedidas. Os boatos sobre o fim do grupo pipocavam em notinhas na imprensa, nos programas de rádio e nas rodinhas de conversa. Ele e o staff da gravadora desmentiam.

Os boatos, João Ricardo sabia, tinham sua razão de ser. Ele apenas lutava contra os fatos. Ainda não era concreto o término do grupo — mas seria, e ele procurava mascarar a realidade, ao menos adiar a notícia ou torná-la mais suportável. Mas sofria com seu segredo.

Cerca de vinte dias antes, depois do término das gravações do segundo disco, em meados de julho, no escritório da alameda Itu, Ney pediu para conversar em particular com João Ricardo.

— Aqui?

O cantor preferiu descer até a rua. Na calçada da alameda Itu, Ney fulminou:

— João, eu vou te pedir uma coisa… Eu não quero mais continuar com o Secos & Molhados.

Ao voltar a respirar, João Ricardo já se sentia triste, tristíssimo. Mas conseguiu falar:

— Ahhh, que coisa chata… Tem certeza?

— Está muito pesado, João.

Ele aquiesceu:

— Sim, está muito pesado.

São Paulo é bastante fria em julho. Naquela tarde não foi diferente: o céu cinza e plúmbeo da cidade agravou o peso da conversa entre os dois. João Ricardo estava se sentindo infeliz havia algum tempo. O sucesso tinha depositado outro dado em sua vida: a responsabilidade de fazer mais sucesso. E se o segundo disco fosse um fracasso total? O grupo poderia ser apenas um espirro, e sumir na poeira das estantes. E se o segundo disco dobrasse a repercussão do primeiro? Até aquele instante, os shows lotados, a cobertura da mídia, o carinho do público, inclusive o cansaço de trabalhar sem folga, ainda tinham um sabor. Soava como uma brincadeira.

Aos olhos de João Ricardo, a constituição do escritório da alameda Itu configurava uma espécie de compromisso de caráter profissional.

"Nós éramos dinheiro entrando", diz João. "Tínhamos conseguido fazer o show como queríamos, mas isso iria mudar. Nós éramos dinheiro vivo. O sistema era muito pesado."

De repente, o que era lúdico se transformou em pesada responsabilidade, sentiu João Ricardo. Depois da tristeza inicial, tristeza infinita, sobreveio o alívio, como se a exaustão de todos aqueles últimos catorze meses em um instante evaporasse no ar entre as árvores da alameda Itu. "Sabe, eu fiquei leve", diz.

Em algum momento daquele ano, ele desejou interromper aquele ciclo. Mas não seria ele o culpado pelo rompimento. Sentia-se responsável por tudo, inclusive por Ney. De repente, se lembrou de uma combinação feita entre os dois, logo no início do grupo, quando tudo se configurava somente um projeto. Poderiam dizer apenas um "tô fora" caso sentissem algum incômodo. Ninguém seria obrigado a continuar se quisesse deixar o barco.

Ney Matogrosso, então, deu o passo que João Ricardo não teve coragem de dar: pular fora de um sucesso de milhares de cópias vendidas.

A lembrança do pacto, sua concordância anterior e o fato de não ser quem primeiro havia pedido água, fez com que João Ricardo logo se sentisse mais leve ali na calçada da alameda Itu.

A conversa continuou, e João propôs que mantivessem a decisão entre ambos. Tinham o lançamento do disco programado para os próximos dias, vários compromissos de shows previstos, coquetel com a imprensa, os anúncios da gravadora nos principais jornais do país, havia um circo montado — portanto, que cumprissem o roteiro por ao menos mais dois ou três meses. Depois, que viajassem para a Europa e assistissem a todos os shows capazes de trazer alívio a seus ânimos. No retorno, seis meses mais tarde, avaliariam o final ou não do grupo.

Ney teria concordado. Daí sua surpresa ao atender ainda com sono o telefone na manhã de 10 de agosto de 1974.

— João, que merda é essa que está aqui no jornal? — perguntou do outro lado da linha um radialista de São Paulo.

— Cara, o que você está falando? Estou acordando agora...

O radialista o interrompeu:

— Tem uma entrevista do Ney e do Gérson no jornal dizendo que o Secos & Molhados acabou, é verdade?

Já irritado, João Ricardo não quis continuar a conversa. Ficou sem ar. Sentiu que tudo havia explodido. Respondeu que pegaria um avião de imediato para São Paulo. Telefonaria ao chegar. Tomou um banho e correu para o aeroporto, onde conseguiu um exemplar do *Jornal da Tarde*. Ali os dois companheiros de grupo jogavam a pá de cal no Secos & Molhados.

João se refugiou em seu apartamento, não quis falar com ninguém. Evitou os telefonemas dos jornalistas, do pessoal da gravadora, de todos. Procurou se ausentar da confusão. Não havia combinado com Ney? Ele não havia concordado? Sentia-se traído. Entre os motivos enumerados por Ney, na entrevista, estava o papel de seu pai, João Apolinário, com decisões estabanadas e nada confiáveis. O final do grupo anunciado à sua revelia, as acusações contra seu pai... Não era nada daquilo.

Meses antes, em um voo de volta a São Paulo, após shows em Brasília, João Ricardo diz se lembrar de uma conversa provocada por Ney, logo secundada por Gérson. Ali pela primeira vez ouviu comentários sobre Moracy do Val. O cantor estava incomodado com o valor recebido pelos dois espetáculos na cidade — ambos com ginásio lotado. Seria muito pouco para tanto público. Como aquilo era possível? Algo estava errado. Gérson aquiesceu.

Ao contrário de Ney, João Ricardo, além do cachê do show, também recebia direitos autorais por suas canções. Portanto, embolsava um valor maior. "Eu ganhava um valor diferente do dele", ele diz.

O que fazer? Da boca de Ney, João Ricardo conta ter ouvido a sugestão: seu pai, João Apolinário. Ele concordou, poderia ser uma solução.

Em São Paulo, montaram uma reunião com João Apolinário na casa de Ney. Ali, sentados nas almofadas e pufes da sala, fizeram a proposta para João Apolinário empresariar o grupo. Ouviram dele a necessidade de montar um escritório capaz de centralizar as ações do grupo, servir como balcão para negociar os shows e ordenar as finanças com uma contabilidade mais bem estruturada.

CAIXINHA DE MÚSICA DO JOÃO

"Os dois [Gérson e Ney] concordaram com o meu pai", conta João Ricardo. "O escritório, sob gestão dele, iria administrar os negócios do grupo."

João Ricardo não concorda, portanto, com a versão de que Moracy do Val tenha sido tirado do cargo à revelia de ambos e de que fora proposto a eles um contrato em que seriam empregados, não sócios. Muito menos de que seu pai tenha deixado de pagar o cachê dos últimos shows da banda, em Uberaba, Uberlândia e Osasco.

Na época, João Ricardo não quis falar sobre o final do grupo. Calou-se. Ao convocar uma coletiva de imprensa, não conseguiu se explicar.

"Veio o tal bombardeio em cima de mim... eu não tinha a menor chance, ninguém queria saber se eu tinha ou não razão, se era verdade ou mentira, o raio que o parta. O lance era acabar com aquele português filho da puta... Puta que o pariu..."

A imagem dos três músicos cantando "Flores astrais", no *Fantástico*, ainda pode ser vista, tantas décadas depois, na internet. As cores se encontram esmaecidas, sem contraste — talvez por se tratar de uma gravação feita de um aparelho de televisão. Os poucos versos escritos por João Apolinário, curiosamente, são aqueles escandidos repetidamente por Ney, na última cena deles como S&M:

> um verme passeia
> na lua cheia

Na versão, Ney canta toda a composição, enquanto Gérson e João Ricardo participam somente como coro.

> um grito de estrela
> vem do infinito

Gérson mexe o corpo, sempre com as duas mãos na cintura. João Ricardo salta, joga as pernas de um lado a outro.

PRIMAVERA NOS DENTES

e um bando de luz
repete o grito

Eles estão sobre a foto replicada da capa do segundo disco, aquele que chegou vencido. Ao fundo, uma lua dourada. Nada poderia ser mais andrógino — mais Secos & Molhados.

A derradeira imagem do grupo registra Ney com seu bico de pássaro voltado para o alto, e João Ricardo de pernas abertas e cabeça baixa, cabelos longos sobre o rosto. Os braços, levemente abertos. Nunca mais quiseram aparecer juntos.

16. JUREI MENTIRAS

A meia página do *Jornal da Tarde* de 10 de agosto de 1974, sábado, não deixava dúvidas, a começar pelo título:

O SECOS & MOLHADOS PERDE A VOZ DE NEY.
A MÚSICA BRASILEIRA GANHA UM BOM CANTOR.

A linha fina detalhava:

Ele é a estrela do grupo. Mas, como seu colega Gérson Conrad, prefere não continuar. Apesar do sucesso. Apesar dos oitocentos mil LPs vendidos.

Na página, as fotos dos membros do grupo — agora, não em conjunto, já em caixas separadas. Os três sem maquiagem, sérios. O texto não trazia assinatura, mas foi escrito pelo jornalista Marco Antônio Lacerda, amigo muito íntimo de Ney.

Daí a surpresa de João Ricardo ao ser acordado pelo telefonema na casa de sua namorada. O que a voz dizia do outro lado da linha, com o jornal na mão, não deixava dúvida: seu grupo havia acabado, era público. Ao menos assim declaravam ao mundo seus dois ex-parceiros, Ney e Gérson, ouvidos na reportagem. João Ricardo fora abandonado em letra de imprensa. O repórter não dera voz a ele. Aos leitores do *Jornal da Tarde* foi oferecida somente uma versão dos fatos.

Estava escrito:

Cem cruzeiros: uma nota de cinquenta, quatro de dez e duas de cinco. É todo o dinheiro que Ney Matogrosso tem para passar esse fim de semana. Uma parte é para pagar a luz de casa, que a Light cortou desde quinta-feira passada. O que sobrar é o lucro

PRIMAVERA NOS DENTES

da sua carreira como cantor do Secos & Molhados — o único conjunto brasileiro capaz de lotar o Maracanãzinho, parar as cidades onde faz shows e em alguns meses vender mais discos que o invencível Roberto Carlos.

Em seguida, registrava que o novo disco poderia repetir ou superar o sucesso do anterior. A gravadora já tinha recebido encomenda de 300 mil cópias. Um recorde. Nenhum outro artista brasileiro havia chegado às lojas com uma marca semelhante. Roberto Carlos vendia ao longo de um ano inteiro cerca de 350 mil. E ele era o Rei — mas nos últimos doze meses o cetro havia mudado de endereço.

O texto, ocupando mais de uma meia página, abaixo da morte do jornalista Heron Domingues, célebre por ser a voz do Repórter Esso, prosseguia:

> Apesar de todo esse sucesso, o lucro de Ney Matogrosso — vocalista e principal estrela do grupo — foi menos de cem cruzeiros. Por quê? Ney não sabe e não quer saber. A única coisa que ele sabe é que está deixando o conjunto com mais dinheiro do que quando entrou. E é exatamente por isso que está saindo: porque só tem cem cruzeiros. Se fossem cem mil, talvez ele não saísse.

> "Faz tempo que o Secos & Molhados virou uma máquina de ganhar dinheiro. O trabalho que começamos a desenvolver agora está em último lugar na relação das prioridades. O que importa é quanto cada sorriso, cada entrevista, cada letra, cada música pode render em cruzeiros. E mais nada."

Depois do desabafo de Ney Matogrosso, o repórter se voltava a Gérson Conrad, também com o pé fora do barco.

Gérson Conrad, 22 anos, outro integrante do Secos & Molhados, também deixou o grupo. Vai voltar para a Escola de Arquitetura, de onde acha que nunca deveria ter saído. Gérson concorda com Ney: "O sucesso do grupo (principalmente o financeiro), em vez de incentivá-lo à criação, fechou suas portas para os compositores brasileiros. Afinal, é muito mais rendoso e de sucesso garantido inventar musiquinhas para textos de poetas famosos."

O texto da reportagem fará eco com o argumento depois repetido em várias outras matérias da imprensa, em especial nas colunas especializadas:

Por isso, o novo LP tem apenas uma música de Gérson Conrad. As outras onze são de João Ricardo, chefe do grupo. "Ele preferiu fazer parceria com Julio Cortázar, Fernando Pessoa e Oswald de Andrade. Foi graças a essa fórmula que no primeiro LP Ricardo ganhou incalculável fortuna em direitos autorais. Com as onze músicas do novo disco, ele certamente vai ficar rico."

Gérson (e o repórter) deixou de notar que os poetas também receberiam direitos autorais por terem seus versos musicados por João Ricardo. Mas havia sangue na pista, e os rastros seriam seguidos pela reportagem. Outro parágrafo dedica-se a relatar a saída do empresário Moracy do Val, sem a concordância de Ney e Gérson, e a repentina entrada em cena de João Apolinário, pai de João Ricardo. Até então, a empresa deles, SPPS, tinha quatro sócios em partes iguais: 25% para João Ricardo, Gérson, Ney e Moracy. Com a chegada de Apolinário, observou Conrad na reportagem, a SPPS foi extinta e criada a S&M Produções, com um único dono: João Ricardo. A Ney e a Gérson, antes sócios, havia sido oferecida a oportunidade de permanecerem agora como empregados.

Arrematava Ney Matogrosso: "Agora eu estou de novo no lugar de onde o João Ricardo me tirou: na sarjeta. Graças a Deus. Mas tenho dormido e até sonhado, o que não me acontecia há um ano."

A notícia do *Jornal da Tarde*, que trazia na primeira página do dia a renúncia do presidente americano Richard Nixon, não apenas tirou o sono de João Ricardo, como deixou a Continental pendurada na brocha. A matéria saiu no sábado, véspera da exibição do clipe de "Flores astrais" no *Fantástico*. Um desastre total. O novo disco havia chegado às lojas na sexta anterior, depois de uma campanha publicitária com anúncios nos principais jornais do país. Na mesma edição do *Jornal da Tarde*, o crítico musical Maurício Kubrusly vaticinava em outro texto: "Desfeita a sociedade, parece nítido que João Ricardo sairá perdendo, a longo prazo."

Os dias seguintes à publicação trariam tentativas de rearranjo, de pequenas notas atirando no líder do grupo, e de uma série de desmentidos. A gravadora havia colocado ao longo das avenidas 23 de Maio e Rubem Berta, em São Paulo, nos canteiros centrais, imensos pôsteres anunciando o novo LP da banda e chamando para o show de lançamento no Teatro Aquarius, no dia 14 de agosto. Até a terça, 13, havia a expectativa de que se tratasse de um golpe publicitário — ao menos assim fofocavam assessores do grupo. Na *Folha de S.Paulo*, em texto assinado por Carlinhos Gouveia, o título da matéria ecoava a possibilidade: O FIM DO SECOS & MOLHADOS?

O ponto de interrogação servia para o lendário repórter de rock, autoalcunhado Carlinhos "Pop" Gouveia, anotar as dúvidas sobre a provável dissolução do grupo a partir de um registro: o de que o quadro para o *Fantástico* havia sido gravado "observando-se um ríspido tratamento por parte de João Ricardo contra Ney e Gérson". E se for verdade, apostava o texto, para cravar: "Ney Matogrosso e Gérson Conrad saem bem, por não se deixarem comercializar pela máquina do Secos & Molhados." O sucesso cobrava a fatura a João Ricardo. Havia uma animosidade não disfarçada contra o líder do S&M.

Enquanto Carlinhos Gouveia escrevia seu texto na redação da *Folha de S.Paulo*, na alameda Barão de Limeira, na tarde de segunda, 12, não muito longe dali, na rua Aurora, Gérson Conrad entrava na sala do dono da Continental, Alberto Byington Neto. O executivo resolvera interferir na briga dos integrantes de sua galinha dos ovos de ouro. Deveria ter feito soar a zarabatana muito antes. Agora chegava tarde demais ao lance. Disse a Gérson que havia um grande investimento no novo disco da banda, que deixassem de ser infantis e percebessem o dinheiro que seria perdido caso insistissem com aquela história de dissolução do conjunto.

O mesmo Byington, que meses antes havia pedido paciência a Ney Matogrosso e que também garantira interesse em sua carreira solo, agora se via diante de Gérson Conrad no papel de quem tenta enxugar gelo. Naquela segunda, 12, Ney estava escondido no apartamento de Paulinho Mendonça, no Rio de Janeiro. João Ricardo ainda estava atarantado, e os corredores da Continental se assemelhavam a uma trincheira da Primeira Guerra Mundial — cheia de corpos nas valas improvisadas. Conrad disse a Byington:

— Acabou, não tem mais jeito. Com João Ricardo não dá mais.

O executivo balançou a cabeça, resignado. Ele sabia, certamente, que a situação era irremediável desde a tarde em que combinara o jogo com Ney Matogrosso. Ali se via no papel de quem procura dourar a pílula para salvar seu investimento. Seria melhor para o novo disco se a notícia não tivesse chegado a público ainda na decolagem do lançamento. Era tarde. A reunião com Gérson Conrad mostrou a ele que o leite já havia sido derramado.

Na casa da alameda Itu, 434, sede da ex-futura S&M Produções, o telefone não parava de tocar, com jornalistas, compradores de shows e amigos atrás de uma palavra de João Ricardo. Óbvio que a situação era tensa, fervente, incontrolável. Alguma resposta precisava ser dada, avaliaram João Apolinário e o filho. Pediram, então, a Henrique Suster, assessor do grupo, a convocação de uma coletiva de imprensa para a tarde do dia seguinte.

Foi um desastre total, de acordo com os relatos jornalísticos da época. No dia 14, quarta, João Apolinário ficou encostado a um canto da sala, onde João Ricardo, secundado por dois advogados, encontrou a imprensa para explicar o que estava acontecendo com o Secos & Molhados.

PRIMAVERA NOS DENTES

Não conseguiu, segundo a reportagem de Carlinhos "Pop" Gouveia estampada na Ilustrada. O título da matéria do dia 15 de agosto já era massacrante:

JOÃO RICARDO NÃO ESCLARECE

O segundo parágrafo enumera que João estava muito nervoso, balbuciava, quase não conseguia se fazer entender, pedia aos advogados para responder às perguntas, e afirma que ele não sabia em resumo explicar o que havia acontecido com o Secos & Molhados. Parecia a vítima recente de um naufrágio sem sobreviventes. Traumatizado, com olhos paralisados.

Sobre seus dois parceiros, o texto registrou: "Ney saiu porque queria curtir outras" e Gérson se separou sem dar satisfações.

E ainda, a derrota: "Soube disso [do final do grupo] pelos jornais de sábado (10)." Ele se referia à reportagem do *Jornal da Tarde*, com a notícia de que Ney e Gérson haviam deixado o conjunto.

Depois de uma hora e meia de frases inconclusas e de raciocínios não reconhecíveis, já no final daquele embate, um jornalista mostrou o mau humor de toda a imprensa ao propor que "os três integrantes do conjunto se reunissem e dessem uma entrevista coletiva esclarecendo o que João Ricardo não conseguiu em uma hora e meia, com a ajuda de dois advogados". Por conta desse comportamento errático, a mídia começava a crucificar João Ricardo.

Da alameda Itu, o repórter Carlinhos "Pop" Gouveia desceu até rua Aurora, aos escritórios da Continental. Lá tentou extrair de Gérson Conrad ao menos uma versão com nexo. Ao contrário de João Ricardo, encontrou-o calmo e sozinho. Conrad, dizia a reportagem, estivera no escritório da alameda Itu em 8 de agosto — na véspera da gravação do clipe. Encontrou-se com João Ricardo e João Apolinário para comunicar sua saída do grupo — o repórter apontou que Gérson respondeu calmamente a todas as perguntas. Registrava o texto:

272

"O ideal pertencia a nós três, no início; e agora João não reconhece mais nosso trabalho. Ney e eu fomos colocados em segundo plano. Ficou vital para João Ricardo ser o 'líder', e a colocação que ele dava aos nossos negócios era sempre na primeira pessoa do singular e não na primeira do plural. O nosso trabalho para ele não significou nada. Ney, que é a real estrela, para João Ricardo não passava de um empregado. Enchendo o peito ele gritava: 'Eu sou o Secos & Molhados, eu inventei tudo isso etc.' Diante disso, nós não tínhamos mais condições de continuar juntos."

O repórter provoca e ouve de Conrad:

"João Ricardo me incentivou a escrever músicas e, de repente, começou a cortá-las do LP. Neste álbum, existe apenas uma música minha e foi por muita luta de Ney, que chegou a dizer que não gravaria se minha música não entrasse."

Mais adiante, a reportagem dá ao pai de João Ricardo um salvo-conduto, ainda segundo Conrad: "João Apolinário não fez nada que parecesse injusto enquanto esteve na firma. Ele nunca foi empresário e sempre agiu corretamente." Gérson creditava ao amigo de adolescência toda a desgraça caída sobre o grupo. A reportagem prossegue contando de um release distribuído à imprensa pela assessoria de João. Nele, justificava-se a saída dos dois colegas do grupo "por terem sido influenciados por terceiros [Moracy do Val], que tiveram anteriormente o seu caminho de vantagens desproporcionais obstado pela firme atuação de João Ricardo, como principal responsável que sempre foi pelos destinos do conjunto".

Continua o texto da reportagem da Ilustrada:

Gérson desmente que tenha sofrido influências e garante que Ney também não as sofreu. "Nós não somos crianças para sofrer esse tipo de influências, mas, pelo 'release', se pode observar o espírito de João Ricardo, que insiste em gritar ao mundo que é o líder e o chefe."

Para completar, ainda segundo a reportagem, Gérson teria dito: "Só vivendo com ele é que se pode comprovar isso."

Depois de cruzar São Paulo na tentativa de esclarecer os motivos do final do Secos & Molhados, o repórter Carlinhos "Pop" Gouveia se escorou nas palavras do produtor Henrique Suster para oferecer ao menos uma explicação. A razão seria "disputa de liderança entre os membros do conjunto". Não era isso. O produtor escondia o jogo.

Não contou ao repórter sobre uma reunião dramática ocorrida semanas antes, entre os membros do grupo e João Apolinário. Convocados, a Ney e Gérson foi oferecida a minuta da S&M Produções Artísticas, que os transformava em empregados e não mais em sócios, como ocorrera até então, na empresa deles, a SPPS. Isso ocorreu na tarde em que Ney se irritou, rasgou as folhas em quatro partes, jogou-as para o alto, disse que não faria parte daquilo, e saiu batendo chinelos — exatamente nessa ordem e nesse tom. Confrontado por João Ricardo, Gérson disse que também não assinaria o documento. Logo deixou a sala.

Da alameda Itu, Gérson cruzou a avenida Paulista até a casa de Ney, na rua Fernando de Albuquerque. Dele ouviu que estava fora. E que já tinha planos para uma carreira solo. Ele concordou com o cantor, não havia mais clima para se manterem juntos. Era um ponto sem retorno.

Ney e Gérson deram o troco a João Ricardo ao oferecer o furo do final do grupo ao repórter Marco Antônio Lacerda, do *Jornal da Tarde*. Os dois ali enviavam a mensagem de que João tinha perdido o controle sobre a vida deles. A conversa de ambos com o jornalista tinha acontecido ainda antes da gravação do clipe no dia 9 de agosto. E havia uma condição para concederem a entrevista: ela só poderia ser publicada após a gravação, no Rio. Se havia um combinado entre Ney e João Ricardo para segurar a notícia da separação, ele foi rompido por causa dos ânimos acirrados, em especial pela minuta do contrato da nova empresa do grupo.

Assim como Ney não se importava em abandonar uma das bandas de maior sucesso da música brasileira, em um gesto de absoluto desprendimento, não se incomodou em dinamitar a estratégia comercial da chegada do *Secos & Molhados II* às lojas. As canções do belo disco, tanto na televisão como principalmente nas rádios, traziam sempre a informação de que o grupo tinha acabado e de que aquele era o último trabalho deles. Não houve show de lançamento, coletiva de imprensa, novos espetáculos, como havia sido pensado pela gravadora para embalar o que prometia ser mais uma vez o maior fenômeno da música brasileira.

A presença de Ney, não há quem não reconheça, foi a grande responsável pelo sucesso do grupo. A figura enigmática, de corpo esguio e de rosto maquiado, levou à banda elementos além da música, e tornou o Secos & Molhados algo mais do que só um conjunto de rock. Ele encarnara o lúdico. De outro lado, sua saída abortou o voo do segundo disco, que não vendeu um quarto do trabalho anterior. Foi a maneira de forçar João Ricardo a reconhecer o verdadeiro dínamo por trás do Secos & Molhados.

Duas últimas notícias sepultam de vez a banda naquele segundo semestre de 1974. E elas dão o tom do que o futuro preparava aos seus ex-integrantes.

Em 20 de agosto, na *Folha de S.Paulo*, uma matéria assinada pelo crítico Walter Silva, o famoso Pica-Pau, por causa do seu nariz enorme, registrava que João Ricardo assistira ao show de Edy Star, então um cantor identificado com a androginia. Star dizia que, caso sondado para ocupar o lugar de Ney Matogrosso, na anunciada nova formação do Secos & Molhados, poderia pensar. Já Cornelius Lucifer, o maravilhoso cantor do Made in Brazil, afirmava não ter interesse no posto. João Ricardo retrucava: Lucifer não tinha o perfil desejado.

Dias depois, em 6 de setembro, ainda na *Folha*, uma pequena nota estampava o enredo definitivo: "Ney Matogrosso e Gérson Conrad, ex-Secos & Molhados, preferiram mesmo ficar com Moracy do Val." A notícia trazia críticas de Moracy ao pai de João Ricardo, a quem se referia como sendo "mais pai do que profissional". Em outra entrevista anterior à *Folha*, de 14 de agosto, Moracy afirma: "Se nosso entusiasmo e nossa força de realização

PRIMAVERA NOS DENTES

não fossem cortados pela presença funesta de João Apolinário, [...] já estaríamos, por certo, mais próximos de grandes conquistas mundiais."

Moracy comunicava ainda que já estava em outra: havia montado um circo na rua Mena Barreto, no Rio de Janeiro, para encenar o musical *Godspell*. Ainda nos jornais de setembro de 1974, um anúncio da Gradiente, fabricante de aparelhos eletrônicos, para um novo toca-discos, ocupava dois terços da página. O título publicitário reconhece o peso do grupo naquele momento da cultura brasileira: "Beethoven, Alice Cooper, Frank Sinatra e os Secos & Molhados merecem coisa melhor."

Aos poucos, a poeira baixou. Ney manteve seu silêncio.

A imprensa da época logo esqueceu a separação, embora a mídia de celebridades, vez ou outra, ainda trouxesse o tema às manchetes. Como a capa da revista *Fatos & Fotos*, na edição de agosto, com a foto do grupo e, nas páginas internas, um texto requentado, em que havia a promessa de João Ricardo de remontar o Secos & Molhados.

A reportagem era profética: dizia da dificuldade de se arrumar um substituto para a estrela do grupo. Nos anos seguintes, o fantasma de Ney perseguiria João Ricardo como um miasma onipresente. Ele procuraria em outras gargantas o timbre especial de seu ex-parceiro. Mas isso já é outra história.

17. SUAVE COISA NENHUMA

Como num teatro, voem pombas
— e amanheça

Depois de dispensar Moracy do Val, João Apolinário se viu afrontado por vários problemas. Embora fosse um marxista clássico, formado no rigor das análises, havia avaliado errado os seus lances. Não colocara em sua formulação o elemento humano — e, assim, os humores tão instáveis da espécie. De imediato tinha de encontrar um novo empresário para o grupo; contra sua vontade, posto no azedo e ingrato papel de apaziguador de ânimos de Ney Matogrosso e de Gérson Conrad.

Para alguém com o temperamento irascível, acostumado a dar ordens sem contestações, era uma tarefa acima de suas veleidades. Ao chamar para si a administração da carreira do Secos & Molhados, num gesto de proteção ao seu filho João Ricardo, não colocara na mesa o temperamento dos artistas — no caso, Ney e Gérson —, a determinação de suas arraigadas individualidades, tampouco a sutileza de suas formações — os tais percursos de vida. Para alguém talhado a pensar apenas no coletivo, em detrimento dos desejos e vontades, lidar com as nuances dos anseios pessoais requeria um treinamento mental jamais experimentado por João Apolinário, fosse em seus anos como militante da esquerda portuguesa ou no papel de intelectual engajado numa arte de cepa social.

De repente, o que parecia ser uma prosaica mudança de comando, a troca de um agente empresarial por um outro nome mais ordeiro e cumpridor de tarefas, menos independente, ganhou corpo numa revolta ácida, em uma rebelião de difícil contenção e em algo assemelhado a uma incontrolável desobediência civil. Aqueles "meninos" eram indomáveis, capazes de afundar toda a expedição sem qualquer receio. Até mesmo terminar com a banda? Sim, era o que se avizinhava no acervo de reclamações entredentes, às costas e à frente dele e João Ricardo, e nas notas saídas na imprensa dando conta de um inevitável cataclisma.

Vista sob qualquer ângulo, a saída de Moracy do Val, levada a cabo por João Apolinário e João Ricardo, trazia uma sucessão de erros capaz de aterrorizar, pelo amadorismo, qualquer dono de mercearia. Logo ambos se viram contestados por Ney e Gérson — em poucas palavras, não concordavam de modo algum com a demissão do empresário; reconheciam vários problemas na gestão, de administração financeira ou de organização, mas nada justificava sua degola. E, pior, a maneira rasteira como se dera a mudança, literalmente na calada da noite, causava calafrios e esgares sem limites em Ney e Gérson.

Principalmente em Ney, por ver no ato de faca cega praticado por João Apolinário a subserviência intolerável e doméstica de seu filho, João Ricardo, e, ali, seu parceiro de expedição musical.

"Eu já tinha avisado ao João Ricardo: 'Não estou gostando nada do que estou vendo; não estou gostando nada de ver seu pai se intrometendo nas nossas coisas'", conta Ney sobre os momentos mais dramáticos do final do grupo.

Aos olhos de Ney, havia mais do que covardia na postura de João Ricardo. Beirava algo de caráter, de indisfarçável tibieza. Esconder-se atrás dos atos do pai mostrava ser um confortável biombo para não enfrentar a ira dos dois parceiros da banda e ainda do próprio empresário, Moracy do Val. Àquela altura, João Ricardo, o criador do Secos & Molhados, percebera a impossibilidade de ditar os rumos do grupo segundo apenas os seus ditames e caprichos; nada disso — agora havia a persona múltipla e talentosa de Ney Matogrosso, em pouco menos de um ano de estrada, reconhecido como a mola criativa e propulsora de iconoclastia daquela engrenagem montada no sucesso de um milhão de cópias vendidas, centenas de capas de revistas e outras centenas de programas televisivos.

Aquilo tudo gerava um ciúme não disfarçado em João Ricardo. As plateias, entusiasmadas, pediam um bis de "Rosa de Hiroshima", de Gérson Conrad e Vinicius. "Ele nos proibiu de bisar a música", relembra o autor. Quase sempre não era obedecido. "Por isso, após uma apresentação, chegou a me dar um pontapé nas costas", relembra ele.

Mas se João Ricardo aprendera a respeitar o espaço conquistado por Ney, junto ao público e à crítica, se os avanços estéticos e musicais trazidos por aquela figura esguia, um ex-hippie de opiniões fortes — pois, no entanto, ao se deixar envolver na conspiração que vitimou Moracy do Val, comandada por seu pai, agora posto no cargo de presidente da empresa S&M Participações Artísticas, João Ricardo se agarrou na falível esperança de que Ney Matogrosso não prestaria solidariedade ao empresário.

João Apolinário, acometido pelo erro de desconsiderar as vontades individuais, e João Ricardo, traído pela necessidade de controle sobre o que imaginava ser a criação à sua semelhança, portanto capaz de sobreviver tão-somente pelo ar de sua graça, pois pai e filho agora batiam cabeças para tentar reparar — ao menos disfarçar — o erro crasso de sua ingênua operação de tomada de poder.

Ao tirar Moracy do Val do comando empresarial do grupo, João Apolinário e João Ricardo haviam deixado evidente aos dois outros integrantes — Ney e Gérson — a disposição de torná-los coadjuvantes, portanto facilmente substituídos, numa história que se sustentava sobre três bases. Pai e filho, por atos e palavras, não acreditavam numa tríade criativa — não à toa, João Ricardo, passadas várias décadas, ainda não reconhece todos os créditos do dínamo estético posto em marcha por Ney Matogrosso na formação do grupo.

Quando voltaram ao Brasil, após a viagem ao México, Ney e Gérson já informados da saída abrupta de Moracy do Val, procuraram entender a situação em meio a tantas palavras desencontradas. De cara, duas situações se mostravam definitivas, sem mal-entendidos — Moracy estava fora da operação e João Apolinário reinava como novo mandatário do empreendimento comercial e musical do Secos & Molhados, capaz de vender, comprar, negociar e empenhar despesas em nome da banda, como seu presidente.

Confrontado, especialmente por Ney, João Apolinário argumentou que Moracy só deixara o cargo por conta da procuração assinada pelos três integrantes do grupo antes da viagem ao México.

— Qual procuração? — quis saber Ney e Gérson, atônitos com a informação.

Sentado numa ampla e confortável poltrona, no escritório do grupo recém-montado na alameda Itu, a poucas quadras da avenida 9 de Julho, no bairro do Jardins em São Paulo, João Apolinário abriu uma gaveta de onde retirou uma pasta e, de dentro dela, algumas folhas grampeadas, logo adiantadas a Ney e Gérson. Após uma rápida e trêmula leitura, ambos disseram quase em uníssono:

— Eu não assinei isso.

— Pois é a assinatura de vocês — contestou Apolinário, seco.

Ney e Gérson voltaram a olhar a folha com a assinatura de ambos, incrédulos.

— Quando nós assinamos isso? — perguntaram.

— Foi levado a vocês junto com vários outros documentos antes da viagem ao México — teria justificado Apolinário.

— Mas nos disseram que eram papéis para você tocar o escritório durante nossa ausência — disseram Ney e Gérson.

Na versão de João Ricardo, ambos sabiam as pedras que moviam ao assinar os documentos, entre eles, a destituição de Moracy do Val do cargo de empresário. Pelo que ocorreu depois, com o final do grupo, o argumento de João Ricardo não parece se sustentar nos fatos. Ainda mais pela dinâmica comercial do grupo, quando contratos eram firmados quase em papel de pão das padarias — "cansei de assinar documentos no balcão, tomando um café", atesta Emilio Carrera, pianista da banda — ou a distribuição da parte de cada um — dezenas de notas de dinheiro em sacolas de supermercado — ao final das apresentações.

Tampouco pelos constantes acordos financeiros não cumpridos — a começar pela divisão em quatro partes iguais da renda amealhada pelo grupo entre shows e vendagens de álbuns. No trato inicial, todos os valores gerados pela banda, retiradas as despesas e impostos, caberiam a João Ricardo, Ney Matogrosso, Gérson Conrad e Moracy do Val. O sucesso repentino, lembram Ney e Gérson, logo levou João Ricardo a colocar alguns percalços na divisão. Nos shows, passou-se a descontar as porcentagens devidas aos autores das canções. Com a nova métrica, João Ricardo, compositor da maioria das músicas, algumas em parceria com seu pai, ficou com o maior quinhão. Depois, com o recorde de vendas dos discos, sua fatia triplicou em números exponenciais.

É nessa conta que o destaque do Secos & Molhados, Ney Matogrosso, se viu espetado por falsas promessas de irmandade financeira ou de companheirismo musical. Aquele espírito hippie de divisão geral ou desapego às coisas materiais, discurso que inspirou o início da empreitada musical, não resistiu ao primeiro tilintar da caixa registradora.

"Fui vendo que o que havíamos combinado não estava sendo cumprido, nem seria jamais", lembra o intérprete.

A equação crua: Ney não escreve música e, na expedição, surgia apenas como intérprete, cuja porcentagem é absolutamente inferior à distribuída ao dos compositores.

Resultado da coluna da contabilidade: João Ricardo passou a ganhar a maior quantia dos valores amealhados pelo grupo em direitos autorais, pelos shows e venda dos álbuns. Assim como pela execução de suas obras em espaços públicos.

Ainda sentado na espaçosa poltrona do escritório da alameda Itu, João Apolinário, até então crítico teatral do jornal *Última Hora* e seu editor de variedades, acostumado a discutir aspectos estéticos, ideológicos e jornalísticos, distante, portanto, de uma rotina de contas a pagar ou de um departamento financeiro, assumiu em sua defesa uma série de argumentos contábeis.

Enumerou atos que considerava prejudiciais às finanças do grupo — desde despesas nem sempre acompanhadas por recibos ou mesmo um descontrole nos serviços contratados —, boa parte deles, alegava, realizados sem planejamento e de maneira assoberbada pelo responsável — no caso, o já demitido Moracy do Val. Em reforço à sua exposição administrativa, comunicou que toda aquela bagunça havia gerado uma reclamação junto à delegacia mais próxima por alegada má contabilidade.

— Delegacia? — subiu o tom Ney. — Você vai prestar queixa contra Moracy? Ele é uma pessoa honesta.

— A queixa já foi prestada — comunicou, peremptório, João Apolinário. De fato, Moracy, chamado à delegacia pouco tempo depois, levou sua defesa e explicações, e a queixa sequer transformou-se em um caso.

A essa altura, o ar no escritório tornara-se pesado, irrespirável. João Ricardo, ao lado do pai, parecia perceber a enrascada tecida por tantos desencontros e opiniões conflitantes sobre o mesmo assunto — ele e o pai haviam avançado com muito apetite, de maneira voraz e ingênua talvez, sobre os destinos financeiros e estéticos daquilo que era até então a maior galinha de ouro da música brasileira. Ney e Gérson não baixavam suas reações frente aos argumentos elencados por pai e filho. Ali fora construído um muro em bases sólidas separando para sempre os integrantes do grupo em duas metades — Ney e Gérson num canto; João Ricardo e João Apolinário noutra ponta.

Mais de cinquenta anos depois, a estrutura emocional que separa os dois grupos permanece ainda mais sólida, intransponível. Num exemplo, João Ricardo, ao contrário dos outros integrantes, jamais aceitou discutir a ideia de um reencontro da banda, formulado, nas últimas décadas, por alguns empresários da área. "Ele não comenta sequer a possibilidade", diz Gérson.

Ninguém sabe ao certo como terminou aquela reunião. Na lembrança de Ney, foi dado a ele e a Gérson a minuta de um documento no qual ambos figuravam como contratados da empresa Secos & Molhados Participações Artísticas. A marca pertencia a João Ricardo e João Apolinário, que figurava ainda como presidente da companhia. Ainda segundo a lembrança de Ney, ele leu as quatro ou cinco folhas da minuta, ao contrário da vez anterior, agora atentamente, gritou uma interjeição mais ou menos assim: "Essa merda eu não assino", rasgou os papéis em dois ou três pedaços, e saiu da sala.

Na lembrança de Gérson, Ney teria completado a primeira frase — "Essa merda eu não assino" — com um complemento: "Não vou ser empregado de vocês."

SUAVE COISA NENHUMA

Na memória de ambos, Ney abandonou em seguida a sala. As folhas rasgadas da minuta ainda voavam pelos ares quando bateu fortemente a porta às suas costas. Logo foi seguido por Gérson, depois de se desvencilhar de João Ricardo e de ouvir dele uma nova proposta de trabalho, apesar de o clima, com indicações de temporais, aconselhar a deixar as barbas de molho.

"Ele disse que eu e ele poderíamos recomeçar o grupo sem o Ney", conta Gérson. "Respondi que não."

18. SOMBRA, SILÊNCIO OU ESPUMA

Nos cálculos de João Apolinário, agora presidente da empresa S&M, o grupo ainda tinha o compromisso de gravar novo álbum, além de cumprir agenda de shows.

Poeta, jornalista e editor, sua intimidade com o mundo do entretenimento e as engrenagens da produção musical podiam ser avaliadas como facilmente miseráveis. Melhor: desconhecia por completo os mecanismos e meandros da operação. Sabia estar agora à frente do maior fenômeno da embrionária indústria cultural brasileira — cerca de 1 milhão de cópias vendidas e o recorde de público no Maracanãzinho, no Rio. O golpe de Estado dado sobre Moracy do Val o colocava à luz de toda a mídia brasileira, inclusive das revistas mais populares, interessadas por vocação em fofocas e corpos abatidos, não em questões estéticas.

E tanto Apolinário quanto João Ricardo precisavam logo esconder os corpos e as marcas de sangue da revolta. Como manda o manual, se fazia necessário criar pistas a serem seguidas pela imprensa enquanto tentavam arrumar a casa — naquele caso, acalmar Gérson e principalmente Ney, cuja vontade de seguir carreira solo estampava onze entre dez notícias publicadas sobre os descaminhos do grupo. Falava-se abertamente em tratados rompidos, ritos traídos.

Apolinário moveu-se para alguém capaz de salvá-lo na produção dos espetáculos e ainda trazer um verniz profissional à gestão dos negócios. Ateve-se à figura de Henrique Suster, um jovem, mas experiente, produtor cultural, com vários bons créditos — diretor do vibrante TUCA (Teatro da Universidade Católica) e ainda militante da Ação Popular (AP), organização da esquerda católica, de oposição ao regime militar, sob a liderança de nomes como o economista José Serra e o sociólogo Herbert de Souza, o Betinho.

Em 1974, o TUCA paulistano era uma lenda dentro do teatro brasileiro. Fundado poucos anos antes, em setembro de 1965, à luz das ideias estéticas e políticas do Centro Popular de Cultura (CPC), braço da União Nacional

PRIMAVERA NOS DENTES

de Estudantes (UNE), obtivera alcance internacional com a montagem de *Morte e vida severina*, auto de João Cabral de Melo Neto. A produção ganhara o prestigioso Festival de Teatro Universitário de Nancy, na França, depois seguira em turnê europeia sob ampla repercussão crítica. Com direção de Silnei Siqueira, a peça trazia a assinatura musical do estudante de arquitetura Chico Buarque de Hollanda. *Morte e vida severina*, ponta de lança do CPC da UNE, também abordava a denúncia da miséria e a luta pela terra frente aos latifúndios. Quando estreou, em 1965, os militares do Golpe de 64 já haviam incendiado a sede da UNE, no Rio, e proscrito a entidade. A montagem, o sucesso e a repercussão internacional foram, portanto, um desafio às forças repressoras.

Não era por acaso. A partir do final da década de 1950, o teatro despontava como um importante instrumento de vanguarda, veículo na resistência política, com uma linguagem capaz de acessar um público diverso e temáticas que buscavam espelhar a realidade brasileira. Em São Paulo, o Arena, com o sucesso de *Eles não usam black-tie*, de Gianfrancesco Guarnieri, em 1958, escandia os problemas da vida operária diante da atuação sindical, embalada por canções de Adoniran Barbosa, como "Nóis não usa as bleque tais", sob letra do próprio Guarnieri. Visto como marco de renovação da cena teatral, a peça permaneceu em cartaz por mais de um ano, recorde para um texto de um autor brasileiro contemporâneo. Com a acolhida entusiasmada de plateias — basicamente estudantes universitários e formadores de opinião —, os membros da companhia aprofundaram o abraço entre temas sociais e a música popular, um tipo de junção depois preconizada em estética defendida, com objetivos notadamente políticos, pelos membros do Centro Popular de Cultura, da União Nacional dos Estudantes.

Os ideólogos cepecistas — entre eles, Oduvaldo Vianna Filho, também próximo ao Arena, Carlos Estevam Martins e Ferreira Gullar — indicavam o uso de enredos populares, escritos por autores nacionais em uma linguagem acessível, como forma de atrair um público mais amplo. À temática, adicionavam na receita tal ingrediente de encantamento: a utilização de

SOMBRA, SILÊNCIO OU ESPUMA

ritmos musicais brasileiros, como o samba, baião ou xaxado — numa inspiração calcada na experiência do próprio Arena. O objetivo, de acordo com o raciocínio dos formuladores, era a conscientização política das plateias, por intermédio da linguagem teatral. Também chamado pelos detratores de arte engajada, ao se curvar a um viés ideológico e não puramente estético, como defendia outra corrente cultural.

Vianninha e Ferreira Gullar, entre outros integrantes do CPC, levariam suas montagens às fábricas e praças públicas em busca de um público maior, dado que nas salas teatrais os espetáculos não eram gratuitos. A experiência logo seria abandonada, segundo Gullar, porque as plateias desejadas não pareciam interessadas no conteúdo encenado.

Com o sucesso de público e crítica de *Eles não usam black-tie*, o Teatro Arena, que estreara a peça como seu último trabalho, dado o fracasso financeiro das montagens anteriores, colocou em cena um segundo texto de autor nacional contemporâneo. Vencedor do seminário de dramaturgia comandado no Arena pelo encenador e teórico Augusto Boal, a estreia de Oduvaldo Vianna Filho como dramaturgo, *Chapetuba Futebol Clube*, conta a história dos jogadores de um time de segunda divisão frente a uma decisão importante e à sombra de corrupção do resultado da partida por um de seus membros. O tema futebol, em 1959, empolgava os brasileiros por conta da vitória da seleção na Copa do Mundo, no ano anterior.

Chapetuba Futebol Clube não repete o sucesso popular de *Eles não usam black-tie*, mas reafirma entre os membros do Arena o caminho de colocar no palco temas próximos da realidade brasileira. Ao aprofundar sua pesquisa, também para capturar um público maior, os integrantes decidem por estabelecer uma reavaliação do teatro de revista e dos espetáculos circenses. Enxergam ali outros elementos de renovação da linguagem teatral.

Não era muito diferente dos ingredientes utilizados pelo dramaturgo alemão Bertolt Brecht, pensador extremamente influente nos palcos mundiais da época. Algumas das mais importantes montagens de Brecht, como *Ascensão e queda da cidade Mahagonny*, estreada em 1927, vinham apoiadas em canções escritas por Kurt Weill, muitas delas sobre estruturas rítmicas alemãs, algumas notadamente de cepas folclóricas. O grupo

293

berlinense de Brecht e Weill aprofundava no teatro experiência estética consagrada por Igor Stravinsky, na década de 1910, ao levar melodias populares russas à música clássica em peças como "Sagração da primavera" e "Pássaro de fogo". Villa-Lobos, no Brasil, nos anos de 1930, também se espelharia no modelo de Stravinsky.

Com um olho na estrutura do teatro de revista, o Arena incorpora a música à sua linguagem teatral. Em 1965, coloca em cena seu primeiro musical, *Arena conta Zumbi*, de Guarnieri e Augusto Boal. Para assinar a trilha sonora, é chamado Edu Lobo, embora jovem, já conhecido por seu trabalho inovador e em geral calcado em releituras de ritmos populares brasileiros. A canção "Upa, neguinho", depois eternizada por Elis Regina, seria um dos destaques da montagem. Menos de dois anos depois, é a vez de *Arena conta Tiradentes*, desta vez com músicas de outros novos compositores como Theo de Barros e Sidney Miller.

Augusto Boal, um dos mais inquietos renovadores da cena teatral do período, experimentara inicialmente uma fórmula híbrida, em dezembro de 1964, com o show *Opinião*. Apoiado em pequenos textos de Paulo Pontes, Armando Costa e Oduvaldo Vianna Filho, era conduzido por canções de João do Vale e Zé Keti, interpretadas por ambos os autores, e Nara Leão, já uma estrela de imensa grandeza, depois substituída pela estreante Maria Bethânia, cuja interpretação de "Carcará", de João do Vale, se tornaria um clássico da moderna música brasileira.

Embora a ditadura militar, instaurada em 1964, buscasse censurar diversas produções, o teatro experimentava um momento de alto dinamismo estético e experimental, mostrando-se instrumento de comunicação importante junto às plateias desejosas de uma arte criativa e também mais identificada com a realidade brasileira. E assim se transformou na plataforma de lançamento ou ancoragem de novíssimos autores, como Edu Lobo, Theo de Barros, Sidney Miller, Caetano Veloso, Gilberto Gil e Chico Buarque. Ou ajudou a lançar luzes em compositores vindo das escolas de samba, como Cartola, Nelson Cavaquinho e Zé Keti.

19. ATÉ QUE SURJA A ALMA

Tendo na bagagem o sucesso internacional de *Morte e vida severina*, com canções de Chico Buarque, Henrique Suster se surpreendeu ao receber um telefonema de João Apolinário.

— Quero que tu venhas tomar conta dos meninos — Suster ouviu num sotaque carregado.

— Que meninos? — quis saber.

Suster, cinquenta anos depois, ri da conversa:

"Eu era apedeuta, da Ação Popular, de esquerda, não tinha a menor ideia do que fosse o Secos & Molhados", conta. "Eu estava em outro mundo. E o pessoal da AP tinha preconceito com esse tipo de coisa."

Passado o espanto, Suster encontrou-se com João Apolinário, no escritório do grupo na alameda Itu, no bairro do Jardins, em São Paulo. Dele ouviu um relato da situação gerencial da banda, recheado de reclamações sobre a prestação de contas trazida por Moracy do Val.

"Ele falava como dono da empresa", conta Suster. "Ali estava no papel de presidente."

Apolinário expôs a Suster seus planos: queria que gerenciasse a banda, fosse seu produtor e empresário, ajudasse a cuidar das finanças. Antes de aceitar o convite, quis estudar a contabilidade do grupo.

"Era uma bagunça", resume. "Não havia ali qualquer planejamento ou estratégia de custos."

Treinado a trabalhar com orçamento enxuto, para não dizer miserável, Suster assustou-se ao perceber que os prestadores de serviço da banda eram contratados sem tomada de preço e, muitas vezes, sem negociação de valores, a chamada tabela cheia.

"Como podiam viajar tanto e sequer possuir uma agência de viagem para faturar suas passagens?", diz que comentou com Apolinário ao aceitar o cargo junto à banda. "Era tudo feito meio no improviso."

Passados cinquenta anos, Suster mantém guardados dois cadernos grandes, de páginas quadriculadas, com as anotações da meia dezena de

PRIMAVERA NOS DENTES

shows produzidos para o grupo. Ali estão os restaurantes, hotéis e inclusive o trajeto dos membros da equipe em Londrina, no Paraná, e nas cidades mineiras de Ituiutaba, Uberlândia e Uberaba. Detalhista, anotou inclusive os pratos consumidos pelos integrantes da banda, além de alguns cupons fiscais.

— Isso é produção, produção tem de pensar em tudo — exalta-se.

Não apenas questões de produção passavam por suas mãos. No primeiro show à frente da banda, em Londrina, Suster estava nos bastidores do estádio, totalmente lotado, quando surgiu um policial trazido por um dos seus auxiliares.

— Pois não.

— Quero revistar os camarins — disse, como quem dá uma ordem.

— Mas por quê? O show ainda está no início...

— Vou revistar, por aqui tem "toxico" — comandou a autoridade sem colocar acento em sua pronúncia.

Em maio de 1974, o Brasil vivia sob uma ditadura militar, e os policiais, mesmo de patentes inferiores, sentiam-se autorizados no papel de subjugar qualquer civil. Em cidades do interior, o desrespeito era ainda maior. Suster sabia da desordem política e de sua fragilidade em contestar aquela ordem, ainda mais estando à frente da banda de maior sucesso no Brasil.

Para ganhar tempo, emendou:

— Preciso falar com o presidente do clube, ele que sabe de tudo aqui — e saiu por uma lateral. Agarrou pelo braço um de seus auxiliares e pediu que perguntassem aos músicos da banda se havia alguma droga nos camarins. E novamente escapou para outro lado.

No palco, seu ajudante conseguiu avisar o pianista Emilio Carrera sobre o policial nos bastidores. Logo a pergunta correu entre todos os músicos e integrantes da banda: "Tem alguma coisa no camarim?" Duas músicas depois, veio a resposta: "Tem coisa, sim."

Ao ser informado, Suster não se surpreendeu: "Eu sabia que tinha gente da pesada ali", brinca ele. Eram prosaicos cigarros de maconha.

Quando avistou o presidente do clube, comunicou-lhe sobre a presença do policial. Não falou nada de droga. Suster estava nervoso. Logo em seu primeiro show com a banda, seria um escândalo o flagrante ou mesmo a prisão de seus integrantes. Um prêmio para o governo militar.

Ainda atordoado diante da situação, para seu espanto, assistiu a cena se resolver em poucos minutos. O presidente do clube passou o braço nas costas do policial, e o puxou para o lado, desaparecendo nos bastidores. "Aqui não tem nada, fique tranquilo", garantiu.

Logo ao final do show, novamente encontrou-se com o presidente do clube, de quem escutou o pedido: "Desvie uma nota qualquer para aquele cara, já está tudo resolvido."

Suster deixou Londrina com um diagnóstico, logo levado a João Apolinário: a estrela do Secos & Molhados era Ney Matogrosso. Até então, jamais assistira a qualquer apresentação do grupo, daí seu espanto com a performance do intérprete e empatia colhida junto ao público. "Eu disse a ele: o Ney fica na frente; os dois outros, cada um de um lado; e vão se aproximando para não o deixar brilhar sozinho, como quem quer pegar alguma coisa dele. O cara que é a estrela do grupo." Apolinário não teria sequer balbuciado, só emitiu um certo muxoxo de sentido indistinguível.

A observação de Suster não era somente de caráter estético ou artístico. Produtor experiente, com capacidade na identificação de talentos e talhado para antever problemas de ego, cujo estágio final estruge no financeiro, já ouvira nos bastidores entredentes a insatisfação, em especial de Ney, sobre a repartição de sua parte. Antes do espetáculo em Londrina, mergulhara na pouca contabilidade existente, analisara os números e acordos comerciais para concluir que abraçara uma bomba-relógio, com potencial para produzir vítimas fatais a qualquer momento. "Se o Ney era a estrela, como vi, a porcentagem dada a ele estava errada."

Havia uma matemática equivocada na montagem financeira da remuneração dos integrantes do grupo. E Suster já vira como tais desníveis, em geral injustos, resultavam em briga ou rompimentos sanguinolentos. Depois do show em Londrina, ao separar o pagamento dos serviços contratados, entre eles o equipamento de som, além dos músicos e os membros da banda, ficou horrorizado com a discrepância dos valores.

Seu espanto: "João Ricardo e o pai, como autores da maioria das canções, ganhavam a maior parte." Gérson, bem menos, por haver composto um dos grandes sucessos da banda, "Rosa de Hiroshima"; e Ney, dos três, é quem ficava com a menor porcentagem, já que ganhava apenas como intérprete.

Lembra Ney: "Desde o início o acordo era uma divisão em quatro partes iguais. Bastou começar o sucesso da banda para aquela promessa ser esquecida", diz se referindo a um combinado entre ele, João Ricardo, Gérson Conrad e Moracy do Val, o empresário responsável pelo lançamento do grupo.

Após a conversa com Apolinário, ao sentir que o silêncio dele não permitia abertura a um novo acordo, Suster preferiu aguardar outro momento para retomar o assunto. Se antes os lucros das apresentações vinham divididos em quatro partes iguais — depois de pagas todas as despesas e obrigações, como direitos autorais, com a saída de Moracy —, como seria refeita a equação? Era algo que Suster sentia necessidade de uma solução imediata; e tinha já um plano (e números) desenhado. E quem precisava ganhar mais.

"Ney carregava o grupo. Eu vi com meus olhos a empolgação da plateia", conta, entusiasmado. "Eu fiquei empolgado e vou dizer uma coisa: nunca gostei de homem, mas vendo o Ney dançando, com aquele óleo que passava no corpo, mais o rebolado, vou dizer, fiquei com um tesão danado nele" — diz, e sorri com sua confissão.

Dias depois, Suster recebeu telefonema de um clube de Uberlândia. Queriam comprar um show da banda. Soube que no escritório havia também uma proposta vinda de outro município vizinho, Uberaba. Poderia juntar as duas datas, pensou. Resolveu ir até as cidades para ver os locais de apresentação e fechar o negócio. "Queria saber como eram os espaços, o som, a acústica, a segurança, aspectos que um produtor deve cuidar", justifica. Pegou um avião e seguiu até Minas. Desceu em Uberlândia, acertou o espetáculo. Por um palpite, antes de ir a Uberaba, resolveu passar em Ituiutaba. "Estava tudo pago. Ida e volta. Se fechasse outra apresentação, aumentaria o resultado." Foi o que ocorreu. Conseguiu alugar o clube da

ATÉ QUE SURJA A ALMA

cidade por um bom preço. Mas quando o dirigente soube quem estaria no palco, logo ouviu: "Vamos ter de aumentar esse valor. Eles são muito famosos."

Suster abre seu caderno de anotações, com os registros das apresentações da banda. Lá estão vários detalhes da pequena turnê mineira, realizada em meados de 1974 — hotéis onde se hospedaram, gastos nos restaurantes, horário dos voos de ida e volta. E os números arrecadados, escritos a lápis numa letra bem legível. Naquele ano, a moeda brasileira era o Cruzeiro (Cr):

> Cr$ 156.000,00 (resultado bruto)
> Cr$ 50.680,00 (despesa)
> Cr$ 105.640,00 (saldo a favor)

Para se ter uma ideia de grandeza, em junho de 1974 o salário mínimo era de Cr$ 376,80, segundo a tabela elaborada pelo Diário das Leis[1]. O carro mais popular da época, o Fusca Sedan 1300 custava Cr$ 24.383,00.

Do saldo a favor — Cr$ 105.640,00 —, antes da divisão com os integrantes da banda, deveriam ser descontadas as porcentagens de direitos autorais — sendo a maior parte nominal a João Ricardo, como autor da maioria das canções, em parceria com diversos letristas, como seu pai, João Apolinário. No primeiro disco da banda, das treze músicas gravadas, doze trazem sua assinatura solo ou em coautoria; no segundo, de treze canções, onze são dele, sozinho ou em parceria. "Bastava somar o valor dado a João Ricardo e João Apolinário para perceber a diferença de dinheiro distribuída a eles em relação ao Gérson e principalmente ao Ney", diz Suster. A porcentagem do intérprete é algo em torno de um terço do valor pago ao compositor. "É claro, em algum momento alguém diria a Ney que sozinho ele ganharia muito mais."

No caminho de volta dos espetáculos nas cidades mineiras, entre um olhar e outro dos integrantes da banda, Suster sentia que a situação havia chegado a um ponto de não retorno. O segundo disco, já gravado

---

1 Diário das Leis. Salário mínimo – 2011. Disponível em: <http://www.diariodasleis. com.br/trabalhista/salariominimo/Salario-Minimo-2011.pdf>. Acesso em: 6 jan. 2023.

nos meses anteriores, estava sendo prensado; a gravadora anunciava em jornais, inclusive com outdoors no Rio e em São Paulo. Enquanto as rádios começavam a tocar "Flores astrais", música escolhida para puxar o lançamento, composição de... João Ricardo, sobre letra de... João Apolinário, os jornais traziam notas sobre o novo trabalho e os boatos em torno do final do grupo, sempre negados pela assessoria de imprensa. Suster achava que aquele rompimento talvez pudesse ser evitado. Ao menos torcia.

De volta a São Paulo, tratou de buscar João Apolinário. Não sabia que nos dias anteriores ocorrera um novo encontro entre os integrantes da banda para buscar uma solução de acordo diante do novo contrato proposto por pai e filho a Ney e Gérson. Também desconhecia que Ney já dissera a João Ricardo que deixaria a banda. Ao entrar na sala de João Apolinário, numa tarde de junho de 1974, Suster trazia vários números na mão.

— João — começou Suster —, já disse que o Ney é a estrela do grupo. É a vedete, sem dúvida. Agora vi ainda mais o papel dele. Os dois outros tentam, mas não tem jeito, não conseguem chegar perto da vedete.

— O que queres dizer com isso? — ele teria ouvido de Apolinário.

O produtor contratado por João Apolinário, de quem se considerava amigo, respondeu que as porcentagens deveriam ser iguais para todos.

— Ney é a vedete e ganha muito pouco perto de você e de João Ricardo.

Apolinário se mexeu na cadeira, inquieto.

— Nós somos os autores, os autores. Ele é o intérprete. Como queres igualar nós e o intérprete? — Respirou fundo, para completar: — Isso nós não fazemos.

A conversa continuou por mais alguns minutos. Em algum momento, Apolinário repetiu que falava ali como presidente da empresa Secos & Molhados, também como sócio dela. Suster, que à época já negociara diversos contratos com artistas e empresários bastante irredutíveis em suas porcentagens, se via ali discutindo com um poeta, crítico teatral e editor de jornal de formação rigidamente marxista. Era também um ex-preso político português, vivendo no Brasil na condição de exilado político.

— Como presidente da empresa, quero ganhar como presidente da empresa — voltou a repetir o que já soava a Suster tal um mantra. — Que ideia é essa de querer juntar todo mundo nesse buraco?

Aquela conversa não parecia resultar em nada, pensou Suster. Até que Apolinário, um tanto irritado com a insistência no tema, levantou-se da cadeira de presidente da Secos & Molhados, e teria dito:

— Estás vendo esses cabelos brancos? — e teatralmente pegava em fios da vasta cabeleira. — Eu os ganhei nos cinquenta dias em que fiquei preso na PIDE — disse, referindo-se à famosa polícia política da ditadura portuguesa de António Salazar. E arrematou: — Tu queres misturar autores com intérprete? Nunca.

No meio das escadas, ao deixar o escritório, Suster ainda se recorda de se admoestar: "Isso vai acabar por causa de dinheiro." Já na rua, naquele frio paulistano de meio do ano, tratou de fechar a gola do casaco. Sentia-se vencido.

No domingo seguinte, em casa, assistiu ao apresentador do programa *Fantástico*, Luís Carlos Miele, anunciar a canção "Flores Astrais", como destaque do novo disco do Secos & Molhados. Mas antes deu a notícia da dissolução do grupo.

Não se lembra ao certo, se foi ainda na noite de domingo ou no dia seguinte, mas recebeu uma ligação de João Apolinário onde sentenciava o final do Secos & Molhados. "Está tudo acabado", ouviu.

"Fiquei triste, eu gostava do Ney."

20. MINHA VIDA, MEUS MORTOS, MEUS CAMINHOS TORTOS

Depois de uma briga com o pai, Ney Matogrosso, então com 17 anos, procurou abrigo junto a um tio. Ali ficou por alguns dias, até sair de Campo Grande, em direção ao Rio, para cumprir o serviço militar; alistara-se como forma de escapar definitivamente de casa. Terminado seu período na Aeronáutica, mudou-se para Brasília. Trabalhando num hospital, descobriu o teatro, a música e o artesanato. Até voltar anos depois ao Rio, para viver de maneira muito simples da venda de suas joias. Por alguns anos, só fazia uma única refeição diária. Quase sempre no apartamento de seu amigo Paulo Mendonça, no Jardim de Alah, para onde ia a pé, a partir de Copacabana. Ao aportar em São Paulo, para integrar o Secos & Molhados, a convite de João Ricardo, continuou ganhando minúsculos cachês ao atuar em pequenos papéis em peças teatrais. Seu pai, ao visitá-lo, chocou-se ao ver a magreza do filho e sua geladeira sempre vazia. Ney preferiu continuar comendo às vezes uma única batata por dia a ter de retornar à tranquilidade financeira oferecida pela família. "Foi o caminho que escolhi", respondeu, convicto, ao pai, militar da Aeronáutica. Passado pouco tempo, Antônio e Beíta assistiriam ao sucesso do filho à frente do Secos & Molhados, e depois em sua carreira solo como um dos mais importantes cantores brasileiros.

João Ricardo teve a ideia do Secos & Molhados ainda muito jovem. Jornalista, começou a trabalhar cedo, chegou a ter três empregos simultâneos. Seu pai, crítico teatral e poeta, exilado político português, como o pai de Ney, era um homem rígido, bastante severo e autoritário. Ney escapou de casa para ser um tipo livre e, ao conhecer João Ricardo, já chegara aos 30 anos, tinha poucas roupas e vivia feliz com seu tipo de vida. Gérson Conrad, amigo de João Ricardo desde a adolescência, recorda de almoços na casa do amigo, nos dias em que João Apolinário, já casado com outra mulher, visitava a família. "Eram tensos, havia um clima pesado. Eu logo passei a evitar aqueles encontros", relembra Conrad. Com o sucesso do Secos & Molhados, com algumas das canções de João Ricardo feitas sobre poemas de João Apolinário, pai e filho voltaram a ficar mais próximos. "A ascendência de Apolinário sobre João era muito grande", conta Paulo Mendonça, poeta, autor da letra de 'Sangue latino', em parceria com João Ricardo. "Era uma pessoa de temperamento difícil", relembra. Convidado para ser diretor de cena dos espetáculos da banda — o que não ocorreu por conta de um acidente sofrido na Dutra —, terminou por ter uma única discussão com Apolinário. "Eu o mandei à merda."

De seu lado, Ney percebeu o avanço de Apolinário sobre algumas decisões da banda. "Eu avisei João Ricardo que vi o que estava acontecendo, e não gostava do que via." Até que pai e filho resolveram tirar o empresário Moracy do Val em um movimento que desencadeou o final do grupo.

Ao contrário de Ney, que fugiu de casa para buscar sua identidade, João Ricardo não se libertou dos grilhões do pai — e assim viu encerrada a sua definitiva e histórica criação, o Secos & Molhados.

EPÍLOGO

Que fim levaram todas as flores?

NEY

No final de uma manhã de outubro de 1974, no Rio, Ney Matogrosso se debruçava no tanque. O cantor, antes à frente de um fenômeno da música popular brasileira, com mais de 1 milhão de discos vendidos, dormia provisoriamente em um pequeno escritório de 9 m² e, todos os dias, lavava as próprias peças de roupa.

Naquela manhã, Ney percebeu mais uma vez o olhar e os trejeitos insinuantes de sua vizinha, uma loira muito bonita. Ela o observava e se insinuava. Era assim naquelas semanas. Havia um clima de cortejo entre as lavanderias de Ipanema.

Após estender as roupas no varal, Ney saiu da varanda. Não sem antes retribuir o jogo de olhares da loira. Na sala, encontrou Paulinho Mendonça:

— Aquela sua vizinha está me paquerando.

— Ela reconheceu você, Ney.

— Até parece...

— Sabe quem é ela?

— Eu não.

Era a atriz francesa Odile Rubirosa, conhecida por filmes ao lado de Brigitte Bardot e Danielle Darrieux, e viúva do playboy internacional Porfirio Rubirosa. Já havia alguns anos morava no Rio, onde era figura de destaque nas festas e nas colunas sociais. Aos 37 anos, preservava uma beleza arrasadora. O flerte continuou por mais algumas manhãs, mas não ultrapassou os varais das lavanderias. Ney tinha outras preocupações — o desejo teria de esperar.

Desde a derradeira gravação de "Flores astrais", início de agosto, que marcou o fim do Secos & Molhados, ele se escondia no apartamento de Paulinho e Maria Alice.

A imprensa o caçava para entrevistas, mas ele se mantinha silencioso, fugia. Não via motivo para alimentar intrigas através da mídia. Naquele momento estava quieto. Precisava definir uma identidade além do Secos & Molhados, embora o esforço do mercado e do público fosse para que continuasse igual, repetisse a fórmula. Isso ele não queria. Ao deixar os camarins do Teatro Fênix, sabia abandonar ali a pele do personagem que conquistou plateias por cerca de doze meses. Aquilo já era passado. Ele queria construir seu futuro.

Nos dias seguintes procurou por Astor Piazzolla e se apresentou a ele nos camarins do Teatro Municipal do Rio de Janeiro:

— Sou Ney Matogrosso. Será que poderíamos fazer um trabalho juntos?

O compositor e bandoneonista argentino sabia de quem se tratava, sorriu pela humildade. Marcaram um café para alguns dias depois, no Hotel Excelsior, em Copacabana. Outro que acompanhou o encontro foi Paulinho Mendonça. Junto da mulher, a cantora Amelita Baltar, e dos cachorros de estimação, Piazzolla escutou as ideias de Ney para sua carreira solo. Logo se estabeleceu uma empatia entre ambos. Piazzolla colocou as cartas na mesa e prometeu compor canções exclusivas para o cantor, propondo:

— Você poderia vir à Itália? Lá podemos gravar com meus músicos.

Ney concordou de imediato. Acionada, a Continental honrou a promessa feita nos estertores do Secos & Molhados, de lançar seu primeiro trabalho solo, e bancou os custos da viagem. Astor Piazzolla, gênio renovador da música argentina, morava em Roma havia anos, e naquele instante se aproximava de artistas do Rio e de São Paulo, onde suas apresentações reuniam um público devoto. Pela época, estava apaixonado pelo álbum *Água & Vinho*, de Egberto Gismonti, com letras de seu parceiro Geraldo Carneiro. Depois de conseguir com a cantora Nana Caymmi o contato, o próprio Piazzolla tratou de telefonar ao jovem poeta mineiro radicado no Rio. Dali nasceria uma longa amizade. Diante da pressa de Piazzolla em compor especialmente para Ney, Geraldinho se pôs a trabalhar e em poucos dias escreveu uma letra, "As ilhas", marco inicial da parceria dos dois ao longo dos próximos anos. Um trecho:

314

EPÍLOGO

[...]

Vi pássaros transparentes
Em minha casa assombrada
Vi coisas de vida e morte
E coisas de sal e nada

[...]

Em Roma, em sua primeira visita à Itália, Ney chegou a pensar em morar na cidade por pelo menos um ano. Dar um tempo. Mas logo se lembrou dos compromissos já assumidos — gravação do seu disco solo, shows —, e adiou o desejo. No apartamento de Astor e Amelita, trabalharam ao longo de duas tardes em ensaios para que o compositor escrevesse os arranjos. Ney se recorda de que Piazzolla havia lhe oferecido um tom muito agudo de interpretação. "Tive que cantar lá no alto, algo bem difícil", conta. "Ele estava com a memória da minha voz no Secos & Molhados." Piazzolla deixou Ney em Roma, com Amelita, e seguiu para Milão, onde seus músicos o aguardavam para a gravação. Ney foi na manhã seguinte e, ao entrar no estúdio, encontrou a base musical registrada, com a pré-mixagem já feita. Colocaria a voz em duas canções: "As ilhas" e em uma composição de Juan Carlos Baglietto sobre trechos do soneto "1964", escrito por Jorge Luis Borges.

Ney havia encontrado em Piazzolla um autor ideal para seus próximos passos. Começava a colocar seu nome em outro patamar, não mais apenas como cantor de um grupo de sucesso, mas agora degraus acima, ao surgir ao lado de um artista de alcance internacional.

Embora contestado na Argentina, porque imprimia ao tango outro *mood*, para desespero habitual dos puristas, Piazzolla trafegava entre os grandes da música de seu tempo. Pouco antes do encontro com Ney, gravara com o saxofonista americano Gerry Mulligan, também na Itália, o álbum *Summit*, um clássico definitivo que estabeleceu a união do jazz com o tango argentino.

As duas canções gravadas por Ney, acompanhado por Piazzolla e seus instrumentistas, marcaram o início do voo solo do intérprete e registraram de imediato a altura de suas expectativas. Seria um autor, com as músicas a serviço de sua estética, não apenas um cantor, sob o jugo das oportunidades.

De volta ao Brasil, a seu pedido, o trompetista Márcio Montarroyos organizou uma banda para acompanhá-lo. Ney desenhou seu primeiro LP. Recolheu com amigos canções e discutiu ideias, estabeleceu um repertório calcado no gosto, não no mercado. Com o tempo, faria concessões às músicas mais fáceis, de hit, mas de cara trazia um manifesto baseado no arco ibérico de influências.

No final do primeiro semestre de 1975, sob uma produção luxuosa, a Continental enviou às lojas o álbum *Água do céu — Pássaro*. Houve uma grande expectativa em torno da estreia individual do cantor. Como faixa bônus, o LP vinha acompanhado de um compacto com as duas canções gravadas com Piazzolla, na Itália. A direção geral era do argentino Billy Bond, primeiro vocalista da banda protopunk Joelho de Porco, de Tico Terpins e Zé Rodrix, e lá estavam músicos de altíssima voltagem como Márcio Montarroyos, Jorge Omar, Claudio Gabis, Elber Bedaque e Sérgio Rosadas, o Gripa, o único herdado do Secos & Molhados.

A partir de foto de Luiz Fernando Borges da Fonseca, o artista plástico Rubens Gerchman montou uma capa em papelão fosco e um alentado encarte. Gerchman, ícone da arte brasileira, famoso por seu experimentalismo e junção de influências, foi o autor da capa-manifesto do movimento tropicalista, *Panis et Circensis*, em 1968. O registro de Luiz Fernando, marido de Luhli e de Lucina, compositoras presentes no disco com a canção "Pedra de rio" (em parceria com Paulo César), trazia Ney ornado por chifres de boi, crinas equinas e colares indígenas. Ele aparecia de peito nu, olhos cercados por maquiagem e boca enegrecida por batom. Ainda hoje é uma imagem de impacto.

EPÍLOGO

Na noite do último domingo de junho de 1975, dia 29, o programa *Fantástico* catapultou Ney Matogrosso em sua carreira solo, com a exibição de "América do Sul", composição de seu velho amigo candango, o maestro Paulo Machado. O clipe foi um dos primeiros em cores feito no Brasil e ganhou o prêmio Ondas, na Espanha, como o melhor clipe musical daquele ano.

A letra era um manifesto, deixava explícito o sentimento da chamada latinidade exaltada na época, com ecos na música, na literatura e no vestuário da juventude:

> Deus salve a América do Sul
> Desperta, oh claro
> E amado sol
> Deixa correr
> Qualquer rio
> Que alegre esse sertão
> Essa terra morena
> Esse calor
> Esse campo
> Essa força tropical
> Desperta América do Sul
> Deus salve essa América Central
> Deixa viver
> Esses campos molhados de suor
> Esse orgulho latino
> Em cada olhar
> Esse canto
> Essa aurora tropical
>
> [...]

PRIMAVERA NOS DENTES

Filmado em terra e no ar, em meio a matas, charcos, cachoeiras e falésias, o clipe trazia Ney com o figurino da capa do disco. Ainda hoje pode ser visto na internet, e no começo de 2019 somava quase 700 mil visualizações. Para um registro audiovisual feito há mais de quatro décadas, é marca estupenda.

Nessa estreia solo, Ney foi além e ampliou a identificação de irmandade latino-americana, como professavam universitários e intelectuais na década de 1970. Como contrapartida, o disco oferecia um espírito ibérico, marcante em todas as faixas, ao incluir canções de autores de diversas bases (brasileiros, argentinos, portugueses, moçambicanos). Não deixa ainda de ser uma declaração de princípios, quando se leem algumas das letras das músicas. Para compor seu ideário solo, Ney buscou material novo entre os compositores e não se furtou a lançar mão de regravações. Sá, da dupla Sá e Guarabyra, abria o lado A, com a inédita "Homem de Neanderthal".

Lançada por Elis Regina no espetáculo *Falso brilhante*, "Corsário", da dupla João Bosco e Aldir Blanc, é o petardo político mais contundente colocado por Ney naquele 1975, ano do assassinato do jornalista Vladimir Herzog nos porões da ditadura:

> Meu coração tropical
> está coberto de neve, mas
> ferve em seu cofre gelado
>
> [...]
>
>
> Meu coração tropical
> partirá esse gelo e irá
> com as garrafas de náufragos
> e as rosas partindo o ar
>
> [...]

EPÍLOGO

Já nesse primeiro disco individual, Ney mostraria seu lado de caçador de pérolas, ao incluir uma releitura de "Cubanacan", um clássico radiofônico da década de 1940, de autoria de Moisés Simons, Sauvat e Chamfleury, sucesso na voz do cantor italiano Alberto Rabagliati e da orquestra Lecuona Cuban Boys. A canção, de levada caribenha, quase à semelhança de uma sinfonia de tambores, se destacava pela inusitada sonoridade e alegria e foi imenso sucesso de Ney em 2003 ao ser tema de abertura da novela da Globo *Kubanacan*.

Da dupla Sueli Costa e Tite de Lemos, Ney gravaria "Açúcar Candy", inicialmente composta para a trilha sonora da peça infantil *Alice no país divino-maravilhoso*. O cantor a interpretou num tom de extrema sensualidade. Não parece coisa de criança:

> As balas do teu 38
> são como
> açúcar candy
> no meu sangue
>
> [...]
>
> As tuas balas
> me matam de prazer
> as tuas balas
> têm mel demais
>
> [...]

O disco vendeu pouco, embora houvesse curiosidade intensa em torno de sua carreira solo. O trabalho se portou como um manifesto de intenções e compromissos, a partir de canções indicativas de caminhos a serem seguidos. A crítica se dividiu entre elogios e severas reprimendas. Desde a frustrada expectativa de que viesse num *mood* mais roqueiro, até críticas como a do jornalista e historiador cultural José Ramos Tinhorão. Incapaz de entender a interpretação de Ney para "Mãe preta (Barco negro)", canção brasileira que se tornou um sucesso na voz da fadista portuguesa Amália Rodrigues, Tinhorão chegou a escrever que o intérprete "chorava como uma rameira". Negativas à parte, Tinhorão à época era o mais destacado crítico em atividade na imprensa brasileira e, mesmo não gostando de algumas das faixas, apenas sua atenção já dava o quilate da inegável importância do intérprete na música brasileira.

Depois do fenômeno Secos & Molhados, Ney Matogrosso construiu uma carreira sólida, por vezes com bastante sucesso de vendas, mas sem jamais chegar perto da marca recorde do grupo.

Passados mais de quarenta anos do final do grupo, com mais de duas dezenas de trabalhos lançados, ocupa lugar de destaque entre os maiores artistas brasileiros. Em 2018, após cinco anos de shows sempre lotados Brasil afora, encerrou no Rio de Janeiro a turnê de seu espetáculo — apropriadamente batizado de *Atento aos sinais*. Em janeiro de 2019, no Rio, estreou novo show com a toada mais política da carreira, com o nome explícito de *Bloco na rua*.

Agora calvo, vive em uma cobertura no Leblon, no Rio de Janeiro, e mantém o peso do início da carreira, de 52 quilos.

GÉRSON

Dois meses depois do término do Secos & Molhados, em outubro de 1974, Gérson Conrad, com uma pequena mala, pegou a via Dutra em direção ao Rio. Viajou no único bem amealhado por Ney naquele período de sucesso: uma Brasília bege. O cantor havia comprado o carro num impulso automobilístico — ele não sabia dirigir, dependia sempre dos amigos.

Conrad chegou ao Rio com um pouco mais de dinheiro do que seu ex-companheiro, mas com semelhante intenção: tentar uma carreira solo. Logo se acomodou no mesmo escritório de Paulinho Mendonça, já travestido de quarto por Ney Matogrosso. No cômodo improvisado, de 3 × 3, havia uma pequena escrivaninha, uma estante com livros e um sofá.

Gérson e Ney dividiram o móvel por alguns meses. Como havia espaço para apenas uma pessoa, quem chegasse primeiro, ficava instalado ali. O retardatário teria de se contentar com um colchão posto no chão sobre o tapete. Mas eram felizes.

Enxergavam o desafio de iniciar carreira solo sem qualquer angústia, a despeito de não estarem mais a bordo de um sucesso histórico como havia sido a trajetória do Secos & Molhados. Mesmo acossados, a decisão de deixar o grupo tinha partido dos dois. Naquele momento estavam confiantes na aposta.

A tarefa de Conrad era maior. Nunca fora um intérprete, apenas compositor. Seu colega de sofá decidira seguir carreira solo, longe de imaginar participar de uma dupla. Precisaria olhar além.

Então, no final do segundo semestre de 1974, empreendeu duas expedições: escolher uma gravadora (tinha recebido sondagens da EMI-Odeon e da Som Livre) e encontrar intérpretes para suas canções. Do tempo do Secos & Molhados, tinha guardado algumas composições que foram registradas em uma fita cassete. Com ela, visitou as gravadoras. Mesmo vindo de um sucesso retumbante, e tendo sido sondado por boas gravadoras, sentia que sua tarefa seria mais árdua. Não tinha a projeção de Ney Matogrosso, nem o número de hits de João Ricardo. Nem cantava.

Acabou encontrando abrigo na Som Livre, de João Araújo, no início de 1975. Naquele momento, o selo ligado à Globo, que explorava uma mina de ouro ao lançar as trilhas das telenovelas, procurava se abrigar no mercado mais jovem e formador de opinião. O experiente produtor, sócio de Roberto Marinho e pai de Cazuza, gostou do que ouviu e logo perguntou quem interpretaria as canções.

Semanas antes, Paulinho Mendonça havia sugerido a Conrad a atriz e cantora Zezé Motta. Logo antes, em 1974, ela integrava o elenco do musical *Godspell*, produzido por Moracy do Val, encenado em um circo montado em Botafogo.

Zezé, com uma voz poderosa e figura magnética, destacava-se em seus números solo. E tinha história: aos 30 anos, já havia participado de montagens musicais célebres, como *Roda viva*, dirigida por Zé Celso Martinez Corrêa a partir de texto e canções de Chico Buarque, e de filmes como *Vai trabalhar, vagabundo!*, de Hugo Carvana, além de emanar uma sensualidade de altíssima voltagem — não à toa se tornaria o corpo e a voz da ex-escrava Xica da Silva no sucesso mundial do filme homônimo de Cacá Diegues. O discretíssimo Conrad ficaria bem ao lado daquele vulcão.

— Vou fazer dupla com Zezé Motta — respondeu Conrad a João Araújo.

"Trem noturno", canção que integra o disco *Gérson Conrad & Zezé Motta*, chegou às lojas no segundo semestre de 1975 — quase simultâneo ao LP de estreia de Ney, *Água do céu — Pássaro*. São catorze canções, todas composições de Gérson com letras de Paulinho Mendonça. A canção-título havia sido pensada para entrar no segundo disco do S&M — Moracy do Val apostava nela como um possível hit —, mas terminou descartada no estúdio. Um trecho:

EPÍLOGO

A noite vem como o trem
Que apita e passa
Levando os sonhos
De quem acredita
Que ele um dia
Vai parar
Desembarcar
A festa da vida

[...]

O disco foi recebido em tons mornos pela crítica e pelo público. Parece não ocorrer uma cumplicidade entre a cantora negra do interior fluminense e o compositor da Bela Vista. Houve uma produção esmerada, com belas canções, mas não decolou. Duas das composições foram vetadas pela censura para execução pública — com reflexos negativos na divulgação. Em 1981, dessa vez improvisado como intérprete solo, Gérson voltaria ao cenário com *Gérson Conrad — Rosto marcado*, agora pela Continental, novamente com todas as canções assinadas em parceria com Paulinho Mendonça.

Diante da recepção morna, Gérson, que havia retomado o curso de Arquitetura, na faculdade de Mogi das Cruzes, interrompido pela explosão do Secos & Molhados, aos poucos, diante de uma realidade mais árida, deixou a ideia da carreira solo em segundo plano, até largá-la. Casado e com duas filhas pequenas, buscava outra ocupação. Durante cerca de dez anos, trabalhou na área de projetos e vendas das empresas Kitchens e Dozil e, já na década de 1990, tomou a frente da indústria de embalagens da família. Levado a vender a fábrica, no rastro da recessão da era Collor, montou um escritório em casa e passou a assinar projetos como designer de móveis.

Em meados de 2004, Gérson recebeu o telefonema do produtor de uma TV alemã interessado em reunir uma única vez a formação original do Secos

& Molhados. Seria apenas um show, com registro em DVD, transmitido pela televisão. Oferecia a cada membro cerca de 1 milhão de dólares. Depois de anos sem falar com João Ricardo, ele procurou o parceiro com a proposta. "Ele não quis nem discutir a ideia", conta Conrad. "Deve estar rico. Quem despreza um dinheiro desse?"

Gérson jamais esqueceu o Secos & Molhados, ainda mais que sua "Rosa de Hiroshima" ganhou inúmeras regravações, tornando-se um cálido clássico da música brasileira. Em 2007, já num regime de meio expediente da arquitetura, voltou a colocar a música entre suas atenções. O primeiro passo: escrever seu relato sobre a história do grupo, *Meteórico fenômeno — Memórias de um ex-Secos & Molhados*, publicado em 2013 pela Editora Anadarco. Ao longo de suas 131 páginas, o texto expõe João Ricardo, os bastidores do conjunto e traz certa confrontação com seu ex-parceiro. De seu lado, João Ricardo não permitiu à editora o uso de sua imagem, que teve de apagá-lo dos registros antigos, mesmo quando formavam um trio de sucesso. Ele se recusou a aparecer ao lado de Conrad. A capa do livro traz apenas Gérson e Ney.

No segundo semestre de 2018, após 37 anos do último trabalho, Gérson lançou o disco *Lago azul*, pela gravadora Deck. Continua a se apresentar Brasil afora.

Morou por anos em um apartamento de 120 m^2 na rua Fausto Ferraz, na Bela Vista, em São Paulo, comprado com os royalties do início do Secos & Molhados, e doado para sua ex-mulher e suas filhas, Nathalia e Patricia. Desde 2021, vive em Curitiba. Cultiva uma discreta calvície e permanece um tipo tranquilo, doce, de voz pausada.

JOÃO RICARDO

Censurada pela ditadura militar, em 1974, a canção "Tem gente com fome", de João Ricardo sobre poema de Solano Trindade, foi impedida de integrar o segundo disco do Secos & Molhados. Em 1979, já com a carreira consolidada como intérprete solo, Ney Matogrosso conseguiu sua liberação para colocá-la em seu LP *Seu tipo*. O novo trabalho do cantor, na verdade, escande alguma nostalgia do Secos & Molhados ao incluir, além da canção de João Ricardo, o registro de "Rosa de Hiroshima", de Gérson Conrad sobre poema de Vinicius de Moraes. Ao longo de sua carreira pós-S&M, Ney não se furtaria a revisitar o repertório de seus ex-companheiros de viagem.

Depois de cinco anos sem se falar, com certas farpas afiadas trocadas pela imprensa, em 1979, no Rio, Ney reencontrou João Ricardo, que vinha acompanhado do jornalista e letrista Nelson Motta. Após os cumprimentos de praxe, Ney disse que estava pensando em colocar "Tem gente com fome" no seu próximo disco. E gostaria que ele participasse da gravação. João Ricardo se mostrou surpreso e concordou de imediato.

Depois, para ensaiar a canção, os dois se reencontraram em São Paulo. João Ricardo, ao violão, tocava a composição. Uma, duas, três vezes. Até que Ney passou a cantá-la, de início sob a guia do autor, depois já imprimindo sua versão. Ao recordar o ensaio, João Ricardo, além de se referir ao cantor como "mulher barbada", diz maliciosamente que Ney não conseguia alcançar as notas da música. Na gravação da faixa, com João Ricardo acompanhando-o no violão de doze cordas, e Serginho Dias, ex-Mutantes, na guitarra, Ney apresenta os registros habituais.

O poema de Solano Trindade reproduz criativamente o trajeto de uma viagem de trem entre os subúrbios cariocas, quando observa a miséria escondida ao longo da linha férrea.

PRIMAVERA NOS DENTES

João Ricardo já havia posto na voz popular, com suas delicadas melodias, autores como Oswald de Andrade, Fernando Pessoa e Manuel Bandeira, entre outros. O compositor português chegado ao Brasil aos 14 anos, exilado com seu pai por causa da ditadura salazarista, ao musicar Solano Trindade, jogava luz sobre a importante obra de um poeta e dramaturgo negro. João Ricardo trazia para o rock brasileiro a temática social mais explícita, algo incomum na área, sempre contaminada por espécies diferentes de romantismo. Mesmo quando fazia cara de mau.

"Tem gente com fome" foi o pano de fundo da reaproximação, *ma non troppo*, dos dois ex-parceiros. Foi Ney quem deu o passo inicial ao colocar a canção de João Ricardo no disco. Não era uma bandeira branca, mas era como se fosse, e seu dedo apontava, sim, para a qualidade, inegável, do compositor João Ricardo. O registro da canção em disco, gravado no Rio de Janeiro, no primeiro semestre de 1979, tomou apenas uma tarde. Ney e João Ricardo estavam tranquilos, ao contrário do último encontro, quando gravaram "Flores astrais" e o clima nos bastidores ecoava tensão. Dessa vez, não: ambos sorriam com o reencontro.

A música foi uma das escolhidas pela gravadora para alavancar o LP *Seu tipo*. O *Fantástico* produziu e exibiu o clipe de "Tem gente com fome", gravado ao longo de uma tarde ensolarada, com Ney, em uma interpretação veemente e sem camisa, cantando sobre o vagão em movimento de um trem de carga próximo à estação do Maracanã, no Rio. Foi mais um dos grandes sucessos da parceria de Ney e João Ricardo — o último, na verdade.

Com o final do Secos & Molhados atestado pela imprensa e pela evasão de dois de seus integrantes, após alguns meses atônito com a separação, João Ricardo resolveu colocar cartas em sua carreira solo e no papel de intérprete de suas canções. Era uma aposta arriscada. Sem ter uma voz privilegiada, punha-se a pelo nu no palco diante do público.

O público de 1975 ganhou em um curto espaço de tempo o trabalho individual dos três membros do grupo, agora todos em carreira solo. Uma profusão de filhotes do Secos & Molhados: a música "Trem noturno", de

EPÍLOGO

Gérson Conrad (e Zezé Motta); o disco *Água do céu*, de Ney Matogrosso; e o famoso *Disco rosa*, na época batizado apenas como *João Ricardo*. Embora *Água do céu* seja o álbum de maior impacto dentre os LPs dos músicos, os três discos à época, em diferentes graus, foram recebidos entre apupos e discretos acenos de euforia. Cada qual possui suas qualidades e, passados mais de quarenta anos, percebe-se que a recepção adversa trazia inconformidade com o final do grupo.

Só que em 1975 o final do S&M, ainda recente, levava o mercado e o público à condição de espectadores de silenciosa (ou estrepitosa) batalha de egos. Não deixava de ser emocionante. Cada qual punha na mesa suas armas. Depois de Ney e Gérson, chegou a vez de João Ricardo apresentar seu arsenal.

Contratado pela Phonogram, futura PolyGram, do produtor André Midani, João Ricardo voltava ao mercado a bordo da melhor grife musical da época — era companheiro de vinil de Chico Buarque, Elis Regina, Gilberto Gil, Caetano Veloso e Nara Leão. E de novatos catárticos como Raul Seixas, Luiz Melodia, Sérgio Sampaio e Belchior.

Midani colocou à disposição de João Ricardo seus melhores recursos, entre estúdio, técnicos e marketing. Na direção geral, destacou Mazzola, um dos mais experientes produtores brasileiros, com um *score* de cerca de 73 discos de ouro e 4 de diamante (mais de 1 milhão de cópias vendidas) — sendo um deles, *The Rhythm of the Saints*, de Paul Simon.

Para a gravação nos Estúdios Reunidos, em São Paulo, João Ricardo se apoiou nos já conhecidos Emilio Carrera, no piano, e Willy Verdaguer, no baixo. Na guitarra, Roberto de Carvalho, no saxofone, José Albino Pestana, e na bateria, Roberto Barros. Eram alguns dos melhores instrumentistas de estúdio da época e autores de grandes hits. Nos anos seguintes, Roberto de Carvalho, como parceiro e marido de Rita Lee, estaria à frente de sucessos de público como "Lança perfume" ou "Doce vampiro".

Das onze canções do *Disco rosa*, nove foram assinadas, letra e música, por João Ricardo. Mais duas outras em parceria com seu pai, João Apolinário.

Ao contrário dos trabalhos anteriores, João havia deixado de lado os poetas representativos da literatura brasileira.

O *Disco rosa* será assim uma tábua de princípios. Da primeira à última faixa haverá seu rígido controle e a continuidade do trabalho iniciado no Secos & Molhados. O repertório abarca fados, rocks e baladas nos moldes anteriores dos dois LPs da banda. É mais alegre e com menos sombras de angústia, como havia em algumas canções do antigo S&M.

Gravado o álbum, André Midani perguntou se havia alguma ideia para a capa. Foi quando começaram os problemas. João Ricardo pensava em usar o terno de seu casamento. Um terno cor-de-rosa.

— Mas falta o sapato — acrescentou.

Midani sugeriu que ele aproveitasse a viagem a Los Angeles, onde o disco seria mixado, para encontrar um calçado adequado ao terno cor-de-rosa. Foi o que ele fez.

Numa madrugada, no Hollywood Boulevard, em Los Angeles, na volta do estúdio em direção ao hotel, João contou a Roberto de Carvalho ("Zezé" para os íntimos) que estava precisando de um sapato de estilo. Aquilo corria o risco de virar uma obsessão. O guitarrista, de imediato, olhou uma vitrine e perguntou:

— Aquele não serve? Parece interessante.

João Ricardo seguiu o dedo apontado por Roberto: foi amor à primeira vista. Um sapato com sola cor-de-rosa, salto cor-de-rosa *e* cor-de-rosa, um tanto purpurinado no corpo principal.

No dia seguinte, voltou à loja e por sorte o único par disponível era justamente o seu número: 38. Pronto, com o terno cor-de-rosa, o sapato cor-de-rosa, gargantilha de *strass*, pulseira de várias voltas mais um anel com uma imensa pedra verde-esmeralda, João Ricardo surgiria deitado, em pose de *femme fatale*, sobre um tecido acetinado branco na capa de seu primeiro disco solo.

Ele tinha a intenção de levar ao extremo o visual *glitter*. Vale dizer que nem David Bowie ou Lou Reed chegaram tão longe. Ao menos de cara limpa, com tão pouca base. E jamais tão afeminados. Sempre foram mais

EPÍLOGO

enigmáticos, travestidos de personagens. Como Ney Matogrosso, ainda nos primeiros discos do Secos & Molhados ou em seu primeiro trabalho solo: o componente sexual, de gênero, não é escandido, ele encarna um personagem.

Colocado nas lojas, o assim alcunhado *Disco rosa* se transformou num escândalo. Ao encontrar Marco Nanini em uma festa, João Ricardo ouviu do ator: "Como é que você faz uma capa assim?" Dando risada, o compositor responde, como chiste: "Porque sou veado!" No mundo comum, as pessoas não gostaram da sugestão. O diretor comercial da Phonogram logo anunciou a João Ricardo, assim que ele pisou no Rio de Janeiro para divulgar o trabalho:

— Não vai vender, João. Os lojistas não vão querer expor essa capa. O disco é ótimo, mas com essa capa... Nem seu amigo que é veado tem coragem de fazer uma foto assim... Você fez porque não é veado.

O veredito foi premonitório. No seu jeito grosseiro, o executivo da gravadora tocara em algo essencial no marketing, a sinceridade. Ao colocar o elemento gay em primeiro plano, a pose soou como oportunista. A capa de João Ricardo sugeria uma carona.

O disco não decolou. Os lojistas se recusaram a colocá-lo na vitrine, assim como o pôster de divulgação. Impulsionados pela gravadora, as rádios tocaram algumas faixas, mas sem exposição, logo caiu no esquecimento. Músicas escolhidas para serem trabalhadas, como "Salve-se quem puder" ou "Vira safado" também não colaram nos ouvidos do público. Pior: a canção "Vira safado" foi vista como um pastiche de "O vira". Pegou mal.

No ano seguinte, João Ricardo voltou à labuta, agora com um disco mais roqueiro, pesado. Na capa, uma foto dele de jeans e bata branca. Nada de rosa ou de *glitter*. Apresentava a estampa de um jovem como outro qualquer da época. *Da boca pra fora* repetia a dose do trabalho anterior, com a maior parte das faixas assinadas apenas por ele e somente uma sobre um poema de João Apolinário. Houve destaque para os *riffs* do guitarrista Wander Taffo. De novo, o disco não empolgou, embora trouxesse boas canções.

PRIMAVERA NOS DENTES

Depois de dois discos de identidades indefinidas, João Ricardo escandiu em público o fantasma de Ney Matogrosso. Como estava frágil, precisava emplacar um sucesso. Hoje reconhece que caiu no conto dos executivos: acatou a sugestão da gravadora e voltou à baila não mais como João Ricardo, e sim como... Secos & Molhados. Não estava mais à frente dos vocais. Lá estava Lili Rodrigues, um vocalista com timbre semelhante ao de Ney Matogrosso. Até que funcionou. Trazia algumas belas canções. A balada "Que fim levaram todas as flores?" ficou entre as mais tocadas de 1978, e seria o derradeiro sucesso de João Ricardo:

Que fim levaram todas as flores?
Que o preto velho me contava
Que fim levaram todas as flores?
Que a rainha louca não gostava
Que a lapela morta carregava
Que o olhar de todos me lembrava
Que fim levaram todas as flores?
Que qualquer coisa não estragava
Em qualquer dia que podia
Com grande amor e alegria
Que fim levaram todas as flores?
Que a criança às vezes me pedia

[...]

Seus discos posteriores, até o último, *Chato-Boy*, de 2012, passam despercebidos, embora como sempre tragam algumas boas canções. Mas com a tentação de emular o modelo inicial do Secos & Molhados.

João Ricardo, agora careca e acima do peso, mora em um apartamento no Paraíso, em São Paulo, com a esposa e sua filha mais nova, Irina. Continua um tipo entusiasmado, sem, no entanto, mostrar-se em harmonia com o passado de recordes. Ou até seguro de seu lugar na história.

EPÍLOGO

Depois de 1979, Ney e João Ricardo não se viram mais. Tampouco trocaram telefonemas. O que parecia uma aproximação naquele ano se tornou apenas um esboço, não foi adiante. O tempo passado apenas esgarçou o episódio do final do grupo. De lado a lado houve escaramuças. E o monólogo de João Ricardo no documentário aprofundou as diferenças. Ao contrário de Ney e Gérson, que continuam amigos e trocam mensagens com frequência. E de fato lamentam ter perdido na estrada um companheiro de viagem.

Alguns vídeos postados por João Ricardo no canal Secos & Molhados, no YouTube, aguçam a rivalidade entre os ex-parceiros, o que tem o seu lado bom. Falar mal provoca reações para os dois lados e pode ser eficaz para nunca deixar o assunto cair no esquecimento. Lennon falou bastante mal de McCartney, que por sua vez deixou evidente o papel de megera de Yoko Ono no final dos Beatles; e Keith Richards adora provocar Mick Jagger.

Em muitos casos ninguém sabe onde começa o marketing.

A última lembrança de Ney sobre João Ricardo ocorreu alguns poucos anos atrás. Nos camarins de um espetáculo em São Paulo foi procurado por um jovem, que se identificou como filho de seu ex-parceiro. Ney o abraçou:

— Você é bonito como seu pai.

Em 2021, João Ricardo protagonizou o documentário *Secos & Molhados*, de Otavio Juliano. Ao longo de 90 minutos, sozinho no palco do Theatro Municipal de São Paulo, desfilou sua versão em torno da história do grupo e de seu término. Omitiu nomes de parceiros, episódios e fatos. Quem conhece e viveu os bastidores lamentou o episódio. O silêncio seguido à estreia do filme explicitou que João Ricardo promoveu outro autoflagelo em praça pública, quando poderia ter procurado uma aguardada reconciliação com sua trajetória de glória e seus antigos amigos. Mostrou ser quase impossível um reencontro musical do Secos & Molhados.

OS DISCOS

SECOS & MOLHADOS (1973)

Sangue latino (João Ricardo e Paulinho Mendonça)
O vira (João Ricardo e Luhli)
O patrão nosso de cada dia (João Ricardo)
Amor (João Ricardo e João Apolinário)
Primavera nos dentes (João Ricardo e João Apolinário)
Assim assado (João Ricardo)
Mulher barriguda (João Ricardo e Solano Trindade)
El Rey (Gérson Conrad e João Ricardo)
Rosa de Hiroshima (Gérson Conrad e Vinicius de Moraes)
Prece cósmica (João Ricardo e Cassiano Ricardo)
Rondó do capitão (João Ricardo e Manuel Bandeira)
As andorinhas (de António Nobre) (João Ricardo e Cassiano Ricardo)
Fala (João Ricardo e Luhli)

SECOS & MOLHADOS II (1974)

Tercer mundo (João Ricardo e Julio Cortázar)
Flores astrais (João Ricardo e João Apolinário)
Não: não digas nada (João Ricardo e Fernando Pessoa)
Medo mulato (João Ricardo e Paulinho Mendonça)
Oh! Mulher infiel (João Ricardo)
Voo (João Ricardo e João Apolinário)
Angústia (João Ricardo e João Apolinário)
O hierofante (João Ricardo e Oswald de Andrade)
Caixinha de música do João (instrumental) (João Ricardo)
O doce e o amargo (João Ricardo e Paulinho Mendonça)
Preto velho (João Ricardo)
Delírio… (Gérson Conrad e Paulinho Mendonça)
Toada & rock & mambo & tango & etc. (João Ricardo e Luhli)

BIBLIOGRAFIA

LIVROS

BICELLI, Roberto. *Antes que eu me esqueça*. São Paulo: Córrego, 2017.

_____. *¡¿Sério?!* São Paulo: Córrego, 2022.

DANTO, Arthur C. *Andy Warhol*. São Paulo: Cosac Naify, 2012.

DOGGETT, Peter. *David Bowie e os anos 70: O homem que vendeu o mundo*. Curitiba: Nossa Cultura, 2014.

ESCOBAR, Ruth. *Maria Ruth: Uma autobiografia*. São Paulo: Editora Mandarim, 1999.

HEPWORTH, David. *Never a Dull Moment: 1971, The Year That Rock Exploded*. Nova York: Henry Holt and Co., 2016.

JACKSON, Andrew Grant. *1965: The Most Revolutionary Year in Music*. Nova York: Thomas Dunne Books, 2018.

MCCLOSKEY, Deirdre. *Bourgeois Equality: How Ideas, Not Capital or Institutions, Enriched the World*. Chicago: University of Chicago Press, 2017.

MENDES, Oswaldo. *Bendito maldito: Uma biografia de Plínio Marcos*. São Paulo: Leya Brasil, 2010.

THOMPSON, Dave. *Dangerous Glitter*. São Paulo: Veneta Editora, 2013.

VICENTE, Eduardo. *Da vitrola ao iPod: Uma história da indústria fonográfica no Brasil*. São Paulo: Alameda Casa Editorial, 2014.

WARHOL, Andy; HACKETT, Pat. *Popismo: Os anos sessenta segundo Warhol*. Rio de Janeiro: Cobogó, 2013.

VELOSO, Caetano. *Verdade Tropical*. 3ª ed. São Paulo: Companhia das Letras, 2017.

VIANNA FILHO, Oduvaldo. *Corpo a corpo*. Organização de Maria Sílvia Betti. São Paulo: Temporal, 2021.

IMPRENSA

Folha de S.Paulo

O Globo

Jornal da Tarde

Jornal do Brasil

Pop

Visão

DOCUMENTÁRIOS

Dzi Croquettes. Direção de Tatiana Issa e Raphael Alvarez, 2009. 110 min.

Olho nu. Direção de Joel Pizzini, 2014. 101 min.

Torquato Neto: Todas as horas do Jim. Direção de Eduardo Ades e Marcus Fernando, 2018. 88 min.

Yorimatã. Direção de Rafael Saar, 2016. 116 min.

The Velvet Underground and Nico: A Symphony of Sound. Direção de Andy Warhol e Paul Morrisey, 1966. 67 min. Disponível em: <https://www.youtube.com/watch?v=2YXhut_ITLw>.

1971 — The year that music changed everything. Direção de Asif Kapadia, James Gay-Rees, David Joseph e Adam Barker, 2021. 8 episódios, Apple TV.

Secos & Molhados. Direção de Otavio Juliano, 2021. 90 min. apenas com João Ricardo.

The Velvet Underground. Direção de Todd Haynes, 2021. Apple TV.

Diários de Andy Warhol. Direção de Andrew Rossi, 2022. 6 episódios, Netflix.

Get back. Direção de Peter Jackson, 2022. 3 episódios, DisneyPlus.

PROGRAMA DE TELEVISÃO

O Som do Vinil, Canal Brasil.

ESTUDOS ACADÊMICOS

SILVA, Gerson Praxedes. Celso Nunes e a encenação d'*A viagem*: Um clássico não teatral no Brasil dos anos de chumbo. *Cena*, Porto Alegre, n. 12, p. 1-11, 2012. Disponível em: <https://seer.ufrgs.br/cena/article/view/38629/2478i>. Acesso em: 4 mar. 2019.

ZAN, José Roberto. Secos & Molhados: Metáfora, ambivalência e performance. *ArtCultura*, Uberlândia, v. 15, n. 27, p. *p-Tj*, jul.-dez. 2013. Disponível em: <http://www.artcultura.inhis.ufu.br/PDF27/4_ARTlGO_Secos_e_Molhados_metafora_ambivalencia_e_performance.pdf>. Acesso em: 17 mar. 2019.

AGRADECIMENTOS

Em setembro de 1973, li uma pequena nota no *Jornal da Tarde* sobre a estreia do Secos & Molhados, no Teatro Itália, em São Paulo. Eu era um garoto de 14 anos e um leitor voraz de poesia e viajante do Led Zeppelin. Bastou somar as informações de que as canções tinham versos de Oswald de Andrade, Vinicius de Moraes e Manuel Bandeira e processar a imagem andrógina do grupo para eu desconfiar de que algo muito bom se escondia sob nome tão bizarro.

Não é verdade que o distante Brasil, naquele momento e aos olhos de um garoto, se assemelhava a um retiro espiritual com vista para a marginal Tietê. A solidão surgia atenuada porque no ano anterior a nave do Novos Baianos havia pousado com *Acabou chorare*, monumento tão espetacular quanto a baía de Guanabara. Raul Seixas, Luiz Melodia, Belchior, Jards Macalé e João Bosco ainda fariam contato.

Acabou chorare rivalizava na vitrola com os dois primeiros trabalhos do Led Zeppelin, as incursões de David Bowie, Velvet Underground, John Mayall, Johnny Winter e os sambas de Noel Rosa num 78 rpm de Aracy de Almeida — revelado à minha turma por nossa professora de música, dona Brenda, o mesmo anjo que nos apresentou ainda a Ismael Silva e Geraldo Pereira. Uau, que revelação.

Uma coisa levava a outra — e assim o grupo de Lou Reed trouxe Andy Warhol; Led Zeppelin acenou com W. B. Yeats e W. H. Auden; Bowie escancarou H. P. Lovecraft e Robert Heinlein; e o Novos Baianos marcou Assis Valente, que devolveu a bola a Ismael Silva: *salve o prazer*.

Os nomes de Oswald de Andrade e Vinicius de Moraes, mais o rosto pintado Ney & Cia., me levaram sozinho naquele final de inverno ao Teatro Itália. Era um domingo. Nenhum de meus comparsas quis me acompanhar na expedição. Perderam. Em cerca de uma hora, as canções do primeiro disco do grupo foram desatadas por instrumentistas atilados, roqueiros a toda prova, Willy Verdaguer à frente, e interpretadas por um cantor de timbre raro e coreografia desafiadora.

No domingo seguinte, eu estava em casa, diante da televisão, quando Miele e Sandra Bréa apresentaram no *Fantástico*, da Globo, duas canções do grupo — "Sangue latino" e "O vira". Depois disso, tudo virou história — os recordes de vendagem e de público e o final do grupo doze meses depois, ao vivo e em cores, logo após a exibição de "Flores astrais", também no *Fantástico*.

Todas essas lembranças ficaram guardadas até dois anos atrás, quando surgiu o projeto de escrever um livro sobre a trajetória do grupo. De início fiquei em dúvida se embarcava na travessia. Até que começaram os acasos. Em um final de tarde, fui ao vernissage do designer Antonio Bernardo, em uma casinha simpática no Jardim Botânico, no Rio, para me encontrar com minha amiga Francesca Romana, também joalheira. Lá conheci o fotógrafo Antônio Carlos Rodrigues, velho amigo de Bernardo. Horas depois, no jantar, me contaram: havia sido Rodrigues o autor da foto da capa do primeiro disco do Secos & Molhados. Dei um grito:

— Decidi! Vou escrever o livro.

Dias depois, ao iniciar a pesquisa, ainda antes de fazer qualquer entrevista, caí num recorte de jornal, onde se lia: já nos meses finais da banda, foi montado um escritório para administrar o sucesso repentino do grupo. E onde havia sido instalado? Na alameda Itu, 434, no Jardins, em São Paulo. Dei um longo suspiro. Fui até a janela da sala de meu apartamento e, pouco mais de 100 metros à frente, do outro lado da avenida, avistei o número 434 da alameda Itu. Nas camadas de tempo, eles foram meus vizinhos.

AGRADECIMENTOS

Diante dos dois acasos, combinei com o teclado de meu computador: só iria até a frente do 434 quando terminasse de escrever a história do Secos & Molhados. Ao concluir o último capítulo, depois de cerca de dois anos, convivendo diariamente com todos os personagens deste *Primavera nos dentes*, ao dar a expedição por encerrada, já era madrugada, chovia bastante e um frio de 11 graus estacionara no Jardins... Posso ir, pensei. E fui.

Com uma capa, gorro e bota desci ao térreo de meu prédio, dei a volta sobre o túnel da avenida Nove de Julho, e parei em frente ao 434 da alameda Itu. Ali hoje funciona um estúdio de pilates e ioga. Consegui imaginar a conversa tensa entre Ney Matogrosso e João Ricardo, quando o cantor disse que deixaria o grupo e o compositor ficou, enfim, tranquilizado de não ser o responsável por encerrar o maior fenômeno da música brasileira. Quase cinquenta anos depois daquele desfecho, João Ricardo me contaria o que sentiu ao ouvir de Ney o pedido para pular do barco. Mesmo angustiado, sob a responsabilidade de continuar a ser sucesso, não havia tido coragem para dar um basta ao que nasceu como prazer e acabou se transformando numa inodora máquina de imprimir dinheiro. E que vinha triturando todos os seus integrantes, com vários corpos feridos deixados pela estrada.

Do mesmo jeito que até hoje os recordes do Secos & Molhados, em proporção, apenas por vezes são superados, nunca houve alguém como Ney Matogrosso, capaz de desistir da estrutura que fabricou a incrível marca de 1 milhão de discos vendidos.

Naquela madrugada chuvosa, o diálogo entre os dois integrantes do Secos & Molhados voltou a ecoar na minha cabeça:

— João, eu vou te pedir uma coisa... Eu não quero mais continuar com o Secos & Molhados.

— Ahhh, que coisa chata... Tem certeza?

— Está muito pesado, João.

Olhei o espaço entre o poste na calçada e o portão da casa, calculei uma distância não superior a 2 metros. Ali os dois conversaram e concordaram em sepultar o Secos & Molhados. Por isso, escrevi esta história.

343

Primavera nos dentes só existe porque contei com o auxílio, a paciência e o afeto de muitas pessoas ao longo da sua pesquisa e redação. Difícil imaginar o livro concluído sem a presença e o apoio de todos.

Conversei, discuti e me informei sobre o período com uma grande quantidade de pessoas. Por certo esquecerei aqui alguns nomes, vai aí meu pedido de desculpas pela falha.

De imediato, devo agradecer a Paulo Mendonça, poeta, autor da letra de "Sangue latino" e hoje meu querido amigo. Durante todo o processo me abasteceu com informações, análises, sugestões variadas. Depois, tornou-se um leitor de todas as fases da redação, e foram muitas nesse último ano. Eu esperava ansiosamente por seus comentários, que chegavam sempre vazados em afetuosa generosidade e acurada observação.

Com Paulinho veio Mônica, sua mulher, a quem agradeço infinitamente por abraçar a ideia do livro e por ajudar o marido a localizar lindas fotos, encartadas nestas páginas, de seus amigos de muitas décadas. E Kátia, secretária de Paulinho no Canal Brasil, levantou diversos números de telefone, arquivos de filmes e recortes de jornal — material bastante usado na construção da narrativa.

Outro amigo, também eterno, o poeta Roberto Bicelli, desde o início acompanhou a ideia do livro. Foi quase sempre um dos primeiros leitores dos capítulos brotados do computador. Não foram poucas as vezes em que conversamos longas horas sobre o texto, as informações sobre a São Paulo da década de 1970, inclusive a geografia cultural e afetiva, além do clima político refletido na epiderme dos espectadores dos acontecimentos da época.

O editor Alcino Leite Neto, outro bom amigo, não apenas leu todas as versões do livro, como ainda fez anotações e sugestões sempre precisas — e categoricamente generosas, vale dizer.

Entre outros leitores dos originais ou fontes de informações preciosas, não posso deixar de citar e agradecer a Geraldo Carneiro, Silviano Santiago,

AGRADECIMENTOS

Marcos Napolitano, Andrea Barata Ribeiro, Paulo Sayeg, Lauro Cavalcanti, André Midani, Werner Schulz e Luiz Aquila da Rocha Miranda.

Meu querido Ferreira Gullar leu os primeiros manuscritos, comentou os trechos com sua conhecida verve e carinho. Trouxe ainda observações e o retrato dos bastidores do período.

Usei ainda informações calcadas em lembranças de muitas conversas com queridos amigos — Raul Cortez, que muito tempo atrás me apresentou João Ricardo, Lulu Librandi e Ruth Escobar. Na reconstituição da época e de diversos detalhes de acontecimentos existem neste livro muitas observações sarcásticas deles.

Também ouvi muitos relatos daqueles anos em noitadas com Antunes Filho; de maneira oblíqua, ele esteve envolvido na chegada do grupo ao sucesso. Ainda recorri a Sergio Mamberti, com sua memória precisa, em busca de bastidores e detalhes recheados de cores.

(Como se percebe, me diverti bastante ao resgatar a história do S&M — Antunes e Sergio eram enciclopédias de conhecimento e ternura).

Raquel Policarpo acompanhou quase toda a minha angústia durante a feitura do livro e testemunhou com carinho paciente minhas leituras em voz alta de trechos ou capítulos recém-redigidos. Com ela veio o Gato.

Meu filho Thomaz, desde a partida da expedição, esteve presente ao registrar em vídeo vários dos depoimentos, além de me auxiliar na produção das entrevistas. Vicente, meu outro filho, foi ainda outro operador de áudio bastante eficiente.

Moracy do Val, o grande Mora, Willy Verdaguer, Antônio Carlos Rodrigues, Tato Fischer e Emílio Carrera concederam importantíssimas entrevistas, com riqueza de detalhes.

Ao longo do processo, três pessoas importantes para o livro ou na trajetória do S&M nos deixaram. Agradeço a elas por suas informações e entrevistas: a compositora Luhli, autora de "O vira" e "Fala"; Luís Carlos Miele, *showman* e figuraça; e Kid Vinil, roqueiro de cepa rara e meu parceiro.

Fiz diversas pesquisas na Hemeroteca da Biblioteca Mário de Andrade, em São Paulo. Sempre fui prontamente atendido pela bibliotecária Carolina Tenório, que separava o material a ser consultado muitas vezes a partir de meus aflitos telefonemas. Nossa, sem ela não sei como teria sido minha vida.

Com certeza digo o mesmo da presença constante de Ney Matogrosso, a quem telefonava ou zapeava em horas e dias sempre sem cerimônia. Ney possui uma memória incrível, funciona em camadas, quando as lembranças retornam em ondas para reconstruir os episódios. Sempre muito gentil, Gérson Conrad também me ajudou bastante com vários recortes de revistas e consulta a seus documentos.

João Ricardo, o motor intelectual do S&M, me incentivou a contar a história do grupo, me revelou bastidores do sucesso e de muitos detalhes da feitura de suas composições. Entre nós havia a ligação de amigos, como Raul Cortez e Oswaldo Mendes, que trouxe à tona a figura importante de João Apolinário, poeta e jornalista português, pai de João Ricardo, aqui retratado na capital criação da APCA (Associação Paulista de Críticos de Arte), espécie de célula oposicionista à ditadura militar de 1964, e ainda autor do poema-título deste *Primavera nos dentes*.

O último dos acasos passa pela alameda Barão de Limeira, em São Paulo. Ali no 425 ficava a redação do *Última Hora*, jornal fundado por Samuel Wainer e depois adquirido por Octávio Frias de Oliveira, do Grupo Folha. O jornal, como conto neste livro, serviu de palco centralizador do S&M. De suas mesas saíram diversas conspirações, políticas e artísticas.

Ao longo de diferentes épocas, sob o ruído das teclas das máquinas de escrever, circularam Antônio Carlos Rodrigues, Oswaldo Mendes, João Apolinário, João Ricardo e este autor, décadas depois, ainda como "foca". O acaso foi cumprido.

A todos, meu sincero obrigado.

Dezembro, 2018/novembro, 2022

AGRADECIMENTOS II

Nesta nova edição, revista e aumentada, tive novamente a colaboração, na leitura e nas informações, de carinhosas figuras.

A começar por Henrique Suster, cujo depoimento traz outro olhar sobre o final do Secos & Molhados. Um olhar privilegiado de quem acompanhou a última etapa do grupo e suas derradeiras apresentações. Passados cinquenta anos, o produtor ainda guarda os cadernos com anotações dos últimos shows, com detalhes que chegam aos pratos demandados nos restaurantes.

Suster gravou uma longa entrevista, para o livro e o documentário. Em seu apartamento, em São Paulo, eu e a equipe de filmagem ficamos mais de duas horas sob histórias contadas em seu humor delicado.

A gravadora Maria Bonomi, amiga de João Apolinário e que desenhou a capa de um de seus livros, foi outra a contar episódios de sua amizade com o poeta. Amo a Maria.

Também a professora Maria Sílvia Betti, estudiosa do teatro brasileiro, em especial de Oduvaldo Vianna Filho, o Vianninha, fez considerações capitais sobre os capítulos que abordam a relação da vanguarda teatral e a música popular.

Meus amigos Paulo Mendonça e Geraldo Carneiro são dois outros a quem devo muito pela leitura e informações. Santa paciência, ambos têm com o Miguelzinho.

Fevereiro, 2023

ÍNDICE

A

Abreu, Caio Fernando, 66

Achados & Perdidos, 30, 243

Achcar, Kátia, 86

"Açúcar Candy" (Sueli Costa e Tite de Lemos), 319

Adler, André, 40, 86, 112-6

Affonso, Ruy, 34

Água do céu — Pássaro (LP de Ney Matogrosso), 322-7

Aguilar, José Roberto, 66

Aladdin Sane (LP de David Bowie), 211

Alcântara, Levino de, 80

"Alegria, alegria" (Caetano Veloso), 64, 143, 165

"Aleluia" (Edu Lobo e Ruy Guerra), 81

All Things Must Pass (LP de George Harrison), 103

Almeida Prado, Décio de, 53

Alves de Souza, Naum, 66

Ambrósio, Décio, 178

"América do Sul" (Paulo Machado), 317-8

Anadarco (editora), 324

"andorinhas, As" (João Ricardo e Cassiano Ricardo), 95

Andrade, Jorge, 51

Andrade, Oswald de, 20, 252, 326

Androginia, 20-1, 22, 27, 37, 40, 41, 45, 49, 57, 67, 119, 123, 144, 176, 190-2, 195-6, 199, 204-5, 209, 211, 264, 275

Ansaldi, Marilena, 100

antropofagia musical, 20

Antunes Filho, 106-8

APCA (Associação Paulista de Críticos de Arte), 53, 169

APCT (Associação Paulista de Críticos Teatrais), 53

"Apesar de você" (Chico Buarque), 34

Apolinário, João, 32, 49, 51-3, 54, 106-7, 106-7, 169-7, 219-20, 235, 237-8, 240, 244, 251-3, 254, 262, 263, 269, 271-2, 276, 301, 329

"Aquarius" (MacDermot, Rado e Ragni), 186

"Aquele abraço" (Gilberto Gil), 203

Araújo, Guilherme, 142-3

Araújo, João, 322

Arena conta Zumbi (peça teatral), 81

Arrabal, Fernando, 109, 173

Artaud, Antonin, 50

Assim assado" (João Ricardo), 161, 226

Atento aos sinais (show de Ney Matogrosso), 320

Atrás do porto tem uma cidade (LP de Rita Lee), 214

Aucoin, Bill, 243

Autran, Paulo, 51

B

Babenco, Héctor, 88

Baglietto, Juan Carlos, 315

balcão, O (peça teatral), 109, 173

Baltar, Amelita, 314

Bandeira 2 (telenovela), 170

Bandeira, Manuel, 20, 117, 194, 326

bandido da luz vermelha, O (filme), 172

Bando, O, 144

"Banho de lua" (Migliacci e De Filippi), 136

Baptista, Arnaldo, 35, 159

Barbosa, Adoniran, 57

Barbosa, Ardovino, 75, 218

Bardot, Brigitte 313

"barquinho, O" (Menescal e Bôscoli), 192

Barros, Roberto, 327

Barthes, Roland, 188

Basie, Count, 171

Beat Boys, 64, 141-3, 160

Beatles, 32, 55, 120, 135, 242

Beckett, Samuel, 52

Beco (restaurante), 141-3, 144

beco das Garrafas, 192, 208

Bedaque, Elber, 316

Béjart, Maurice, 173

Belchior, 327

Ben Jor, Jorge, 120, 138

Best, Pete, 66

Bioy Casares, Adolfo, 87

Blanc, Aldir, 318

Bloco na rua (show de Ney Matogrosso), 320

Boal, Augusto, 51

Bolha, A, 31

Bond, Billy, 316

Borges da Fonseca, Luiz Fernando, 85, 86, 88, 90, 110, 316

Borges, Jorge Luis, 87, 154, 315

Bosco, João, 186, 318

Bôscoli, Ronaldo, 192

Bossa Nova, 51, 118, 151, 192

Bowie, David, 22, 92, 126, 139, 190-1, 205, 211, 328

Braga, Sônia, 186

Brando, Marlon, 56

Brasil, anos 1960/70

censura, 19-21, 32-5, 53, 54, 65, 91, 124, 133, 150, 176, 225, 228, 231, 249, 323, 325

ditadura militar, 15, 32, 35-6, 50, 65, 76, 83, 99, 109, 142, 144, 173, 176, 205, 294, 325

vendagem de discos, 182

bravo guerreiro, O (filme), 88

Bréa, Sandra, 196

Brecht, Bertold, 52

Buarque, Chico, 34-6, 97, 110, 120, 138, 142, 182, 212, 292, 294, 297, 322, 327

Byington Neto, Alberto, 139, 271

ÍNDICE

C

Caetano, Marcelo, 100

Câmara, Ceni, 172, 176

Camargo, Hebe, 125

Camões, Luís de, 29, 100

Campello, Celly, 65, 136

Campello, Tony, 136

Candy Darling, 197

Cardoso, Sérgio, 51

Cardozo, Joaquim, 95

Carneiro, Geraldo, 314

Carrera, Emilio, 38, 128, 143, 149, 153, 157, 160, 161-3, 166, 174, 179, 182, 187, 194, 229, 230-1, 249-50, 327

Carrero, Tônia, 51, 106

Carrilho, Altamiro, 129

Carter, Jimmy, 142

Carvalho, Roberto de, 327-8

Carvana, Hugo, 322

casa da paixão, A (Piñon), 170

Casa das Máquinas, 31

Casa de Badalação e Tédio, 37, 104-5, 113, 117, 120-1, 124, 127-8, 133, 162, 169, 185, 219

"Casa no campo" (Zé Rodrix e Tavito), 164

casa tomada, A (filme), 110, 153-4

Casablanca Records, 243

Cascatinha & Inhana, 139

Castro, Paul de, 144

Caymmi, Nana, 314

CCC (Comando de Caça aos Comunistas), 110

Célia Helena, 109

Cemitério de automóveis (peça teatral), 109, 173

censura *ver* Brasil, anos 1960/70: censura

Chacrinha (Abelardo Barbosa), 202

Chateaubriand Bandeira de Mello, Francisco de Assis, 134

Chato-Boy (LP de João Ricardo), 330

Chitãozinho e Xororó, 149

cinema americano, 55

Cinema Novo, 51

Clair, Janete, 170, 181

Clube da Esquina, 138

Cockettes, The, 39, 211

combate ao racismo, 124

Comedor de gilete (show de Ary Toledo), 140

Conrad, Gérson, 16, 30

carreira solo 321-23

como compositor, 150-3

como estudante de Arquitetura, 63, 67

conhece João Ricardo, 56

conhece Ney Matogrosso, 63, 91

conhecimento musical, 58

desabafo final, 272

disputa com João Ricardo pela autoria das canções, 150-1

encontro com Vinicius, 153-4

entrevista sobre o final da banda, 262

origens, 39, 62

primeiras apresentações com João Ricardo, 64

sobre o nome da banda, 31

Continental, 27, 42, 44, 120, 125, 127, 139, 149, 169, 178, 188, 200, 245, 252, 259, 270-1, 314, 316, 323

Cooper, Alice, 205, 211

Corbiau, Gérard, 80

Cornelius Lucifer, 98, 275

coronel de Macambira, O (peça teatral), 95

Corpo a corpo (peça teatral), 107

"Corsário" (João Bosco e Aldir Blanc), 318

Cortázar, Julio, 87, 154

Cortez, Raul, 34, 51, 66, 106, 109

Costa, Gal, 21, 32, 142

Costa, Sueli, 319

CPC (Centro Popular de Cultura), 119, 212

Crane, Hart, 20

Criss, Peter, 210

Crosby, Stills, Nash & Young, 38, 55, 96, 161

Cruzeiro, O, 134

"Cubanacan" (Moisés Simons, Sauvat e Chamfleury), 319

Cunha Rego, Victor da, 50

D

D'Angelo, Norival, 249

Da boca pra fora (LP de João Ricardo), 329

Dahl, Gustavo, 88

Dale, Lennie, 40, 208-9, 211

Darrieux, Danielle, 313

Davis Jr., Sammy, 125, 173

Davis, Miles, 173

Dean, James, 56

Deck (gravadora), 324

Defries, Tony, 126, 190-1

"Delírio..." (Gérson Conrad e Paulinho Mendonça), 250

Deodato, Eumir, 129

desfile dos chapéus, O (filme), 170

Deus e o diabo na terra do sol (filme), 51

Dias Gomes, 78-9, 170

Dias, Sérgio, 325

Diegues, Cacá, 36, 51, 322

Dietrich, Marlene, 142

Dimensão (programa de TV), 81

ditadura militar no Brasil *ver* Brasil, anos 1960/70: ditadura militar

Dom & Ravel, 35

Dom Chicote Mula Manca e seu fiel escudeiro Zé Chupança (peça teatral), 30, 90

"Domingo no parque" (Gilberto Gil), 143

Dorsey, Tommy, 143

dragão da maldade contra o santo guerreiro, O (filme), 80

Dressed to Kill (LP do Kiss), 243

Drummond de Andrade, Carlos, 33-4

Duarte, Regina, 90

Duarte, Rogério, 188

Duke Lee, Wesley, 66

Dussek, Eduardo, 236

Dylan, Bob, 56

Dzi Croquettes, 40, 112, 144, 204-5, 208--9, 211

E

Eça, Luiz, 129

Edy Star, 275

ÍNDICE

"El Rey" (Gérson Conrad e João Ricardo), 61

Eles não usam black-tie (peça teatral), 51, 292-3

Elis Regina, 32, 121, 137, 142, 144, 164, 192, 208-9, 294, 318, 327

Ellington, Duke, 42, 125

Elton John, 62

EMI-Odeon, 120, 138, 321

Erasmo Carlos, 32, 136, 180

Escobar, Ruth, 108-9

Estado de S. Paulo, O, 50, 53

"estrada azul, A" (Paulinho Mendonça e Reginaldo Faria), 90

"Eu te amo, meu Brasil" (Dom & Ravel), 35

F

Fagundes, Antonio, 66, 186

"Fala" (João Ricardo e Luhli), 43, 90, 102-3, 166

Fantástico (programa de TV), 193, 195--6, 253, 256, 263, 317, 326

Faria, Reginaldo, 86-8, 90

Farinelli (filme), 80

Fatos & Fotos, 276

"Feelings" (Morris Albert), 161

feminismo, 124

Feres, Sara, 29, 95

Ferreira Gullar, 79

Figueiredo, Abelardo, 142

fino da bossa, O (programa de TV), 137

Fischer, Iso, 40

Fischer, Tato, 30, 38, 39-40, 96, 100-5, 129, 149

Fitzgerald, Ella, 42

Flavin, John, 38, 128, 149, 159-63, **174**, 187, 194, 249

"Flores astrais" (João Ricardo e João Apolinário), 251, 255, 263

Folha da Tarde, 53

Folha de S.Paulo, 50, 53, 106, 194, 252, 270-1, 275

Franco, Walter, 186

Fred (percussionista), 43, 66, 98

Frias, Marcelo, 38, 64, 128, 142, 144, 149, 158, 159, 160, 163, 171, 175-7, 178, 180, 182, 185-6, 187, 194

G

Gabis, Claudio, 316

Galdino, Juliana, 106

Galeano, Eduardo, 154

Gam, Giulia, 106

Ganga Zumba (filme), 51

García Márquez, Gabriel, 154

Garcia, Stênio, 109

García, Victor, 109, 173

Garnier Arnoul (galeria), 173

Gavin, Charles, 158

gênero, discussão sobre, 15

Genesis, 211

Genet, Jean, 50, 109, 173

Gerchman, Rubens, 188, 316

Gérson Conrad — Rosto marcado (LP), 327

Gérson Conrad & Zezé Motta (LP)

Gigetto (restaurante), 108

Gil, Gilberto, 21, 32, 120-1, 137, 143, 165, 203, 231, 294, 327

Gismonti, Egberto, 314

Globo, O, 240-1

Gnattali, Radamés, 129

Godspell (musical), 276, 322

Gonzaguinha, 84

Goulart, João, 32, 51

Gouveia, Carlinhos "Pop" 194, 270-4

Gracindo, Paulo, 170

Gradiente, 276

Gripa (Sérgio Rosadas), 30, 38, 100, 103-
-4, 105, 129, 149, 174, 187, 194, 249, 316

Guarnieri, Gianfrancesco, 51, 81

Guerra Fria, 152

Guerra, Ademar, 186

Guerra, Ruy, 81

guitarra elétrica, passeata da MPB contra
a, 32, 138

H

Haddad, Amir, 95

Hair (musical), 186

Harrison, George, 103

Herculano, Paulo, 100

Holly Woodlawn, 192

"Homem de Neanderthal" (Luiz Carlos
Sá), 318

Hudson, Rock, 191

I

Ibsen, Henrik, 106

Iggy Pop, 205-6

"ilhas, As" (Astor Piazzolla e Geraldo
Carneiro), 314

invasão, A (peça teatral), 78

Irmãos coragem (telenovela), 181

"Isn't it a pity" (George Harrison), 103

Issa, Américo, 144

J

Jackie Curtis, 197

Jagger, Mick, 180, 329

Jagger-Richards (parceria musical), 151

jardim das borboletas, O (peça teatral),
40, 112

João Gilberto, 51, 235

João Ricardo, 16, 29-30

apresentado a Ney Matogrosso, 43

ardor revolucionário, 49

armação contra Moracy do Val, 243-5

arrogância de, 56

carreira solo, 326-11

como jornalista, 54

como líder da banda, 31, 158-9

conhece Gérson Conrad, 56

conhece Ney Matogrosso, 68, 91

conhecimentos musicais limitados, 58

crucificado pelo fim da banda, 273-4

disputa com Gérson pela autoria das
canções, 150

entrevista coletiva sobre o final da
banda, 263, 272

namorada Renata, 259

nome da banda, 30-1

oportunismo na postura gay, 329

origens, 39, 42-50

parceria com Paulinho Mendonça, 155

primeiras apresentações com Gérson
Conrad, 65

ÍNDICE

reencontra Ney Matogrosso em 1979, 325-6

sucesso da banda como pressão, 260-1

tensão com John Flavin, 159

tentativa de ressuscitar o S&M, 330

versão sobre o final da banda, 259-63

vinda para o Brasil, 32

João Ricardo ou *Disco Rosa* (LP), 303-6

Jobim, Tom, 51, 151, 235

Joelho de Porco, 31, 186, 208, 316

Jograis de São Paulo, Os, 34

Johansen, David, 192

Jornal da Tarde, 40, 106, 193, 262, 267, 270, 274

Jovem Guarda (programa de TV), 136, 144

Jovem Guarda, 32

K

Kid Vinil, 199

Kiss (banda), 209, 243

Kozel Filho, Mário, 65

Kubanacan (telenovela), 319

Kubrusly, Maurício, 194, 270

Kurtissom (tabloide), 42, 125, 139

L

Lacerda, Benedito, 129

Lacerda, Marco Antônio, 267, 274

Lago azul (LP de Gérson Conrad), 324

Langoni, Maria Alice, 40, 85, 87-9, 95, 111, 112, 154-5, 209, 256, 313

Latorraca, Ney, 186

Leão, Nara, 120-1, 212, 294, 327

Lecuona Cuban Boys, 319

Led Zeppelin, 164

Lee, Rita, 35, 213-4, 231, 327

Lemos, Tite de, 319

Lênin, Vladimir, 136

Lennon, John, 55, 136, 180, 329

Lester, Richard, 55

Lewgoy, José, 87

Lewis, Jerry Lee, 162

liberdade sexual, 205

liberdades individuais, 124

Lima, Altair, 44, 185-6

Lobão, 31

Lobo, Edu, 32, 81, 137

Lucina, 85, 316

Lúcio Flávio, o passageiro da agonia (filme), 87-8

Luhli (Heloísa Orozco), 43, 67, 84, 86, 90-1, 105, 110, 236, 252-3

Luhli & Lucina, 85

lusíadas, Os (Camões), 100

Lyra, Carlos, 119, 125

M

Macalé, Jards, 186

MacDermot, Galt, 186

Machado de Carvalho, Paulo, 125, 127, 133-4, 138

Machado, Aníbal, 170

Machado, Paulo, 80

Made in Brazil, 31, 98, 275

"Mãe preta (Barco negro)" (Caco Velho, Piratini e David Mourão-Ferreira), 320

Magaldi, João Carlos, 135

Magaldi, Sábato, 53

Maia, Carlito, 135

Maia, Tim, 35

Manchete, 134

Maracanãzinho, 19, 21, 75-6, 215-20, 235, 237, 245, 268, 291

Martin, George, 188

Martinez Corrêa, Zé Celso, 51, 66, 110, 322

Martins, Vitor, 239

Maschio, Antônio, 108

MASP, 170

Mateo, Juan, 63

Matogrosso Pereira, Antônio, 71

Matogrosso, Ney, 20
  adoção do sobrenome, 110-2
  antenado às questões de gênero, 190
  ativista da liberdade individuais, 123
  Brasília bege, 245, 253, 321
  carreira solo, 153, 158, 313-20
  clipe premiado na Espanha, 317
  como adolescente hippie, 29
  como artesão, 29, 82-3
  como estrela maior da banda, 45, 275
  conhece João Ricardo e Gérson, 68, 90-1
  coreografia andrógina, 27, 37, 41, 123, 195, 199
  criação do tipo, 122-3
  desabafo final, 268
  desobediência civil no Maracanãzinho, 76, 225
  emprego em Brasília, 76, 77-8
  entrevista sobre o final da banda, 261-2
  espírito hippie, 245
  experiência com drogas, 92, 112
  figurinos, 21, 27, 37, 41
  gravação solo de canção de João Ricardo, 325-6
  início da carreira de cantor, 79-81
  origens, 71-4
  parceria com Astor Piazzolla, 314-6
  performance censurada em Brasília, 225-7
  primeira gravação, 90
  protesto no último show, 254-3
  reencontra João Ricardo em 1979, 325-6
  rompimento com a banda, 252-3
  rompimento com o pai, 73-4
  sexualidade, 22, 28, 39
  sonho com carreira de ator, 28, 76, 78
  tentativa de censura por João Ricardo e Gérson, 45
  trilha de *A casa tomada,* 154
  vida hippie no Rio, 83-90

Mazzola (produtor), 327

McCartney, Paul, 136, 180, 329

Médici, Emílio Garrastazu, 33

Meira, Tarcísio, 181

Meireles, Cecília, 34

Melo Neto, João Cabral de, 33

Melo, Luís, 106

Melodia, Luiz, 186, 327

Melody Maker, 190

Mendes, Bene, 204

Mendes, Oswaldo, 54

Mendes, Sérgio, 235

ÍNDICE

Mendonça, Paulinho, 40, 85, 91, 110, 123-4, 154, 209, 220, 236, 238, 239, 241, 244, 250, 252, 253, 255-6, 271, 313-4, 321-22

Menescal, Roberto, 125, 192

Menezes, Glória, 181

menina que viu o Brasil nascer, A (peça teatral), 100

"Menina veneno" (Ritchie), 31

"Menina" (Paulinho Nogueira), 63

"Menino bonito" (Rita Lee), 214

Meteórico fenômeno — Memórias de um ex-Secos & Molhados (Conrad), 324

Midani, André, 120, 138, 161, 202, 239, 326-8

Miele, Luís Carlos, 192, 196

Milionário & José Rico, 139

Miller, Arthur, 52

Miller, Sidney, 84

Minnelli, Liza, 204

Miranda, Carmen, 118

MM&P (agência de propaganda), 135

Monk, Thelonious, 171

Montarroyos, Márcio, 316

Monteiro, Cyro, 42, 104, 124

Montenegro, Fernanda, 51

Moraes, Vinicius de, 33, 50, 103, 117, 118, 150-3, 194, 212

Morais, Sidney, 166

Morris Albert (Mauricio Alberto Kaisermann), 161

Morse de sangue (Apolinário), 50

morte do caixeiro-viajante, A (peça teatral), 51

Motta, Nelson, 216, 241, 325

Motta, Zezé, 322

Mourão, Gerardo de Mello, 170

"Mulher barriguda" (João Ricardo e Solano Trindade), 41, 162

Mulligan, Gerry, 316

Museu de Arte Moderna do Rio de Janeiro, 172

Music Machine, 161

músicos, protagonismo político no final dos anos 1960, 133, 138

Mutantes e seus cometas no país do Baurets (LP), 34

Mutantes, 32, 35

"My Mistake" (Pholhas), 161

N

Nagib, Júlio, 166

Nanini, Marco, 329

Nascimento, Milton, 138, 164

Nenhum de Nós, 158

Nercessian, Stepan, 87

New York Dolls, 192, 211

Nico (cantora/modelo), 173

Nijinsky, clown de Dieu (balé), 173

Nina Simone, 161

Nogueira, Paulinho, 63

Nossa filha Gabriela (telenovela), 151

Notícias Populares, 53

Nunes, Celso, 100

O

Oldham, Andrew, 126, 151

Oliveira Sobrinho, José Bonifácio de (Boni), 216

Oliveira, Juca de, 107

Omar, Jorge, 86, 110, 154, 236, 249, 316

Onetti, Juan Carlos, 154

Orfeon-VideoVox (gravadora), 241

Osanah, Tony, 142, 161

P

Page, Jimmy, 164

Panis et Circensis (LP coletivo), 316

Parker, Tom, 126

Parra, Violeta, 154

Patrulha do Espaço, 159, 186

"Pedra de rio" (Luhli, Lucina e Paulo César), 316

Pedro Páramo (Rulfo), 154

Pedroso, Bráulio, 144

Peer Peer Gynt (peça teatral), 106

Peixoto, Cauby, 118

Pequenos burgueses (peça teatral), 51

Pêra, Marília, 110, 144, 161

Pereira Cardoso, Wladimir, 109

Pereira dos Santos, Nelson, 51

Pereira, Vicente, 207

"Perfect Day" (Lou Reed), 191

Peripécia de Gerardo (Mourão), 170

Pessoa, Fernando, 20, 34, 269, 326

Pestana, José Albino, 327

Pholhas, 161

Piazzolla, Astor, 42, 125, 314-6

Piñon, Nélida, 170

Pinter, Harold, 52

Pitoco (Antônio Carlos de Lima), 43, 66, 97, 98

Piva, Roberto, 66, 84

Pixinguinha, 129

Plant, Robert, 164

Plínio Marcos, 54, 66

Polanski, Roman, 172

politização nas artes nos anos 1970, 51-3

PolyGram (antiga Phonogram), 121, 138, 161, 202, 239, 327

Pop (revista), 185

Portes, Dudu, 144

"Pra não dizer que não falei das flores" (Geraldo Vandré), 34

Pra quem fica, tchau! (filme), 87

Presley, Elvis, 32, 55-6, 126

Priscilla, a rainha do deserto (filme), 40

Prisioneiro do rock 'n' roll (filme), 55

Prosa do observatório (Cortázar), 241

Prosperi, Carlos, 135

Prova (estúdios), 144, 149-50

Q

Quadros, Jânio, 51

"Quando o carnaval chegar" (Chico Buarque), 36

"Que fim levaram todas as flores?" (João Ricardo), 330

Queiroz Telles, Carlos, 29, 100

"Questão de ordem" (Gilberto Gil), 165

R

Rabagliati, Alberto, 319

Rado, James, 186

Ragni, Gerome, 186

Rangel, Flávio, 66

Rasi, Mauro, 207

RC-7 (banda), 143

RCA Victor, 120, 239

Rede Globo, 193, 202, 216

Reed, Lou, 191, 205, 211, 328

Resedá, Ronaldo, 236

Revolução dos Cravos, 52

Rhythm of the Saints, The (LP de Paul Simon), 327

Ribeiro, Solano, 125

Richards, Keith, 180, 329

Rio 40 graus (filme), 51

Ritchie, 31

Roberto Carlos a 300 quilômetros por hora (filme), 90

Roberto Carlos, 19, 32, 136-7, 140, 143, 181, 193

Rocha, Glauber, 51, 80

"Rock and Roll all Nite" (Kiss), 243

Rock, Mick, 191

Rocky Horror Show (musical), 208

Roda viva (peça teatral), 110, 322

Roda viva" (Chico Buarque), 182

Rodrigues, Amália, 320

Rodrigues, Antônio Carlos, 170-7, 188-90, 192-3, 252

Rodrigues, Jair, 137

Rodrigues, Lili, 330

Rodrigues, Paulo, 79

Rolling Stone, 190

Rolling Stones, 32, 55, 120, 126, 151

Romero, Triana, 143, 249, 251

"rosa de Hiroshima, A" (poema de Vinicius de Moraes), 151

"Rosa de Hiroshima" (Gérson Conrad e Vinicius de Moraes), 103, 150-3, 324, 325

Rossi, Ítalo, 34

Rota, José Ángel, 241

Rubirosa, Odile e Porfirio, 313

Ruffino, David, 242-3

S

Sá, Luiz Carlos, 84, 318

Sá, Rodrix & Guarabyra, 164, 208

Salazar, António, 32, 50-2

Salomão, Waly, 186

Sampaio, Sérgio, 186, 327

"Sangue latino" (João Ricardo e Paulinho Mendonça), 120, 156-20, 193

Santiago, Rodrigo, 110

Santiago, Silviano, 110

Santos, Lucélia, 100

Santos, Lulu, 31

São demais os perigos desta vida (LP de Vinicius e Toquinho), 151

São Paulo, anos 1960-70, panorama cultural em, 51-2, 141-2

Sartre, Jean-Paul, 50, 87

Secos & Molhados

administração financeira, 179-8, 206, 236

antes do sucesso, 27, 30-3, 37-45, 55-7, 61-8, 95-111

anúncio do final da banda, 256

ascensão meteórica, 20, 196, 200

canção censurada, 228, 249

clipe no *Fantástico*, 196

começo do fim, 169

confronto com delegado em Brasília, 227

desacordo sobre divisão do faturamento, 220

drogas no camarim, 230-1

entrada de Emilio, Willy, Marcelo e John, 128-9

entrada de Gripa, 101

entrada de Tato Fischer, 101

episódio da censora fã, 228

estreia, 66, 104, 105-7, 109, 123

estreia em disco, 144-5, 149-5, 156-71

histeria dos fãs, 212

iconografia, 22

interferência de Apolinário nos negócios da banda, 237, 238, 240, 244

nome da banda, 30

nova rotina depois do sucesso, 203

primeira formação, 66

primeiros ensaios, 96-8

repercussão do final da banda, 267-76

repercussão do sucesso, 211-2

saída de Marcelo Frias, 182

sessões de gravação, 150, 157-66, 249-51

show no Maracanãzinho, 214-9

shows, 19, 22, 41-2, 75, 113, 127-8, 170, 194, 225-8

shows em ginásios, 212

sucesso e brigas internas, 235-9

tensão em show no Recife, 228-9

tentativa de reunião em 2004, 323

vendas de discos, 19, 39, 45, 200-2

viagem ao México, 238

Secos & Molhados (LP), 19, 27, 139-41, 144, 149-50, 156-66, 333

capa, 170-9, 252

Secos & Molhados II (LP), 249-52, 275, 335

Segovia, Andrés, 63

Segunda Guerra Mundial, 151

Seixas, Raul, 186, 327

Selva de pedra (telenovela), 169-70

Seu tipo (LP de Ney Matogrosso), 325-6

Sfat, Dina, 169

Sganzerla, Rogério, 172

Sgt. Pepper's Lonely Hearts Club Band (LP dos Beatles), 171

Silva, Orlando, 118

Silva, Walter "Pica-Pau" 275

Silvinho (maquiador), 176

Simmons, Gene, 209-10

Soares, Jô, 125

Som Imaginário, 164

Som Livre, 321

Som Nosso de Cada Dia, 31, 186

Sosa, Mercedes, 154

Souto, Hélio, 144

Stanley, Paul, 209-10

Starr, Ringo, 66

Stein, Ricardo, 80

Stooges, The, 205

"Street Fighting Man" (canção dos Stones), 55

Summit (LP de Astor Piazzolla), 316

Suster, Henrique, 271, 274

ÍNDICE

T

Taffo, Wander, 329

Taiguara, 36

Teatro Brasileiro de Comédia (TBC), 51, 106, 117

Teatro de Arena, 51, 125

Teatro Itália, 19, 21, 193-5

Teatro Oficina, 51, 125

Teatro Ruth Escobar, 27, 37, 108-9

Teatro Treze de Maio, 204

Teatro TUCA, 169

"Tem gente com fome" (João Ricardo e Solano Trindade), 249, 325-6

"Tercer mundo" (João Ricardo e Julio Cortázar), 241, 251

Terço, O, 31, 186

Terpins, Tico, 208

Tinhorão, José Ramos, 316

Toledo, Ary, 140

Tom Zé, 32, 121, 137

Tonico & Tinoco, 139

Toquinho, 151, 212

Torquato Neto, 121

Tovar, Cláudio, 40, 86, 111-2, 209

Traffic (banda), 62

Transformer (LP de Lou Reed), 191

"Trem noturno" (Gérson Conrad e Paulinho Mendonça), 322

Trindade, Solano, 20, 41

Tropicália, 121, 138

Truffaut, François, 56

Tutti Frutti (banda), 214

TV Globo, 54, 319

TV Record, 125, 133-4, 137, 212

festivais de música, 118, 125, 143, 181

TV Tupi, 134, 143

U

Ueki, Shigeaki, 225

Última Hora, 40, 42, 52, 53-4, 65, 106, 124, 169-70

UNE (União Nacional dos Estudantes), 119, 212

"Upa, neguinho" (Edu Lobo e Gianfrancesco Guarnieri), 81

V

Vai trabalhar, vagabundo! (filme), 322

Val, Moracy do, 27, 42, 44-5, 104, 124-5, 127, 133, 138, 139-40, 149, 159, 162, 166, 169, 179, 180, 182, 185, 187, 192, 195-6, 202-6, 212, 215-6, 217, 219--20, 225-6, 227, 231, 235-8, 240, 243--4, 249, 252, 254, 262, 269, 273, 275, 321-22

Valdez, Cacho, 141-2, 143

Vandré, Geraldo, 34-6, 190

Vanguarda Popular Revolucionária (VPR), 65

Vannucci, Augusto César, 193

Vanzolini, Paulo, 57

Vargas Llosa, Mario, 154

Vaughan, Sarah, 42

veias abertas da América Latina, As (Galeano), 154

Veloso, Caetano, 21, 32, 64, 121, 137, 142-3, 164-5, 181, 190, 294, 327

Velvet Underground, 171-2, 191

Verdaguer, Willy, 38, 64, 128-9, 140-4, 149, 157-66, 174-5, 179, 182-7, 193-4, 231, 249-51, 327

Vereza, Carlos, 86

viagem, A (peça teatral), 22, 100

Vianna Filho, Oduvaldo, 107

"Vicious" (Lou Reed), 191-2

vida escrachada de Joana Martini e Baby Stompanato, A (peça teatral), 144-5

Village Voice, The, 210

Vímana, 31

"vira, O" (João Ricardo e Luhli), 43, 90, 164-5

Vogue, 173

Von Pfuhl, Oscar, 30

"Voo" (João Ricardo e João Apolinário), 107

W

Wainer, Samuel, 51

"Walk on the Wild Side" (Lou Reed), 192

Wanderléa, 136-7

Warhol, Andy, 57, 171-2, 191-2, 205

Wicked Lester (antes Rainbow), 210

Winwood, Steve, 62

Wise, Richie, 210

Wonder, Stevie, 125

X

Xica da Silva (filme), 322

Z

Zaccaro, Francisco, 62

Zara, Carlos, 34

Zé Rodrix, 163-5, 185, 208-9, 211

Zingg, David Drew, 208

Este livro foi composto na tipografia Minion Pro,
em corpo 11/15,5, e impresso em papel off-white
no Sistema Cameron da Divisão Gráfica
da Distribuidora Record.